本书是作者主持的国家社会科学基金青年项目
"标准必要专利反垄断规制研究"（16CFX050）的阶段性成果

# 标准必要专利核心争议

## 探究及制度建构

谭袁◎著

中国社会科学出版社

## 图书在版编目（CIP）数据

标准必要专利核心争议探究及制度建构／谭袁著．—北京：中国社会科学出版社，2019.1

ISBN 978 - 7 - 5203 - 4281 - 0

Ⅰ．①标…　Ⅱ．①谭…　Ⅲ．①专利权—民事纠纷—研究—中国

Ⅳ．①D923.424

中国版本图书馆 CIP 数据核字（2019）第 068456 号

| | | |
|---|---|---|
| 出 版 人 | 赵剑英 |
| 责任编辑 | 张　林 |
| 特约编辑 | 张冬梅 |
| 责任校对 | 杨　林 |
| 责任印制 | 戴　宽 |

| | | |
|---|---|---|
| 出　　版 | 中国社会科学出版社 |
| 社　　址 | 北京鼓楼西大街甲 158 号 |
| 邮　　编 | 100720 |
| 网　　址 | http://www.csspw.cn |
| 发 行 部 | 010 - 84083685 |
| 门 市 部 | 010 - 84029450 |
| 经　　销 | 新华书店及其他书店 |

| | | |
|---|---|---|
| 印　　刷 | 北京明恒达印务有限公司 |
| 装　　订 | 廊坊市广阳区广增装订厂 |
| 版　　次 | 2019 年 1 月第 1 版 |
| 印　　次 | 2019 年 1 月第 1 次印刷 |

| | | |
|---|---|---|
| 开　　本 | 710 × 1000　1/16 |
| 印　　张 | 15.25 |
| 插　　页 | 2 |
| 字　　数 | 235 千字 |
| 定　　价 | 68.00 元 |

# 目　　录

# 第 一 章

# 导　　论

## 第一节　选题的背景

标准在现代社会尤其是在信息、通信及技术（Information，Coummunications，Technology，ICT）领域中体现着越来越重要的价值。标准如 Wi - Fi 标准、USB 标准、4G 标准等对于保证 ICT 领域产品和服务之间的兼容性至关重要。这些标准使得信息通信技术的发展成为可能。可以说，标准就是信息化社会的"高速公路"，标准将直接决定信息化社会走向何方以及能够走多远。在实践中，因标准必要专利而引发的纠纷中的"标准"，主要由非政府机构的标准制定组织所制定。这些标准制定组织大多是一些国际性或区域性的标准化组织，如国际电信联盟（International Telecommunications Union，ITU）、欧洲电信标准协会（European Telecommunications Standards Institute，ETSI）等，它们所制定的标准也主要集中在 ICT 领域。

ICT 领域的标准制定，往往需要纳入一些专利技术。但是，由于标准本身具有公共性、开放性，而专利具有私权性、垄断性，二者之间存在冲突，这就决定标准应当尽可能少地纳入专利，否则将严重影响标准的实施。凡是那些标准所无法绕开从而不得不纳入的专利，就是标准必要专利（Standard Esential Patent，SEP）。尽管标准必要专利对于保证标准的先进性具有重要价值，但因标准必要专利许可而引发的诸多纠纷也严重影响了标准的制定和实施。标准必要专利权人与标准实施者往往很难就标准必要专利许可费等事项达成共识。专利本身就具有一定的垄断力，而一旦专利被纳入标准之中成为标准必要专利，其垄断力将进一步增强。

专利权人借助标准化赋予其专利技术的垄断力，往往会向标准实施者提出种种不合理的要求，实行所谓的"专利劫持"等行为。因标准必要专利而引发的纠纷已经成为标准实施过程中遇到的最大法律问题。近年来，无论是国外还是国内，都发生了众多具有重要影响力的标准必要专利纠纷案件。如果无法有效预防和解决这种纠纷，必然会阻碍标准的推广与实施，建立在这些标准之上的相关产业的发展也将不可避免受到严重影响。因此，如何认识标准必要专利纠纷的本质并提出切实有效的对策建议，是理论界面临的重大课题。

# 第二节　该选题国内外研究情况综述

## 一　国内研究情况综述

标准必要专利的反垄断规制研究这一选题横跨了反垄断法和知识产权法，是这两个部门法的交叉领域中衍生出来的一个新兴问题。通过在中国知网等数据库中检索发现，直到 2003 年，中国学者才开始关注与标准必要专利相关的问题。2003 年，张平和马骁对技术标准与专利之间的关系以及所涉及的利益平衡问题展开了探讨。①朱晓薇和朱雪忠也分析了专利与技术标准之间的冲突，并提出了相应的对策建议。② 2005 年，李玉剑和宣国良结合 GSM 标准对标准与专利之间由冲突走向协调的关系展开了研究。③何怀文对与光储存专利技术相关的反垄断审查和诉讼进行了梳理，探寻知识产权反垄断法规制的发展规律。④ 2006 年，张波结合日本颁布的《关于标准化与专利联营的指南》，对标准战略下专利联营的反垄断法规制展开了研究。⑤总体而言，在 2006 年以前，学术界对于标准必要专

---

① 张平、马骁：《技术标准战略与知识产权战略的结合》（上），《电子知识产权》2003 年第 1 期。

② 朱晓薇、朱雪忠：《专利与技术标准的冲突及对策》，《科研管理》2003 年第 1 期。

③ 李玉剑、宣国良：《标准与专利之间的冲突与协调：以 GSM 为例》，《科学学与科学技术管理》2005 年第 2 期。

④ 何怀文：《光储存专利技术发展与反垄断审查的历史思考——探析与 3C 成员以及 3C 集团相关的反垄断案例》，《科技与法律》2005 年第 4 期。

⑤ 张波：《论以反垄断法规制标准化进程中的专利联营》，《山东大学法律评论》（第三辑），山东大学出版社 2006 年版。

利的研究主要是从知识产权法的角度展开的，这一阶段的研究偏重于从宏观层面对知识产权与标准之间的关系展开。

从2007年开始，学术界开始关注标准必要专利中更为具体的问题。2007年，黄武双结合微软垄断案，探讨了知识经济时代技术标准垄断的特征、技术标准反垄断的应然价值取向等问题。[1]张平对信息领域技术标准制定中出现的专利联营展开了研究，指出这种专利联营凸显出滥用市场支配力、妨碍技术创新的趋势，认为有必要制定相应的反垄断规则。[2]赵启杉和黄良才对VITA、IEEE等标准制定组织的专利政策的最新发展动态展开了系统研究。[3]2008年，我国《反垄断法》正式实施以后，也有学者从反垄断法的角度对与标准必要专利有关的问题展开了研究，不过，仍然以从知识产权的角度展开研究居多。2009年，吕明瑜研究了如何通过在反垄断法的现有制度体系中构建新的控制技术标准垄断的制度规则，以对技术标准垄断问题进行有效规制。[4]刘晓春结合高通诉博通案以及Rambus案，就美国法院和联邦贸易委员会对标准制定组织专利披露政策的态度展开了分析。[5]马海生对29家在ICT行业具有重要影响力的标准制定组织的许可政策展开实证研究，总结了这些标准制定组织许可政策的特点。[6]吴广海结合专利劫持行为，分析了标准制定组织的披露规制、许可规则以及事前许可协商规则在预防这种行为方面所能够发挥的作用。[7]2011年，何隽对必要专利的评估和认定展开研究，探究了必要专利评估的影响因素，并就必要专利独立评估机制的构建提出了设想。[8]丁道勤和

[1]　黄武双：《技术标准反垄断的特征及其对我国反垄断立法的启示——从微软垄断案说起》，《科技与法律》2007年第3期。

[2]　张平：《专利联营之反垄断规制分析》，《现代法学》2007年第3期。

[3]　赵启杉、黄良才：《技术标准中的事先披露原则——VITA新专利政策介评》，《电子知识产权》2007年第6期。赵启杉：《标准化组织专利政策反垄断审查要点剖析——IEEE新专利政策及美国司法部反垄断审查意见介评》，《电子知识产权》2007年第10期。

[4]　吕明瑜：《技术标准垄断的法律控制》，《法学家》2009年第1期。

[5]　刘晓春：《标准化组织专利披露政策相关规则在美国的新发展——解读高通诉博通案》，《电子知识产权》2009年第2期。

[6]　马海生：《标准化组织的FRAND许可政策实证分析》，《电子知识产权》2009年第2期。

[7]　吴广海：《标准设立组织对专利权人劫持行为的规制政策》，《江淮论坛》2009年第1期。

[8]　何隽：《技术标准中必要专利的独立评估机制》，《科技与法律》2011年第3期。

杨晓娇就标准制定过程中所存在的专利劫持问题展开了研究，认为应当通过完善标准制定组织的自律性监管机制、建立专利池以及运用反垄断法来进行有效规制。①这一阶段的研究主要是从技术标准中所存在的具体问题入手，有针对性地提出相关的完善建议。尽管学者们从不同的角度对标准必要专利的相关问题展开了研究，但仍主要是从知识产权法的角度，鲜有从反垄断法的视角对标准必要专利展开系统的、全面的研究。

在 2013 年华为诉 IDC 案之后，学界开始注重从反垄断的角度研究标准必要专利的相关问题，当然，知识产权法学者也继续从不同角度对标准必要专利相关问题展开探讨。可以说，关于标准必要专利的研究在2013 年尤其是 2014 年之后开始进入了一个繁荣阶段。

2013 年，审理华为诉美国 IDC 公司标准必要专利使用费纠纷一案的三位法官发表了《标准必要专利使用费纠纷中 FRAND 规则的司法适用》一文，②结合该案对标准必要专利所涉及的相关诉讼问题及 FRAND（Fair, Reasonable and Non-Discriminatory，FRAND）费率确定问题展开研究。2013 年，叶明和吴太轩探讨了技术标准化行为权利滥用的判定规则，介绍了欧盟国家在分析技术标准化行为是否违反反垄断法时主要考虑的因素。③张吉豫结合美国微软诉摩托罗拉案，对 FRAND 许可费的计算问题展开研究，提出了"基础许可费 + 调整"的计算方法。④张平对为什么要对涉及技术标准专利权给予限制的问题展开探讨，分析了标准制定组织的专利政策对专利权人的约束力以及技术标准"公共产品"的性质，并探讨了中国近年的典型案例。⑤

2014 年，王晓晔教授结合华为诉 IDC 案件对标准必要专利案件中市场支配地位的认定问题进行了讨论。⑥许光耀教授和刘佳结合华为诉 IDC

---

① 丁道勤、杨晓娇：《标准化中的专利挟持问题研究》，《法律科学》2011 年第 4 期。

② 叶若思、祝建军、陈文全：《标准必要专利使用费纠纷中 FRAND 规则的司法适用——评华为公司诉美国 IDC 公司标准必要专利使用费纠纷案》，《电子知识产权》2013 年第 4 期。

③ 叶明、吴太轩：《技术标准化的反垄断法规制研究》，《法学评论》2013 年第 3 期。

④ 张吉豫：《标准必要专利"合理无歧视"许可费计算的原则与方法——美国"Microsoft Corp. v. Motorola Inc."案的启示》，《知识产权》2013 年第 8 期。

⑤ 张平：《论涉及技术标准专利侵权救济的限制》，《科技与法律》2013 年第 5 期。

⑥ 王晓晔：《市场支配地位的认定——对华为诉 IDC 一案的看法》，《人民司法》2014 年第 4 期。

案以及微软与诺基亚经营者集中申请案，探讨了标准必要专利许可中支配地位的认定问题，分析了 FRAND 标准的考量方法。①何怀文和陈如文讨论了技术标准制定参与方违反 FRAND 许可承诺的法律后果，并提出了五种可能的理论。②仲春对标准必要专利禁令安全港原则展开了研究，建议我国也引入该原则。③史少华认为标准必要专利诉讼主要涉及两个问题，即依据 FRAND 原则许可标准必要专利，以及标准必要专利的禁令救济，并就这两个问题展开研究。④

2015 年，韩伟分析了对标准必要专利许可费进行反垄断规制的基本原则、主要方法以及考量要素。⑤祝建军对标准必要专利使用费条款是应当公开还是可以保密的问题展开研究，认为为了防止滥用标准必要专利权，应当公开标准必要专利使用费率，而不应当将其约定为商业秘密而处于保密状态。⑥罗娇对 FRAND 许可的内涵、FRAND 许可费率的计算以及 "永久禁令" 等问题展开了探讨。⑦王先林教授从专利权人违反专利披露义务和虚假承诺，以及专利权人违反 FRAND 原则两个方面，对可能引发的反垄断问题展开分析。⑧魏立舟梳理了标准必要专利禁令救济反垄断抗辩在欧盟以及德国司法体系的历史演变。⑨王晓晔教授对标准必要专利

---

① 许光耀、刘佳：《论标准必要专利许可中支配地位的滥用》，《价格理论与实践》2014 年第 10 期。

② 何怀文、陈如文：《技术标准制定参与人违反 FRAND 许可承诺的法律后果》，《知识产权》2014 年第 10 期。

③ 仲春：《标准必要专利禁令滥用的规制安全港原则及其他》，《电子知识产权》2014 年第 9 期。

④ 史少华：《标准必要专利诉讼引发的思考：FRAND 原则与禁令》，《电子知识产权》2014 年第 1 期。

⑤ 韩伟：《标准必要专利许可费的反垄断规制——原则、方法与要素》，《中国社会科学院研究生院学报》2015 年第 3 期。

⑥ 祝建军：《标准必要专利使用费条款：保密抑或公开——华为诉 IDC 标准必要专利案引发的思考》，《知识产权》2015 年第 5 期。

⑦ 罗娇：《论标准必要专利诉讼的 "公平、合理、无歧视" 许可——内涵、费率与适用》，《法学家》2015 年第 3 期。

⑧ 王先林：《涉及专利的标准制定和实施中的反垄断问题》，《法学家》2015 年第 4 期。

⑨ 魏立舟：《标准必要专利情形下禁令救济的反垄断法规制——从 "橘皮书标准" 到 "华为诉中兴"》，《环球法律评论》2015 年第 6 期。

反垄断诉讼中所涉及的问题展开了系统的研究。①

2016 年，祝建军法官对标准必要专利禁令救济的成立条件展开了研究，认为 FRAND 许可对禁令救济成立条件的确立起着限制作用，只有遵循 FRAND 许可的善意标准必要专利权人，才有权利向不遵循 FRAND 许可的恶意标准必要专利实施人主张禁令救济。② 朱理法官从专利法、合同法和竞争法的角度对标准必要专利的法律问题展开了分析。③ 谭袁认为应当在相关法律制度中赋予标准必要专利权利人享有专利增值的权利，并将其限制在合理的范围之内，提出了解决标准必要专利许可纠纷的建议。④ 袁真富对标准必要专利默示许可的条件、适用的标准类型以及许可费等问题展开了研究。⑤

2017 年，李剑教授提出，在确定标准必要专利许可费时，法院会受到事后之明偏见的影响而不利于判决的公正性和合理性，认为应当通过判决书的充分说理以及对被告抗辩理由的全面回应来解决这一问题。⑥袁波探讨了标准必要专利权人市场支配地位的认定问题，主张采纳"认定说"进行市场支配地位的判定。⑦于连超和王益谊指出，我国标准必要专利问题的司法政策以现行标准化制度为背景，规范对象限于推荐性标准，认为应尽早思考将团体标准和强制性标准纳入司法政策的规范范围。⑧ 谭袁对标准制定组织的披露政策展开了研究，认为披露政策存在诸多问题，限制了其效果的发挥，并提出了相应的完善建议。⑨

由上可见，2013 年以后，关于标准必要专利相关问题的研究呈现出

---

① 王晓晔：《标准必要专利反垄断诉讼问题研究》，《中国法学》2015 年第 6 期。

② 祝建军：《标准必要专利禁令救济的成立条件》，《人民司法》2016 年第 1 期。

③ 朱理：《标准必要专利的法律问题：专利法、合同法、竞争法的交错》，《竞争政策研究》2016 年第 2 期。

④ 谭袁：《标准必要专利价值增值的审视及制度建构》，《竞争政策研究》2016 年第 2 期。

⑤ 袁真富：《标准涉及的专利默示许可问题研究》，《知识产权》2016 年第 9 期。

⑥ 李剑：《标准必要专利许可费确认与事后之明偏见：反思华为诉 IDC 案》，《中外法学》2017 年第 1 期。

⑦ 袁波：《标准必要专利权人市场支配地位的认定——兼议"推定说"和"认定说"之争》，《法学》2017 年第 3 期。

⑧ 于连超、王益谊：《论我国标准必要专利问题的司法政策选择——基于标准化体制改革背景》，《知识产权》2017 年第 4 期。

⑨ 谭袁：《论标准制定组织披露规则的完善》，《北方法学》2017 年第 5 期。

欣欣向荣之势。学者们从不同角度对标准必要专利所涉及的诸多理论问题展开了深入探讨，形成了众多富有真知灼见的理论研究成果。不过，这种研究大多是从不同的角度抽出一定的问题进行的个别化研究，仍然呈现出零零散散的现象，缺乏系统性，也未能总结出一般性的规律。可以说，这种研究仍然处于起步阶段。如何从反垄断的角度对标准必要专利进行有效规制，是解决标准必要专利问题的主要途径，然而当前的理论研究尚无法为实践提供明确的指导，反而是实践先行，执法者、法官在实践中不断地进行着探索。因此，这更加凸显出从理论上展开系统的、深入的研究紧迫性。

## 二　国外研究情况综述

在国外，由于标准必要专利纠纷较多，因此与标准必要专利相关的争议及问题也暴露得更多。国外学者从不同方面对与标准必要专利相关的问题展开了较为系统而全面的研究。

关于标准制定组织的知识产权政策问题，马克·A. 莱姆利（Mark A. Lemley）教授对 43 个标准制定组织的知识产权政策展开调查，研究了这些标准制定组织的知识产权政策是否要求专利权人披露专利，发现绝大多数的标准制定组织都不要求披露义务人展开专利检索。[①] 大卫·J. 蒂斯和爱德华·F. 谢里认为，由标准制定组织进行专利检索具有重要优势，标准制定组织更有可能发现那些不属于标准制定组织成员的潜在相关专利。[②] 克雷格·A. 雅克布森认为，如果标准制定组织的专利政策对其成员所应承担的法律责任作出明确规定，则许可双方将更有可能在法院之外解决他们之间的纠纷，以避免诉讼成本。而且，即便是最终进入司法程序，法院所要处理的也主要是事实问题而非法律问题。[③] 劳伦·E. 巴罗斯认为，大多数标准制定组织的许可政策都没有对 FRAND 作出具体界

---

① Mark A. Lemley, Intellectual Property Rights and Standard-Setting Organizations, 90 Cal. L. Rev. 1889,（2002）.

② David J. Teece, Edward F. Sherry, Standards Setting and Antitrust, 87 Minn. L. Rev. 1913,（2003）.

③ Kraig A. Jakobsen, Revisiting Standard-Setting Organizations's Patent Policies, 3 Nw. J. Tech. & Intell. Prop. 43, pp. 55－56（2004）.

定，是因为它们担心这样做会引发反垄断责任。① 杰伊·P. 凯森和卡罗尔·M. 海耶斯也认为，标准制定组织通常不会参与 FRAND 许可条款的确定，因为标准制定组织担心讨论定价策略会触犯反垄断法。②

在 FRAND 的本质和价值理解方面，马克·A. 莱姆利教授和卡尔·夏皮罗教授就什么是 FRAND 承诺展开了系统研究，并提出可以通过棒球式风格的约束性仲裁方法来实现对 FRAND 承诺的确定。③达米安·吉雷丁认为，如果将 SEP 所有权人作出的 FRAND 承诺视为合同，就能够运用传统的合同法解释方法来进行理解，这样就有大量的法律文献和法院先例所确定的适当方法可以被采纳。④ 乔治·L. 孔特雷拉斯认为，FRAND 承诺有利于保护标准实施者的利益，FRAND 承诺既可以确保专利许可费是合理的，而且更为重要的是，专利许可无论如何都是可以获得的。⑤ 克里斯托弗·R. 莱斯利认为，FRAND 承诺可以防止标准必要专利权人滥用标准化所带来的垄断优势，认为每一个 FRAND 承诺都能够被认为是一项契约义务，是一个可以被实施的承诺，即专利权人所作的不收取垄断价格的承诺。⑥

在 FRAND 许可费的确定方面，许多经济学家赞成事前确定的方法（Ex Ante Method），强调重点考察标准制定以前，最终被选定的专利技术与其他替代性技术解决方案之间竞争所形成的许可费率，主张以该许可费率作为确定某一特定许可费是否符合 FRAND 原则的基准。⑦ 斯坦利·M. 拜森认为，由于法院无法获得充足的信息，因此不应当由法院来确定

① Lauren E. Barrows, Why the Enforcement Agencies's Recent Efforts Will Not Encourage Ex Ante Licensing Negotiations in Standard-Setting Organizations, 89 Tex. L. Rev. 967, (2011).

② Jay P. Kesan, Carol M. Hayes, FRAND's Forever: Standards, Patent Transfers, and Licensing Commitments, 89 Ind. L. J. 231, (2014).

③ Mark A. Lemley, Carl Shapiro, A Simple Approach to Setting Reasonable Royalties for Standard-Essential Patents, 28 Berkeley Tech. L. J. 1135, (2013).

④ Damien Geeradin, the Meaning of "Fair and Reasonable" in the Context of Third-Party Determination of FRAND Terms, 21 Geo. Mason. L. Rev. 919 (2014).

⑤ Jorge L. Contreras, A Brief Hitory of FRAND: Analyzing Current Debates in Standard Setting and Antitrust Through A Historical Lens, 80 Antitrust L. J. 39, (2015).

⑥ Christopher R. Leslie, Monopolization through Patent Theft, 103 Geo. L. J. 47, (2014).

⑦ Daniel G. Swanson, William J. Baumol, Reasonable and Nondiscriminatory (RAND) Royalties, Standards Selection, and Control of Market Power, 73 Antitrust L. J. 1, (2005).

标准必要专利的许可费。① Lemley 和 Shapiro 教授建议 SSO 明确规定关于
FRAND 许可费的纠纷应当通过有约束力的仲裁予以解决，并将这种仲裁
称之为"棒球式仲裁"（baseball-style arbitration）。② 孔特雷拉斯教授提出
了假定专利池的方法（pseudo-pool approach）来确定 FRAND 许可费。③ 法
院在司法实践中提出了"实施专利的最小可销售元件"的方法，④并得到
了标准制定组织的采纳。⑤此外，法院还对 Georgia-Pacific 十五要素分析法
进行改进，以适用于 FRAND 承诺的要求。⑥ 达里·利姆认为在确定
FRAND 许可费时，也应当考虑标准必要专利权人的利益，因为标准必要
专利权人面临技术失败、专利未被纳入标准等风险。⑦ 理查德·J. 吉尔伯
特认为，由于 FRAND 原则中的"公平"和"合理"很难准确界定，因
此应当更加重视 FRAND 原则中的"非歧视"，如果能够对"非歧视"作
出清晰界定的话，也能在预防专利劫持等方面发挥重要作用。⑧

　　关于标准必要专利禁令问题，在标准必要专利禁令方面，马克·A.
莱姆利和卡尔·夏皮罗指出，如果专利权人获得禁令，就意味着下游的
生产商不得再生产相关产品，这对生产商极具威慑力。这种威慑会对许
可谈判产生重大影响，往往会导致严重的专利劫持问题。⑨ 乔安娜·蔡和

① Stanley M. Besen, Why Royalties for Standard Essential Patents Should Not Be Set by the Court, 15 Chi. -Kent J. Intell. Prop. 19 (2015).

② Mark A. Lemley, Carl Shapiro, A Simple Approach to Setting Reasonable Royalties for Standard-Essential Patents, 28 Berkeley Tech. L. J. 1135, (2013).

③ Jorge L. Contreras, Fixing FRAND: A Pseudo-Pool Approach to Standards-Based Patent Licensing, 79 Antitrust L. J. 47, (2013).

④ In re Innovatio IP Ventures, LLC Patent Litigation, Case No. 11 C9308, 2013 WL 5593609, (N. D. Ill. Oct. 3, 2013).

⑤ IEEE: IEEE-SA Standards Board Bylaws, available at http: //standards. ieee. org/develop/policies/bylaws/sb_bylaws. pdf.

⑥ Microsoft Corp. v. Motorola, Inc. , No. C10 – 1823JLR, 2013 WL 2111217, (W. D. Wash. Apr. 25, 2013).

⑦ Daryl Lim, Standard Essential Patents, Trolls, and the Smartphone Wars: Triangulating the End Game, 119 Penn St. L. Rev. 1, (2014).

⑧ Richard J. Gilbert, Deal or No Deal? Licensing Negotiations in Standard-Setting Organizations, 77 Antitrust L. J. 855, (2011).

⑨ Mark A. Lemley, Carl Shapiro, Patent Holdup and Royalty Stacking, 85 Tex. L. Rev. 1991, (2007).

乔舒纳·D. 赖特对 11 个主要的标准制定组织的知识产权政策进行了研究，发现大多数标准制定组织都没有明确规定专利权人是否能够寻求禁令救济。[①] 乔舒纳·D. 赖特认为，如果标准制定组织的知识产权政策规定专利权人不得寻求禁令救济的话，则其很有可能选择不加入标准的制定过程中，也不会依据 FRAND 原则进行许可。[②] 约翰·D. 哈克赖德指出，如果标准制定组织的知识产权政策规定专利权人有权寻求禁令，则标准实施者又会因此而放弃实施标准，这将减缓标准的采纳，减少所有参与者所能享受到的网络所带来的积极外部效应，也会减少 SEP 权利人所能够获得的许可费。[③]

总之，国外学者对标准必要专利所涉及的主要问题包括标准制定组织知识产权政策、FRAND 承诺的性质、FRAND 许可费的确定、标准必要专利禁令问题等都展开了深入探讨。国外学者对于标准必要专利的反垄断规制问题的研究已经从基本理论研究步入了深层次的、更加精细的研究阶段，结合丰富的实践案例提出了很多有针对性的改进方案。

## 第三节　本书的实践价值与理论价值

### 一　实践价值

首先，从国内来看，因标准必要专利而引发的反垄断问题在我国已初现端倪，如华为诉美国 IDC 公司案即是我国第一起该类型的案件，国家发改委对美国高通公司展开了反垄断调查，商务部对微软收购诺基亚设备和服务业务作出了附条件批准的决定。在最近一两年，伴随着中国反垄断法步入一个高速实施的阶段，以及中国融入世界经济的程度也迈入了一个更高的层次，中国的许多行业、企业也都实施了越来越多的国际标准，因此，可以合理预见，与标准必要专利有关的案件和执法将会日益增多。然而，当前的理论研究却仍然很匮乏，无法为紧迫的实践提

---

① Joanna Tsai, Joshua D. Wright, Standard Setting, Intellectual Property Rights, and the Role of Antitrust in Regulating Incomplete Contracts, 80 Antitrust L. J. 157, pp. 178 – 179 (2015).

② Joshua D. Wright, SSOs, FRAND, and Antitrust: Lessons from the Economics of Incomplete Contracts, 21 Geo. Mason L. Rev. 791, (2014).

③ John D. Harkrider, Seeing the Forest through the SEPs, 27 – SUM Antitrust 22, (2013).

供有效的指导。

1. 本课题的研究有利于与标准必要专利有关的反垄断规章、指南的制定

我国《反垄断法》是粗线条的规定，不可能对标准必要专利这种具体问题进行规定，唯一与标准必要专利有关的条款就是第55条："经营者依照有关知识产权的法律、行政法规规定行使知识产权的行为，不适用本法；但是，经营者滥用知识产权，排除、限制竞争的行为，适用本法。"显然，该条的规定只是概括性地规定了反垄断法与知识产权法之间的协调问题，唯有根据该条规定的精神，制定更为具体的规章和指南，才能为与标准必要专利有关的司法和执法提供根据。原国家工商总局发布了《关于禁止滥用知识产权排除、限制竞争行为的规定》，最高人民法院也发布了《最高人民法院关于审理侵犯专利权纠纷案件应用法律若干问题的解释（二）》，两个规范性文件都涉及了标准必要专利的问题，但仍然比较粗线条，只是作了原则性的规定。本研究将为相关规章、指南的制定提供建设性的借鉴，有利于相关部门制定专门的规制标准必要专利的规范性文件。

2. 本课题的研究有利于与标准必要专利有关的反垄断执法和司法活动的推进

首先，本课题将全面研究与标准必要专利有关的核心争议性问题，这些问题将是法院和反垄断执法机构最希望能够提供有益借鉴的。本课题将研究成熟国家、地区的经验，并结合我国的制度环境，提出有针对性的建议，这对于推动我国在标准必要专利领域内的反垄断执法和司法将具有积极的意义。

其次，从国际上来看，本课题的研究对于维护中国企业在国际竞争中的利益具有积极意义。中国的企业如华为、中兴等已走出国门，在世界市场上占据了越来越大的市场份额。然而，相较于国外的大企业，我国的企业参与国际性标准制定的程度仍然远远不够，仍然处于边缘的位置。例如在无线电通信领域，跨国大企业如微软与摩托罗拉、苹果与三星、苹果与摩托罗拉等之间的纠纷正在世界各地上演。作为最近一些年异军突起的中国通信制造企业来说，今后不可避免地会面临诸多持有标准必要专利的企业违背FRAND承诺而提出不合理的许可条件，在这种情

形下，无论是被动应诉还是主动出击，只有熟练运用标准必要专利的相关理论与原则才能沉着应对，维护自身的合法权益。目前国内关于标准必要专利的研究仍然比较贫乏，无法对我国企业在国际市场上面临的挑战提供全面的、有力的支持。本课题的研究成果能够为我国企业应对标准必要专利问题提供有益的智力支持，维护我国企业的正当利益。

**二　理论价值**

本课题将从反垄断的角度对标准必要专利的核心争议问题展开全面的、深入的研究。从目前的研究来看，学者们大多从知识产权法的角度展开研究，从反垄断的角度展开研究尚未引起学者们的完全注意，甚至有的学者认为标准必要专利的问题实际上与反垄断无关，而只需要从知识产权法、合同法和侵权法等入手展开研究即可。本研究将从学术上进行论证，传统的知识产权进路无法完全解决标准必要专利所引发的诸多问题，实践已经证明了这一点，而从反垄断的角度展开则是一个全新的视角。尽管反垄断法界也有学者对于标准必要专利中的垄断问题展开了研究，但这种研究大多是零散的，基本上都是从细小的角度入手谈论某个具体的问题。这种研究虽然能够起到一定的开创性、积累性的作用，但对于真正解决标准必要专利中的问题不应有过高的期望，因为这种"头痛医头、脚痛医脚"式的碎片化的研究所提出的方案也许能够解决局部性的问题，但这些方案可能又会引发新的问题。本研究将克服目前研究的局限性，从全局的角度审视标准必要专利所蕴含的垄断本质，以"纳入标准前的专利竞争问题—纳入标准后垄断力的产生—标准实施、专利许可过程中垄断力的滥用—标准必要专利垄断的抑制与解决"为主线，展开系统化的研究，提出综合性的、全局性的解决方案。这对于当前的学术研究具有拓新性，对于推动理论的发展也具有重要的、独特的价值。

# 第四节　本书研究的主要观点

（一）标准制定组织（Standard Setting Organization，SSO）的披露政策在实践中很多时候都流于形式，所能够发挥的作用微乎其微，对于许多专利权人而言没有任何实质性的约束力。许多专利权人非但不按照要求主动披露其专利，反而采取种种措施进行隐瞒，采用"特洛伊木马"式的方法推动自己的专利被纳入标准之中。披露政策对专利权人不主动披露必要专利所应承担的不利后果的规定方面存在不足，过度依赖于专利权人的主动披露而忽视了 SSO 主动检索的必要性，披露政策中的专利检索豁免规定并不适宜。因此，需要对 SSO 的披露政策予以改进。

（二）SSO 的许可政策在实践中所发挥的作用并不大，可以说许可政策对于真正解决专利权人与标准实施者之间的许可纠纷、确定 FRAND 许可费方面并不能提供实质性的支持。SSO 许可政策内容过于宽泛和模糊，无法为许可双方的关于许可费的协商提供有效指导，也不能为法院确定 FRAND 许可费提供实质性的支持。SSO 许可政策对专利权人的制约性不强。SSO 置身于 FRAND 许可费确定及纠纷解决之外，难以发挥 SSO 特有的优势。因此，应当对 SSO 的许可政策予以改进。

（三）公平、合理和无歧视（Fair, Reasonable and Non-Discriminatory, FRAND）承诺创设了专利权人向所有标准实施者所负的一种普遍性义务。在许可纠纷发生前，FRAND 承诺能够满足专利权人、标准制定组织和标准实施者各方利益的需求。当许可纠纷发生以后，FRAND 承诺所创设的这种普遍性义务又能够为标准实施者提供一种提起诉讼的根据，使得许可纠纷能够进入司法解决的通道，这样也使 SSO 即便不介入许可纠纷的解决也不至于没有相关的救济方式。FRAND 承诺的价值也主要体现在以上方面，在确定具体的许可费时，FRAND 承诺只能提供一个模糊的原则，而不能根据 FRAND 原则本身就能够直接确定具体的许可费。

（四）FRAND 许可费的确定应当遵循以下规则：（1）FRAND 许可费的确定应排除垄断因素的影响。禁止和排除利用垄断力损害其他主体利益的行为是反垄断法宗旨的必然要求，而排除许可费确定中所存在的垄断因素则也是 FRAND 原则的基本要求。（2）FRAND 许可费的确定应以标准必要专利（Standard Essential Patent，SEP）的贡献度为依据。SEP 的贡献度可以从两个方面来予以考察，即 SEP 对于标准的价值贡献以及 SEP 对标准实施者产品的价值贡献。（3）FRAND 许可费的确定应当确保 SEP 权利人的正当利益。对于 SEP 权利人的正当利益也必须予以充分的保护，这种保护不能因为 SEP 权利人具有的强势地位而有所弱化。（4）FRAND 许可费不应在类似标准实施者间差别过大。SEP 权利人对于情况类似的标准实施者，应当确保许可条件大致相同，不能有明显的差别，这既体现在许可费方面不能有明显的差别，也体现在不得对某些标准实施者进行许可而对另外一些则拒绝许可。

（五）SEP权利人可以享受标准化所带来的合理的价值增值。应当正视那些被纳入标准之中的专利所应当享有的合理的"溢价"，而不是一味地将专利权人超出竞争水平的合理加价视作垄断行为的表现。标准化无论是对于标准制定组织，还是消费者、社会，都具有极大好处，如果严格要求SEP权利人收取的许可费不能超过标准制定前其专利在竞争水平下的标准，则专利权人仅仅通过标准化获得扩大许可范围的好处，将无法使得专利的价值得到最充分的体现。合理的"溢价"本身是符合FRAND原则的，只要其在合理的范围之内，而不能被"一刀切"地砍掉。

（六）在禁令问题上采取平衡策略十分困难，应当全面限制SEP权利人寻求禁令的权利。无论是法院还是反垄断执法机构，在禁令问题上，都试图在SEP权利人与标准实施者之间实现一种平衡。不绝对支持SEP权利人的禁令请求，也不绝对反对SEP权利人的禁令请求，因为这样又可能会造成专利反劫持的情况。而是采取一种中间道路，原则上禁止，但例外情形下允许，即如果有证据能够证明SEP权利人是基于善意与标准实施者展开许可谈判，但标准实施者却未能表现出善意，此时标准实施者应当为此承担不利的法律后果，即SEP权利人能够获得禁令救济。理论上，在SEP权利人与标准实施者之间进行利益的平衡是一种最优的选择，但在实践中，要真正做到这种平衡是十分困难的。目前法院和反垄断执法机构在决定是否准予禁令时，将考察的重点放在对SEP权利人和标准实施者是否具有善意的判断上，这能够很容易地被规避，而且这些标准很多又依赖于对FRAND的判断，因而并不能够被直接地适用。法院和反垄断执法机构采取的平衡策略在实践运行中困难重重。应当全面限制SEP权利人寻求禁令的权利，因为SEP权利人并不符合申请禁令的基本条件，SEP权利人并不会因为侵权行为而遭受不可弥补的损害，现行的法律对SEP权利人也能够提供充分的救济。SSO也应当在知识产权政策中对全面禁止SEP权利人寻求禁令的权利作出明确规定。

## 第五节 本书的主要创新点

（一）研究方法方面的创新。高度重视理论与实践的结合，坚持用实践作为检验制度、政策是否有效的标准。例如，在对 SSO 知识产权政策展开研究时，首先对于主要 SSO 的披露政策和许可政策的原始文本进行了研究，掌握了大量的一手资料，在此基础上结合具体的典型案例分析 SSO 的披露政策和许可政策实际运行的效果，坚持以实践作为检验政策效果的原则，而不是纯粹从理论上展开分析。采取此种方法所得出的评估结果能够更深刻、准确地揭示出 SSO 披露政策和许可政策所存在的问题，从而能够有针对性地提出完善对策建议。

（二）研究思路方面的创新。以问题为导向，本书始终以问题为中心展开，对于标准必要专利中的一些常识性的知识未作专门介绍，而是在具体的问题分析过程中必要的部分予以探讨。这确保了本书能够在有限的篇幅解决实践中最重要的问题。

（三）资料获取方面的创新。本研究掌握了大量的一手资料，主要包括典型 SSO 的披露政策和许可政策的原始文本，以及主要案例的外文判决书，本研究注重对这些原始资料展开研究，这保证了本研究所得出结论的可靠性。

（四）观点方面的创新。

1. 关于 FRAND 承诺的性质，认为其既不是一种约束力合同的性质，也不具有强制缔约义务的性质，而是创设了一种普遍性的义务，认为 FRAND 承诺创设了专利权人向所有标准实施者所负的一种普遍性义务。当许可纠纷发生以后，FRAND 承诺所创设的这种普遍性义务能够为标准实施者提供一种提起诉讼的根据，使得许可纠纷能够进入司法解决的通道，这样也使得 SSO 即便不介入许可纠纷的解决也不至于没有相关的救济方式。

2. 提出应当正视那些被纳入进标准之中的专利所应当享有的合理的"溢价"，允许标准必要专利权利人享有一定的价值增值。认为合理的"溢价"本身是符合 FRAND 原则的，只要其在合理的范围之内，而不能被"一刀切"地砍掉。

3. 提出了通过过高报价的惩罚性机制来对 SEP 权利人形成一种约束，即根据 SEP 权利人初始报价（假设为 a）与最终通过司法或行政等途径确定的 SEP 价值（假设为 b）之间的差（即 a－b，假设为 c），来分级确定 SEP 权利人所应当承担的过高报价惩罚。这样来促使 SEP 权利人主动遵守其作出的 FRAND 承诺。

4. 主张全面限制 SEP 权利人寻求禁令的权利。认为 SEP 权利人并不会遭受不可弥补的损失，现有的法律制度能够为 SEP 权利人提供充分的救济，准予禁令将会严重损害标准实施者以及社会的利益，而且即便在禁令例外的情形下发布禁令也会超出必要的限度。

# 第二章

# 标准必要专利问题图景分析

## 第一节　标准必要专利概览

标准必要专利不是一般的专利，而是被纳入进标准之中的专利；而且也不是一般的被纳入进标准之中的专利，而是标准制定中所无法绕开的专利，也即必要专利。标准必要专利本身就是一个十分具体的对象，标准必要专利的全称应该是制定标准时所必须使用的专利，可见其简称"标准必要专利"就是一个很长的词组。标准必要专利中的"标准"与"必要"两个词语都是对专利所进行的限缩，经过双重限缩之后的标准必要专利就是一个非常具体的对象，因标准必要专利而引发的问题也自然应该是十分具体的问题。如果无法从宏观上对这种微观的问题进行整体把握，则极有可能陷入细枝末节的"泥沼"之中。为了避免这种危险，本书将在一开始就尝试通过图表的方式展示标准必要专利可能涉及的主要主体及其相互之间的关系，标准必要专利排除、限制竞争问题的萌芽、发展及爆发的全过程，所涉及的主要利益纠纷等，尽管在有限的图表中反映出如此多的信息难度很大，但这种尝试却很有必要。

## 第二节　标准必要专利问题的核心争议

纠纷双方的争议往往都是利益之争，标准必要专利争议也不例外。因标准必要专利而引发的纠纷，其核心争议归根结底就是标准必要专利权人与标准实施者之间关于专利许可费的确定问题。标准必要专利权人认为自己提出的许可费已经足够低，以至于如果接受标准实施者的报价将无法体现出自身专利的价值；而在标准实施者看来，标准必要专利权人提出的专利许可费是如此之高，以至于如果接受如此高的许可费报价，自己的生产经营将无利可图。

**实施标准，寻求获得专利许可，支付尽可能低的许可费**

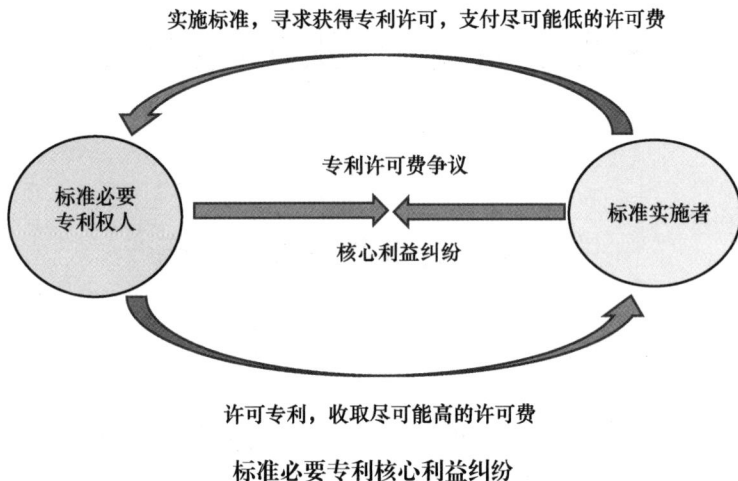

**许可专利，收取尽可能高的许可费**

**标准必要专利核心利益纠纷**

绝大多数的纠纷都可以归结为利益的纠纷，小至个人、企业，大至国家、国际组织，彼此之间的冲突往往都是因为利益无法协调而产生，个人之间因利益冲突可能拳脚相向，国家之间因利益冲突可能爆发战争。当我们拨开令人眼花缭乱的纠纷之迷雾，往往会发现隐藏于后的各种各样的利益诉求。标准必要专利权人和标准实施者之间之所以会发生纠纷，最根本的原因就在于双方无法就具体的专利许可费数额达成一致。在华为诉 IDC 一案中，华为之所以起诉 IDC，最主要的原因就在于其认为 IDC 对自己的专利许可费过高。IDC 要求华为依据销售量支付 2% 的许可费，而华为认为，"这一费率标准是许可给苹果公司的百倍，是三星公司的十倍。目前一般工业产品的利润率仅为 3%。如果华为公司接受 2% 费率，那么其仅缴纳 IDC 公司这单独一家的专利费就几乎可以掏空其全部利润。"①在微软诉摩托罗拉一案中，摩托罗拉指出微软的 Windows 和 Xbox 产品采用了 H. 264 和 802. 11 标准，而在这两个标准之中摩托罗拉拥有大

---

① 财新网：《广东高院解读华为与美国 IDC 专利之争》，http：//china. caixin. com/2014 - 04 -17/100666904. html，最后访问日期 2018 年 9 月 12 日。

量的专利，摩托罗拉要求微软按 Windows 和 Xbox 销售价的 2.25% 支付许可费。微软认为摩托罗拉的许可费率不合理，从而向法院提起诉讼。①

上述两个案例以及其他标准必要专利案件，诉讼双方争议的焦点实际上就是利益之争，而承载利益的则是法律所赋予双方的权利。但是，由于"立法者的有限理性、成文法语言的模糊性、社会的变动性等，可能会导致立法阶段未能清晰地界定权利边界，导致相关权利主体对于权利边界产生争议，从而诱发权利冲突。此时权利冲突的各方，为获取最大的利益而尽力扩张己方权利的界限……"②

作为专利的所有权人，其有权禁止他人未经许可而实施其专利，这是专利权的本质要求，如我国《专利法》第11条就规定，专利权被授予后，除专利法另有规定的以外，"任何单位或者个人未经专利权人许可，都不得实施其专利"。第12条规定，"任何单位或者个人实施他人专利的，应当与专利权人订立实施许可合同，向专利权人支付专利使用费。被许可人无权允许合同规定以外的任何单位或者个人实施该专利"。

专利法所赋予专利权人的该项权利，即是其能够向被许可人收取许可费的根据所在，而作为一种特殊专利的标准必要专利，其权利人之所以能够向标准实施者收取许可费也源于此。但是，法律不可能对个案中具体的许可费率作出明确的规定，因此专利权人必定会在法律的模糊地带尽可能地扩张自己的利益领地。而对于利益相对方的被许可人而言，专利权人的利益领地被扩张多少，就意味着被许可人的利益空间被压缩多少，因此出于维护自身利益的考量，被许可人必定会坚决反对专利权人无休止扩张其利益领地的行为。

在任何专利许可谈判中，都会存在这样一个临界点，在该临界点上所对应的专利许可费，必定是专利权人和被许可人在充分考虑各种因素之后能够接受的。但是，当任何一方的利益诉求超过了该临界点而朝于对方利益不利的方向发展时，利益冲突就爆发了。当利益冲突爆发后，如果专利权人拒绝许可并且被许可人（严格说应该是潜在的被许可人）

---

① Microsoft Corp. v. Motorola, Inc., No.10 - 1823, 2013 WL 2111217, (W. D. Wash. Apr. 25, 2013).

② 梁迎修：《权利冲突的司法化解》，《法学研究》2014 年第 2 期。

也不再寻求获得许可，则这种冲突即在爆发之际归于泯灭，自然也就不会触发后续的争议解决程序。但是，如果潜在的被许可人执意要求获得专利许可，专利权人是否有义务进行许可呢，或者换言之，潜在的被许可人如何能够在专利权人拒绝许可的情形下通过法律途径来实现自己获得许可的目的呢？

（1）通过专利法中的强制许可予以实现

专利权人依据其专利而享有的一项基本权利即是许可实施权，即"专利权人（许可方）通过签订合同的方式允许他人（被许可方）在一定条件下实施其取得专利权的发明创造的全部或者部分技术的权利"①。作为专利权的所有者，其有权决定是否许可其专利、以何种方式许可其专利等，这是专利权的本质要求。尤其是对于那些不涉及国家和公众利益的专利，任何人都无权强行要求专利权人许可其专利，"我国施行《专利法》已有二十多年的历史，其间没有给予任何强制许可就是一个例证"②。

但是，专利权人的权利并不是毫无边界的，为了实现保护社会公共利益等目标，专利权在某些情形下需要受到一定的限制，以实现专利权人的利益与社会公共利益之间的平衡，其中专利强制许可即是专利权限制的重要制度。"所谓强制许可，是指在法定的特殊条件下，未经专利权人同意，他人可在履行完毕法定手续后取得实施专利的许可，但仍应向专利权人缴纳专利实施许可费。"③强制许可是一种非自愿的许可，这种"非自愿"，是从许可人的角度而言的。在自愿许可中，许可人与被许可人均出于内心的自愿而"一拍即可"。但在许可人非自愿而被许可人强烈自愿的情形之下，意思不一致的双方显然是无法就专利许可达成共识的，因此需要公权力的介入。正是基于此，有学者才将强制许可界定为"由政府在一个自愿的买家和一个不自愿的卖家之间强制推行并实施的非自愿性的合同"④。

---

① 张平：《知识产权法》，北京大学出版社 2015 年版，第 156 页。
② 尹新天：《中国专利法详解》，知识产权出版社 2011 年版，第 499 页。
③ 吴汉东：《知识产权法》，法律出版社 2014 年版，第 193 页。
④ See Gianna Julian-Arnold, International Compulsory Licensing: the Rationales and the Reality, 33 IDEA 349 (1993).

　　强制许可是对专利权人专利权的一种"侵入"，可以看作对专利权人绝对专利权的一种否定，但是，如果对这种"侵入"本身没有限制的话，则专利权人的专利权又可能会被践踏得"体无完肤"，这有悖于专利保护的精神。因此，必须对强制许可本身也进行限制，专利权只有经过这种"否定之否定"以后，才能够真正在兼顾社会利益的同时，最大限度地保护专利权人的利益。

　　根据我国《专利法》第48—52条，只有在以下情形之下才能够申请强制许可实施专利：专利权人在合理期限内无正当理由未实施或者未充分实施其专利（第48条第1项）；专利权人行使专利权的行为被依法认定为垄断行为，为消除或者减少该行为对竞争产生的不利影响（第48条第2项）；国家出现紧急状态或者非常情况时，或者为了公共利益的目的（第49条）；为了公共健康目的而强制许可药品专利（第50条）；依存专利的强制许可（第51条）；为保护公共利益和保护竞争而对半导体技术实施的强制许可（第52条）。我国《专利法》中所规定的上述强制许可情形都有着明确的国际法依据，例如第48条的依据就是《保护工业产权巴黎公约》（以下简称《巴黎公约》）第5条A部分第（2）款①，第49条的依据是TRIPS第31条②。只有当专利权人的专利符合以上情形时，国务院专利行政部门才能给予实施专利的强制许可。我国《专利法》第48条所规定的两种情形是强制许可的一般理由，因此也是本书关注的重点。

　　首先，专利权人在合理期限内无正当理由未实施或未充分实施专利所引发的强制许可情形。如果专利权人在合理期限内无正当理由未实施其专利，则潜在的被许可人就可以申请强制许可。问题的关键是此处"未实施"中的"实施"究竟是指《专利法》第11条中所规定的制造、使用、许诺销售、销售、进口专利产品等情形，还是仅仅包括利用专利

---

　　①　本书关于《巴黎公约》条文的引用，除另有说明外，皆来源于世界知识产权组织官方网站的中文版，http：//www.wipo.int/wipolex/zh/treaties/text.jsp? file_id = 287559，最后访问日期2018年9月13日。

　　②　本书关于TRIPS（Agreement on Trade-Related Aspects of Intellectual Property Rights）条文的引用，除另有说明外，皆来源于世界贸易组织官方网站，https：//www.wto.org/english/res_e/booksp_e/analytic_index_e/trips_e.htm，最后访问日期2018年9月13日。

制造产品或使用专利方法呢？如果"实施"是指《专利法》第 11 条所列的情形，则潜在被许可人申请强制许可获得批准的可能性就比较小了，因为专利权人只要存在其中的任何一种行为，都可以被认定为实施了专利。反之，如果"实施"仅指利用专利制造产品或使用专利方法，则潜在被许可人申请强制许可获批的可能性就比较大。在本书看来，此处的"实施"应当是后一种情形，否则专利权人可以轻易地规避以使其不符合强制许可的条件，例如只要使用了高通公司专利的其他国家品牌手机能够出口到中国，并在中国范围内销售，那么高通的专利也就在中国得以实施了。在这种情形之下，诸如华为等中国品牌手机制造商如果谋求获得高通的专利许可，那么由于高通公司的专利已经在中国实施了，华为等显然无法以高通在合理期限内无正当理由未实施其专利而申请强制许可。但是，即便如此，高通在中国只要生产专利产品，或者将自己的专利许可给华为以外的其他中国企业，那么也就满足了实施专利的要求，华为等企业将无法申请强制许可。

　　关于专利权人无正当理由未充分实施专利的情形所引发的强制许可，其关键之处就在于"未充分实施"的界定。我国《专利法实施细则》第 73 条第 1 款对"未充分实施"作出的界定是："专利权人及其被许可人实施其专利的方式或者规模不能满足国内对专利产品或者专利方法的需求。"在这种情形之下，专利没有发挥出其最大的价值，从而导致了供不应求。一方面从专利自身的角度来看，是专利权未能"物尽其用"的表现，因此也是专利权的一种浪费；另一方面从社会需求的角度来看，有一部分社会需求未能得到满足，这是专利权人未充分许可给社会利益造成的损失。因此，那些未能获得许可的潜在被许可人可以以此为由申请强制许可，以实现专利的充分实施。不过，对于那些竞争激烈、供应充足的行业如智能手机行业而言，那些希望获得许可的潜在被许可人据此申请强制许可就很有可能无法得到批准。例如假设华为申请强制许可高通的专利，由于高通已经将其专利许可给了中国其他一些智能手机生产商，而且许可的方式和规模也能够满足国内对智能手机的需求。可见，对于这些行业中的企业，其欲以专利"未充分实施"为由申请强制许可的可能性也微乎其微。

　　其次，专利权人被认定构成垄断而引发的强制许可。根据 TRIPS 第 31

条第 k 款，如果专利权人的行为经行政或司法程序被确定为限制竞争的话，则潜在的被许可人在申请强制许可时无须证明其曾提出合理的条件以寻求获得专利许可，但在合理的时间内未能成功。这也即是说，只需专利权人的行为被认定是限制竞争的，则可据此强制许可其专利权。但问题在于，对于潜在的被许可人而言，其目的仅在于寻求获得专利许可，尽管一旦专利权人的行为被证明是限制竞争，潜在被许可人即可获得强制许可，但这需要行政机关或法院认定专利权人的行为构成限制竞争。这一条件对于潜在被许可人而言可能过于超前，因为之所以会认定专利权人的行为构成限制竞争，原因就在于其从事了反竞争的行为，而这许多是在具体的专利许可谈判中发生的，例如专利权人索取过高的专利许可费、附加其他一些不合理的条件等。潜在被许可人尚在寻求获得专利许可，如果专利权人拒绝许可并且其尚没有其他行为被执法机关或法院认定为限制竞争，则潜在被许可人如想获得强制许可，其必须自己证明专利权人拒绝许可的行为构成限制竞争，这对于潜在被许可人而言并非一件易事，这相较于证明专利权人未实施或未充分实施专利要更为困难。我国《专利法》第 48 条第 2 项确实为潜在的被许可人申请强制许可提供了一条通道，但这条通道是如此的"窄"或"陡峭"，使得那些仅仅希望促使专利权人放弃拒绝许可的态度并基于诚意进行许可谈判的潜在被许可人难以通过。

　　总之，当专利权人拒绝许可时，潜在被许可人可以基于专利法的规定来寻求获得许可，主要是强制许可，这实际上是对专利权人滥用专利权的一种反制。如果专利权人所拥有的是普通专利，潜在被许可人当然可以通过这种方式来寻求许可；如果专利权人所拥有的是标准必要专利，则潜在被许可人通过此种方式获得许可的可能性会更大，因为标准必要专利相较于一般专利而言，其垄断性更强。正如有学者所指出的那样："在技术标准实施后，一旦有违背专利政策的情况或者有劫持标准滥用专利权的情况发生，在司法审判程序中也可能颁发强制许可，其他人也可以依据《专利法》第 48 条、第 49 条、第 50 条的规定以维护公共利益、消除或减少对竞争的限制为由向国务院专利行政部门提出强制许可请求。"①不过，对于标准必要专利而言，通过专利法所提供的这种强制许可

----

① 　张平：《知识产权法》，北京大学出版社 2015 年版，第 162 页。

制度来寻求获得许可可能是一个"最后选项",或者说是最后的法律保障,因为潜在的被许可人还有另外一种保障,即专利权人向标准制定组织所作出的FRAND承诺,这是潜在被许可人获得标准必要专利许可的更为有效、直接的依据。

(2)因专利权人的FRAND承诺而获得许可

标准必要专利较之于普通专利最大的不同即是其被纳入进了标准,虽然纯粹从技术的角度而言这不会给专利本身带来任何改变,但因标准随之带来的"附加值"往往是难以用数字来衡量的。随着标准的推广与运用,标准必要专利无论是在影响力还是在许可的范围等方面,较之于纳入标准之前都有着天壤之别。这就如同是那些原本由于交通、信息闭塞而"深藏闺中"的土特产,一旦对接上了电商平台这一高速网,就能够走出深山而到达全国甚至全世界消费者的餐桌上。电商模式不会对土特产本身的色、香、味等带来变化,但其却能够使土特产在更广阔的市场去实现产品价值。而标准就如同是此例中的电商平台,纳入进标准之中,也就意味着专利将实现从普通专利到标准必要专利的蜕变,因这种蜕变而带来的价值增值是专利权人所竞逐的。

在制定标准时,市场上可能有多个能够满足标准要求、互相竞争的专利技术,从而使得标准制定组织能够根据标准的具体要求从互相竞争的专利中进行选择;市场上也可能仅有一个符合要求的专利,此时标准制定组织将没有比较、选择的机会,而只能将这仅有的专利纳入进标准之中。在以上两种情形之下,专利权人都必定会促使标准制定组织将自己的专利纳入进标准之中。如果我们考察专利权人与标准制定组织之间的关系,不难发现无论是在哪一种情形之下,标准制定组织都处于强势的地位,而专利权人则处于弱势的地位。在第一种情形之中,专利权人面临着来自其他专利权人的竞争,这实际上是一个"买方市场",作为"买方"的标准制定组织相对于作为"卖方"的专利权人而言,明显具有优势。在第二种情形之中,虽然仅有单一的专利可供选择,但对于标准制定组织而言这并非是最后的选择或者不得不做的选择,因为其可以等待其他符合要求的替代性专利的出现,因此从这个角度来看标准制定组织相较于专利权人而言也处于优势地位。

由于专利本身就具有垄断性,纳入进标准之后将使得这种垄断性进一步得到强化。任何具有垄断势力的人都具有滥用这种优势的可能性，正如孟德斯鸠所言，"一切有权力的人都容易滥用权力，这是万古不易的一条经验。有权力的人们使用权力一直到遇有界限的地方才休止。"① 为了防止专利权人在其专利被纳入进标准之后滥用其借助于标准所获得的这种优势，标准制定组织必须预先采取对策。既然标准制定组织处于优势的地位，则其可以利用这种优势要求专利权人必须履行一定的义务，以作为将专利权人的专利纳入进标准之中的交换条件，其中最主要的即是要求专利权人作出 FRAND 承诺。所谓 FRAND 承诺，即标准制定组织要求专利权人作出的，一旦其专利被纳入进标准之中，专利权人应当将其专利以"公平、合理和无歧视"（fair, reasonable, and non-discriminatory, FRAND）② 原则许可给实施该标准的其他人。这样，标准实施者就不仅可以获得标准必要专利的许可，而且还能够要求标准必要专利权利人以符合 FRAND 原则的条件向自己许可专利。

但是，在现实中标准必要专利的案件中，许多纠纷往往都源于标准必要专利权利人与标准实施者之间关于什么是符合 FRAND 原则的理解存在较大出入而引发的。FRAND 这一词组中的"fair""reasonable"以及"non-discriminatory"，其含义本身就是十分模糊的，例如关于什么是公平，就一直是法学理论探讨的问题。每个人都会从自身利益的角度出发来理解 FRAND，提出符合自己利益的 FRAND 解释。对 FRAND 原则不同理解的背后所反映的实际上是利益冲突的各方各自的利益诉求。这又回到了本章在最开始所提出的标准必要专利反垄断纠纷的核心争议就是专利许可费的确定。当双方就专利许可费"争执不下"时而谈判破裂时，潜在的被许可人为了获得许可，可以从专利法中的强制许可来寻求救济，但要满足强制许可的条件也并非易事。因此，对于普通专利，如果专利权人拒绝许可，潜在被许可人要想获得许可是困难重重的，毕竟专利权人拥有是否进行许可的自由决定权。但是，对于不同于普通专利的标准

---

① ［法］孟德斯鸠：《论法的精神》（上册），张雁深译，商务印书馆1982年版，第154页。
② 需要说明的是，在美国一般采用 RAND 的表述，即 reasonable and non-discriminatory，而没有加上"公平"（fair）一词，在欧洲则一般采用 FRAND 的表述。但这两种表述本质上没有任何区别，许多学者都将 FRAND 与 RAND 混同使用。本书主要采用 FRAND 的表述，对 FRAND 与 RAND 也不作区分。

必要专利而言,其要想获得专利许可就相对容易了,因为专利权人要受
FRAND 承诺的限制,标准必要专利权利人就不似普通专利权利人那样在
决定是否进行许可方面拥有如此大的自由,而这种自由限制主要来源于
标准制定组织的约束,因此,在探讨标准必要专利反垄断纠纷问题时,
标准制定组织是一个无法绕开而且非常重要的一个主体,我们可以在上
图的基础上引入标准制定组织而予以第一次扩充。

## 第三节　标准制定组织在标准必要 专利反垄断中的角色定位

前文已指出标准必要专利反垄断纠纷的核心问题实质上就是专利许
可费的确定问题,但这并不是普通的专利,而是被纳入进标准之中的特
殊专利,将这种普通专利变为特殊专利的,则正是标准制定组织制定标
准的行为。可以说,没有标准的制定,就不会有标准必要专利。对于因
标准必要专利而引发的反垄断问题的分析,无法回避对标准制定组织在
其中所扮角色的探讨,标准制定组织不能置身事外。下图清晰展现了标
准的制定、标准制定组织与标准必要专利权人、标准制定组织与标准实
施者之间的关系。

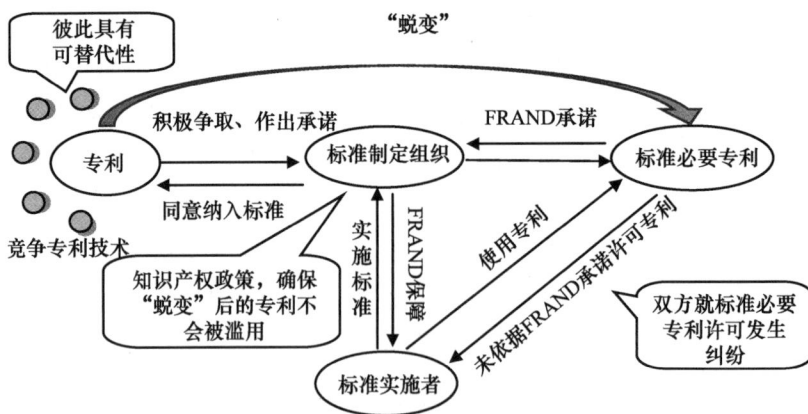

**标准必要专利关系图**

## 一　标准的不同形成方式

当今信息化的时代在很大程度上是依赖于标准而不断向前发展的，如果没有统一的标准，各个企业"各自为政"生产出来的产品彼此之间将无法兼容。例如，如果没有 USB 标准，那么在一台电脑上能够使用的 U 盘、鼠标等，在另一台电脑上就无法使用。在当今社会，标准无处不在，只不过很多都被我们忽视了而已，例如 Wi－Fi、3G、4G、MP3、HTML 等。没有这些标准，在这个无论是广度还是深度都已高度发达的信息化社会，将到处遍布沟壑。这些技术标准的制定，使得那些依据这些标准制造产品的企业不用担心制造出来的产品无法与其他产品兼容。依据 Wi－Fi 标准制造的智能终端设备，可以在任何一个"热点"连接网络，依据 4G 标准制造的智能手机，可以连接上任何一个 4G 网络。这些技术标准确保不同产品之间的兼容，填平了信息化社会所可能出现的沟壑。

除了上述标准以外，在社会生活中还存在其他各种各样的标准，例如为了确保食品安全，各国都会制定相应的食品安全标准，如食品添加剂的使用标准、包装饮用水的标准等；为了保护环境，各国都会制定相应的环境保护标准，如水环境质量标准、空气环境质量标准、土壤环境质量标准等。这些标准都旨在确定一个最低限度的指标，在那些关系国计民生的重要领域划定一条"红线"，是国家履行职能保护民众生命健康安全、社会可持续发展的一种手段。可以说这些标准都是民生标准、安全标准，这些标准的制定与不断完善，是一个国家的国家治理不断量化、精确化、可控化的一种体现。本书研究所指的标准，并不是此种意义上的标准，而是上文所述的诸如 Wi－Fi 等信息通信技术领域内的技术性标准。

技术标准的形成主要有三种方式。①第一种方式是事实标准（de facto standard）。"事实标准又称为形成的标准，它是指某种技术产品由于市场运作的成功而取得支配地位，该产品受消费者偏爱，从而导致其他技术

---

① See Mark A. Lemley, Intellectual Property Rights and Standard-Setting Organizations, 90 Cal. L. Rev. 1889, pp. 1890–1899（2002）.

竞争者难以进入该市场。事实标准不是产生于特定组织的标准制定行为，而是由于市场运作的成功而自动形成的，其典型是 QWERTY 的打字键盘布局以及微软在个人电脑上的操作系统。"[1]事实标准反映出"制定"该标准的企业在市场中的巨大影响力，以至于其采用的技术或制造的产品为其他企业所普遍选择，这种长期的、广泛的被采用使得该企业私有的技术或产品成为事实上的标准。这种标准是市场选择的结果，并没有政府或其他标准制定组织的推动。

第二种方式是政府制定或选定某种标准，然后在市场上推行。例如 TD-SCDMA 是由中国自主研发的 3G 标准，是世界三大 3G 主流标准之一，另外两个 3G 标准为 WCDMA 和 CDMA2000，中国除了授予国内电信商 WCDMA 和 CDMA2000 牌照外，还积极推动 TD-SCDMA 标准在国内的推广应用。

第三种方式是由标准制定组织（Standard-Setting Organizations，SSOs)[2] 制定标准，这些组织通常都是非政府实体组织，其成员包括行业中的许多科技公司。重要的标准制定组织包括国际标准化组织（International Organization for Standardization，ISO）、国际电信联盟（International Telecommunications Union，ITU）、欧洲电信标准协会（European Telecommunications Standards Institute，ETSI）、电气和电子工程师协会（Institute of Electrical and Electronics Engineers，IEEE）、万维网联盟（World Wide Web Consortium，W3C）。

"一般而言，一项事实标准是私有的，除非标准制定者选择向社会公开。"[3]例如微软的操作系统，尽管其被广泛依赖和使用从而成为行业内的一项事实标准，但其本质上只不过是微软所拥有的软件程序，并且受版权的保护。严格来说，微软操作系统软件本身并不是一项标准，只不过由于其强大的影响力而自动获得了"标准"的特性。事实标准天然地具有垄断性，某产品因为其巨大的市场影响力而成为事实上的标准，而这

---

① 梁志文、李卫军：《钢丝绳上的平衡——论事实标准和知识产权》，《电子知识产权》2004 年第 1 期。

② 为行文简洁，本书经常会使用 SSO、SSOs 来指代"标准制定组织"。

③ Mark A. Lemley, Intellectual Property Rights and Standard-Setting Organizations, 90 Cal. L. Rev. 1889, p. 1900 (2002).

又会进一步强化或扩大其产品的市场影响力。如果某企业拒绝将其已经成为事实标准的产品许可或授权给其他企业，则可能会被认定为垄断行为而遭到禁止，这实际上就是"事实标准的知识产权开放"①。

事实标准与标准制定组织所制定的标准有着本质的区别：事实标准实际上仍然是企业私有的产品，只不过其必须许可或授权给其他企业使用；而标准制定组织所制定的标准，则具有标准公共性的特征，标准本身是主动向社会开放的，只不过实施标准需要获得包含在标准之中的专利的许可，向专利权人支付许可费。事实标准本身不会涉及标准必要专利，因为事实标准中所包含的绝大多数专利或版权都是事实标准创制者自主享有的，而不可能严重依赖于其他企业的版权或专利权来形成事实标准，因而事实标准中也就不包含其他企业的标准必要专利。但不可否认的是，事实标准中确实可能有一些核心的专利或版权，但这些核心的专利或版权也只能是事实标准创制者所有，这些核心专利或版权所形成的垄断力，与事实标准本身给创制者所带来的垄断力之间并没有本质的区别。因此，因事实标准中的核心专利、版权所引发的反垄断纠纷，与因事实标准所引发的反垄断纠纷是类似的，并不存在诸如 FRAND 承诺等问题。所以，本书所研究的标准并不包括事实标准。

另外，互联网、通信等行业内的标准主要是由标准制定组织及企业所制定的，政府所制定的标准主要集中在有与民众生命安全有关的方面，从这种意义上来看，政府标准实际上就是一种政府规制，这种政府规制主要"对企业所能够销售的商品或提供的服务进行了限制"②。目前标准必要专利反垄断纠纷中鲜有涉及政府所制定标准的。因此，政府制定的标准也不在本书研究的范围之内。

## 二　SSO 制定标准的过程分析

专利被纳入标准成为标准必要专利对于专利权人具有巨大的价值。

---

① 何怀文：《事实标准的知识产权开放之路》，《网络法律评论》（第9卷），北京大学出版社2008年版。

② David J. Teece, Edward F. Sherry, Standards Setting and Antitrust, 87 Minn. L. Rev. 1913, p. 1918（2003）.

这不仅可以强化专利的垄断性，而且也可以借助于标准的推广而扩大其许可的范围。正因为如此，在标准制定时，相关专利权人彼此之间会展开激烈的竞争，以促使 SSO 将自己的专利纳入进标准之中。"在标准制定过程中，为了使自己的专利技术纳入标准，专利权人会与其他专利权人，以及公共领域内的专利在专利技术本身的特性、价格以及许可条款等方面展开较量，从而使得这种'事前竞争'（ex ante competition）日趋激烈。"① SSO 从互相竞争的专利技术中择优选择并将其纳入标准之中，而被选专利也就"蜕变"成标准必要专利。

但是，在标准制定的过程中，却始终存在两大问题，第一个问题就是标准制定前或者说是标准制定过程中的专利权人的故意隐瞒行为，国外学者将其称为"专利伏击"（Patent Ambush），也即是说专利权人在标准制定过程中故意不披露其专利，而等待其专利被纳入进标准之后再主张其专利权。视频电子标准协会（the Video Electronics Standards Association, VESA）在制定 VL 总线标准时，Dell 曾明确向 VESA 表示该标准将不会涉及 Dell 的标准，但是当该标准制定完成并被采用以后，Dell 却向 VESA 主张专利权。美国联邦贸易委员会（FTC）发现 VESA 有强烈的愿望不在其标准中引入专有技术，这表明如果 Dell 能够事先披露其专利的话，VESA 在制定标准时将采纳一个不同的不包含专有技术的设计方案。② Dell 后来与 FTC 达成协议，该协议禁止 Dell 向任何实施该标准的企业主张专利权。③类似的案件还有 Rambus 案。

另一个问题就是，专利权人会利用标准必要专利所带来的垄断力而向标准实施者收取过高的专利许可费。由于标准实施者已经依据标准进行投资并进行了实质性的生产，不再具有采用其他标准的可能性，而且广泛被采用的标准也无法对已经被纳入进标准的专利进行替换，而标准必要专利权利人则正是利用了标准制定组织和标准实施者的这种"无可退路"而"乘人之危"，这就是"专利挟持"（Patent Hold-up）。

---

① Lauren E. Barrows, Why the Enforcement Agencies' Recent Efforts Will Not Encourage ex ante Licensing Negotiations in Standard-Setting Organization, 89 Tex. L. Rev. 967, p. 984（2011）.

② See Joseph Farrell, John Hayes, Carl Shapiro, Theresa Sullivan, Standard Setting, Patents, and Hold-Up, 74 Antitrust L. J. 603.

③ Dell Computer Corp., 121 F. T. C. 616, 1996 WL 33412055.

　　为了预防上述两个问题的产生，标准制定组织在制定标准时，会要求那些自身专利有可能被纳入进标准之中的专利权人主动披露自己的专利，并要求专利权人作出 FRAND 承诺，以此作为将专利权人的专利纳入进标准的前提条件。标准制定组织通过自身的知识产权政策来对标准必要专利权人形成一定的约束，并对标准制定过程中涉及的相关知识产权问题进行规定。一般而言，标准制定组织所制定的知识产权政策的核心主要包括以下几点："（1）标准制定尽量避免涉及知识产权；（2）标准中纳入的知识产权，必须是制定标准无法避免的技术因素；（3）标准化组织必须获得知识产权持有者免费许可或合理无歧视的许可声明后，才能将知识产权纳入标准；（4）标准化组织不介入具体的知识产权许可事务。"[①]

　　标准制定组织的知识产权政策更多的是希望在标准制定前就相关重大问题作出规定，以尽可能地减少标准制定后争议的发生。专利权人只有在同意标准制定组织的知识产权政策的前提下，其专利才能够被纳入进标准中，这实际上就为标准制定组织要求专利权人承担一定的义务提供了依据。关于标准必要专利权利人向标准制定组织所作的 FRAND 承诺的法律性质，存在不同的观点。有观点认为这是一种为第三人利益而达成的合同[②]，也有观点认为这是一种强制缔约义务[③]。对 FRAND 承诺性质的不同认识，将直接影响对专利权人义务的界定。关于 FRAND 承诺性质的问题，本书将在后文重点探讨。

　　当标准制定以后，生产商基于对标准的信赖，以及产品的兼容性等方面的考虑而采纳该标准。标准实施者对标准的信赖，主要是指相信实施该标准不会引发专利纠纷，或者能够以较小的成本来解决可能产生的专利纠纷。这种信赖来源于标准制定组织要求专利权人所作出的 FRAND 承诺，标准实施者相信专利权人能够信守 FRAND 承诺而向自己进行专利许可，标准实施者具有一种合理期待的信赖利益。但由于 FRAND 本身的

---

　　① 李文文：《标准制定组织在处理知识产权问题上的角色和作用》，《中国标准化》2007 年第 2 期。

　　② Microsoft Corp. v. Motorola, Inc., No. 10 - cv - 1823（W. D. Wash.）.

　　③ 叶若思、祝建军、陈文全：《标准必要专利使用费纠纷中 FRAND 规则的司法适用——评华为公司诉美国 IDC 公司标准必要专利使用费纠纷案》，《电子知识产权》2013 年第 4 期。

模糊性，使得标准实施者的这种期待往往落空——标准实施者和专利权人都会将 FRAND 的这种模糊朝有利于自己最大化利益的方向解释，而专利权人相较于标准实施者而言处于一种强势的地位，因此也就往往掌握了解释权。当标准实施者与专利权人双方无法就专利许可事项达成共识时，就引发了标准必要专利许可纠纷。由于绝大多数的标准制定组织都宣称不介入专利许可纠纷的解决，因此就只能通过司法或行政执法的方式来解决标准必要专利许可纠纷问题。这就需要我们将上图予以进一步扩展，将纠纷解决途径以及其中所引发的问题纳入进来。

## 第四节　标准必要专利纠纷解决及主要问题

标准必要专利纠纷一般可以通过三种方式来予以解决：第一，标准实施者与专利权人双方通过协商解决。这是最为有效的方式，不过也容易出现一方迫使另一方（主要是专利权人对标准实施者）接受许可条件的情形。但只要这种压迫所造成的不公平尚在可忍受的范围之内，纠纷都能够通过这种方式得以解决，否则将进入司法或行政解决的通道。第二，司法解决的方式。当双方争议较大且无法通过协商予以解决时，一方（主要是标准实施者）就会寻求通过提起诉讼的方式来解决争议，此时法院就会介入到纠纷的解决中来。第三，行政执法的方式。一方面，争议双方（主要是标准实施者）还可以向行政机关举报，请求行政执法机构对争议的事实（主要是专利权人滥用专利权而引发的垄断问题）展开调查；另一方面，行政执法机构也可以主动展开执法。当然，在不同的司法辖区，行政执法机构处理的方式也各异，在某些国家如中国，行政执法机构能够直接展开调查并做出最终的决定，但在其他一些国家如美国，行政执法机构往往会向法院提起诉讼。基于上述的纠纷解决方式，可以在下图中予以具体展现。

在标准必要专利纠纷的上述三种解决方式中，诉讼是世界主要司法辖区最受关注也是最为重要的选择。争议双方协商解决的方式由于其往往是以不对外公开的方式进行的，尽管其是最为有效的方式，但因其隐秘性而无从对其展开系统研究。而那些最终进入公众视野的案件，往往也是纠纷双方无法就协议达成一致的案件。通过行政执法的方式解决标

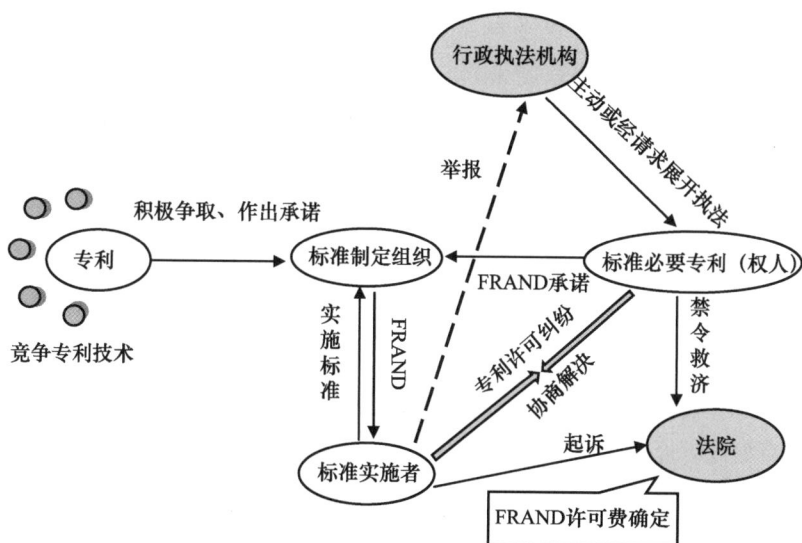

**标准必要专利纠纷及解决方式**

准必要专利纠纷尽管也是一种十分重要的方式，但从世界范围来看，此类型的案例数量较少，而且行政执法中所主要探讨的问题也基本上是诉讼中所涉及的。因此，通过诉讼的方式解决因标准必要专利而引发的纠纷是一种最为典型的方式，诉讼中所遇到和提出的问题，也基本上囊括了其他两种纠纷解决方式中所面临的问题。因此，在本书将重点就诉讼这一方式进行详细阐述。

**一 法律适用的选择：合同法、专利法还是反垄断法？**

标准必要专利诉讼中首先面临的一个问题就是，争议双方究竟以何种诉讼理由提起诉讼。标准实施者是以专利权人违反了合同法而提起合同之诉，还是以专利权人滥用垄断力而提起垄断之诉？专利权人是否以标准实施者侵犯了自己的专利而提起侵权之诉？这就涉及法院究竟主要是以合同法、反垄断法还是知识产权法来审理标准必要专利纠纷案件。既然从理论和实践来看，标准必要专利纠纷可以适用三种法律来进行调整，那么在何种情形之下适用哪一种法律是最为有效的纠纷解决方式，就成为首先必须解决的问题。

　　首先，标准必要专利作为一种特殊的专利，必然会涉及专利法律关系，法院在审理标准必要专利案件时，自然要适用专利法。具体而言，从标准必要专利权人的角度来看，如果其认为自己的标准必要专利受到了侵犯，则可以依据专利法提起专利侵权诉讼，寻求获得损害赔偿或者请求法院颁发禁令。从标准实施者的角度而言，其可以依据专利法针对标准必要专利权人所提起的专利侵权之诉提出专利无效抗辩等。[①]

　　其次，如果标准实施者和专利权人已经就专利许可缔结了相关合同或正在为此做准备，则法院自然也会适用合同法来对相关纠纷进行分析。但如果标准实施者与专利权人尚未就专利许可做出任何缔约准备，或者说一方（在实践中主要是专利权人）没有进行许可的意愿时，是否能够依据专利权人向标准制定组织所作出的 FRAND 承诺而认定标准实施者与专利权人之间成立合同关系，从而适用合同法，这是理论界和实务界尤为关注的问题，这在不同司法辖区处理的原则也不相同。例如在美国微软诉摩托罗拉一案中，无论是在初审法院还是上诉法院的判决中，都认为摩托罗拉向标准制定组织 ITU 和 IEEE 作出 RAND 承诺，实际上就相当于在摩托罗拉与标准制定组织之间成立了能够得以实施的合同，而原告微软是标准实施者，因此能够作为第三方受益人（a third-party beneficia-ry）的身份实施这些合同。[②]但是德国和法国等大陆法系国家则认为不能自动依据专利权人作出的 FRAND 承诺而认定标准实施者与专利权人之间成立了合同关系。"法国法认为，双方当事人之间通过协商达成合同基本或主要条款的合意，以及书面形式的特殊要求，是对专利实施许可合同成立的一般要求。德国法认为，专利权人在专利标准组织作出的知识产权声明或许可声明，并不构成权利人和潜在被许可人之间的许可合同，也不存在一份第三人为受益人的合同。"[③]

　　专利权人对标准制定组织所作的 FRAND 承诺是否在标准实施者与专

---

　　① 参见朱理《标准必要专利的法律问题：专利法、合同法、竞争法的交错》，《竞争政策研究》2016 年第 2 期。

　　② See Microsoft Corp. v. Motorola, Inc., No. 14 - 35393（2015）. Available at：http：// cdn. ca9. uscourts. gov/datastore/opinions/2015/07/30/14 - 35393. pdf, last visited on：2018. 09. 13.

　　③ 叶若思、祝建军、陈文全：《标准必要专利使用费纠纷中 FRAND 规则的司法适用——评华为公司诉美国 IDC 公司标准必要专利使用费纠纷案》，《电子知识产权》2013 年第 4 期。

利权人之间形成一种合同，这并不是问题的关键，亦无须在该问题上做过多的纠缠。如果对 FRAND 承诺本身进行深刻的剖析，不难发现该承诺本身就为标准实施者提供了一种提起诉讼的依据。有学者将合同法视作标准必要专利诉讼的路径之一[①]，对此本书持有不同意见。判断标准实施者与专利权人之间是否成立一种合同，这并不是解决标准必要专利纠纷的"良丹妙药"。即便是成立合同关系，也并不意味着许可纠纷就可以仅仅通过合同法而得以解决，还需要结合标准必要专利的特性、标准必要专利在相关市场内是否具有垄断力等因素来具体分析。因此不可避免地会涉及专利法，也有可能涉及反垄断法，仅仅依靠合同法是无法解决标准必要专利纠纷的，所谓的合同法进路自然也就难以成型。

最后，由于标准必要专利所具有的特殊性，其与垄断具有千丝万缕的联系。作为标准必要专利的权利人，因其身份特殊，因此与普通专利权人相比，更具有从事垄断行为的条件，也更容易触犯反垄断法。"专利权人的拒绝交易或者索取过高许可费的行为在竞争性市场条件下是合法的，但在垄断或者存在市场势力的条件下却失去其合法性。"[②]标准必要专利涉及的垄断问题，最为主要的是滥用市场支配地位的问题，也即标准必要专利权人滥用标准必要专利所具有的垄断力，在专利许可过程中向标准实施者索取过高的专利许可费，或者拒绝许可，或者附加其他一些不合理的条件。

此外，标准必要专利涉及的垄断行为还包括垄断协议以及经营者集中。例如，"为了避免新的技术方案进入标准而淘汰其所拥有的专利权，作为老技术拥有者的专利权人很有可能利用其在标准化组织中的地位与其他成员采取联合行动，操纵标准的制定过程，共同抵制新技术成为标准，从而阻止新技术进入市场。"[③]当拥有标准必要专利的企业与其他企业展开合并时，合并后的企业对于合并前拥有标准必要专利的企业所承担的 FRAND 承诺，负有承继的义务。例如在 2012 年谷歌收购摩托罗拉移

---

① 参见张永忠、王绎凌《标准必要专利诉讼的国际比较：诉讼类型与裁判经验》，《知识产权》2015 年第 3 期。

② 王晓晔：《标准必要专利反垄断诉讼问题研究》，《中国法学》2015 年第 6 期。

③ 王先林：《涉及专利的标准制定和实施中的反垄断问题》，《法学家》2015 年第 4 期。

动经营者集中一案，摩托罗拉移动在智能终端领域拥有大量的标准必要专利，而谷歌之所以收购摩托罗拉移动，其目的也主要在于获得这些标准必要专利。商务部在审查时认为，"此项集中完成后，谷歌将同时拥有强大的软硬件开发和集成能力，借助其在移动智能终端市场的支配地位，谷歌有动机也有能力在专利许可中向相对方附加不合理的许可条件，这将对相关市场的竞争造成损害，并最终损害消费者的利益"。为了减少由此而产生的不利影响，商务部决定附加限制性条件批准该经营者集中，其中要求谷歌履行的义务之一就是："本次交易后，谷歌应当继续遵守摩托罗拉移动在摩托罗拉移动专利方面现有的公平、合理和非歧视（FRAND）义务。"①

　　尽管我们可以以反垄断法的"三大支柱"为标准而将标准必要专利所涉及的垄断情形进行分类，但这也只是理论上的一种大致界定，在实践中往往需要对其同时所涉及的两种或三种行为进行分析。例如在上述谷歌收购摩托罗拉移动一案中，尽管这是一个经营者集中的案件，但在评估该集中对竞争的影响时，商务部也对滥用因标准必要专利而形成的市场支配地位的可能性进行了分析。

　　尽管从理论上看，可以依据合同法、专利法、反垄断法来解决标准必要专利纠纷，并被认为是处理标准必要专利问题的三个角度②——不可否认，这至少提出了标准必要专利分别涉及合同法、专利法和反垄断法的相关问题——但在处理任何标准必要专利纠纷时，我们无法简单将其归为合同纠纷、专利纠纷或反垄断纠纷，因为标准必要专利纠纷是一个极为复杂的问题群。希冀通过单一的合同法、专利法或反垄断法来解决这些问题是不现实的，应摆脱部门法思维的束缚来全面地看待标准必要专利问题。以具体的问题而不是部门法为中心，在处理具体的问题时，"按需"适用合同法、专利法或反垄断法，而非在解决问题之前就"作茧自缚"于单一的部门法之中。

---

　　①　中华人民共和国商务部反垄断局网站：《商务部公告 2012 年第 25 号关于附加限制性条件批准谷歌收购摩托罗拉移动经营者集中反垄断审查决定的公告》，http：//fldj. mofcom. gov. cn/article/ztxx/201205/20120508134324. shtml，最后访问日期 2018 年 9 月 13 日。

　　②　参见朱理《标准必要专利的法律问题：专利法、合同法、竞争法的交错》，《竞争政策研究》2016 年第 2 期。

### 二　FRAND 许可费的确定问题

一切纠纷的本质都是利益之争。在划分利益时，纠纷双方所持有的标准都是一种主观的标准，而且在绝大多数情况下这种主观标准都是有利于自身利益最大化的标准。当这两种不同的主观标准发生冲突时，利益纠纷也就由此产生了。"物质的、经济的利益是引起一切社会矛盾和冲突的根本起因和最终根源，利益矛盾和利益冲突是重要社会现象，是一切社会矛盾和冲突的基始原因。"①

在标准必要专利纠纷中，专利权人为了实现自身利益的最大化，必定会在专利许可中收取尽可能高的许可费。而对于潜在的被许可人而言，支付的专利许可费越高，则意味着其利润空间将被压缩得很严重，所以其必定会谋求支付尽可能低的专利许可费。一旦专利权人与潜在的被许可人无法就专利许可费率达成一致时，标准必要专利纠纷也就产生了。尽管标准必要专利权利人要受 FRAND 承诺的约束，但"公平""合理"和"无歧视"这些模糊的词语在专利权人强烈的利益诉求面前所具有的约束性是十分微弱的，专利权人可以轻松地为最符合自身利益的解释寻找到理由。可以说，正是由于专利权人和潜在的被许可人无法就专利许可费率达成一致，才引发了后面的其他一系列问题，如专利权人所要求的许可费是否违背了 FRAND 承诺的要求，专利权人收取过高的专利许可费是否因为其具有市场支配地位并滥用了这种地位，等等。如果专利权人和潜在的被许可人能够就具体的专利许可费率达成一致，则无所谓标准必要专利纠纷了，即便专利权人可能具有市场支配地位并予以了滥用。可见，标准必要专利纠纷的核心问题即是专利许可费率的确定。

如何确定 FRAND 许可费率，这看似是一个简单的计量问题，但事实远非如此，其背后实际上是双方利益的平衡。双方都有正当的利益诉求。

首先，从专利权人的角度来看，进行专利许可并收取专利许可费是专利权的本质要求，从自己被国家赋予专利权的发明创造中获得经济利益本身就是专利权的本质体现。正如美国总统林肯所言，"在没有专利法之前，随便什么人，随便什么时候，都可以使用别人的发明，这样发明

---

① 王伟光：《利益论》，人民出版社 2001 年版，第 134 页。

人从自己的发明中就得不到什么特别的利益了。专利制度改变了这种状况，保证发明人在一定时期内对自己的发明独立使用，因此给发现和制造实用新物品的天才火焰添加了利益的柴薪。"[①]专利权人收取一定的专利许可费，不仅可以弥补其前期研发的付出，而且还能激励其继续从事发明创造，专利权人收取合理的许可费，于己于他人于社会而言是一个共赢的结果。

其次，从潜在的被许可人的角度来看，使用他人的专利就如同采购其他一些原材料一样，都需要付出一定的代价，这也是对他人智力劳动及体力劳动的一种尊重。"任何单位或者个人实施他人专利的，应当与专利权人订立实施许可合同，向专利权人支付专利使用费。"[②]但是，潜在的被许可人所应支付的许可费也是应当被限定在合理的范围之内，如果过高的许可费阻吓了潜在的被许可人从而使得其最终放弃寻求专利许可，则这对于专利权人、潜在的被许可人以及社会而言将是一个"多输"的结果。

"如何合理地确定使用费的数额，是许可合同中最重要、但也是谈判中最困难的问题之一。"[③]困难就在于双方都难以在涉及自身核心利益的许可费率上进行让步。上文对专利权人和潜在的被许可人合理的诉求进行了分析，这都是双方正当的权利。但是，如果超出了一定的限度，则不应当被支持。对于专利权人而言，如果其所提出的专利许可费远远超出其专利所具有的价值，则超出的部分就不应当被支持。对于潜在的被许可人而言，如果其所支付的专利许可费在其成本构成中的占比过大，明显超出了该专利对其产品的贡献度，则对于超出的部分也不应当支持。也就是说，要从专利权人和潜在的被许可人两方面来确定专利许可费，既要保障双方的合理诉求，又要将其限定在合理的范围之内。当然，这是从理论上而言的，在具体的标准必要专利纠纷中如何确定 FRAND 许可费，大致有以下几种具体的方法。

（1）假定双边谈判方法（Hypothetical Bilateral Negotiation Approach）。

---

① 转引自［美］P. D. 罗森堡《专利法基础》，郑成思译，对外贸易出版社 1982 年版，"前言"第 1 页。

② 吴汉东：《知识产权法》，法律出版社 2014 年版，第 192 页。

③ 汤宗舜：《专利法教程》，法律出版社 2003 年版，第 180 页。

该方法是在微软诉摩托罗拉一案中由摩托罗拉公司提出的。摩托罗拉提出，具体的 RAND 条款可以通过模拟双方在 RAND 框架之下进行假定双边谈判来得以确定。该方法被法院所采纳，法院认为现实生活中存在的双边谈判为这种假定谈判提供了支持，而且之前的法院在 Georgia-Pacific 一案①中就已经采用了假定双边谈判的方法并积累了经验，在之后的一些标准必要专利案件，如 Broadcom v. Qualcomm 一案②中，就采纳了 Georgia-Pacific 案中所确定的"15 要素法"来确定 RAND 许可费。尽管 Georgia-Pacific 提出的"15 要素"在确定专利许可费时被广泛采用，但在微软诉摩托罗拉一案中，法院认为必须对这"15 要素"进行修订，以适应 RAND 许可费的确定③。对于 Georgia-Pacific"15 要素"以及微软诉摩托罗拉案中法院所做的修订，本书将在后文的具体章节中再予以详细探讨。事实上，所谓的"假定双边谈判方法"就是 Georgia-Pacific 案中所采用的分析方法在标准必要专利案件中调整后的运用。

（2）比较的方法。有学者将华为诉 IDC 案中法院确定 FRAND 许可费的方法称之为比较方法，即是指"在交易条件基本相同的情况下，标准必要专利权人对标准必要专利实施者应收取基本相同的许可费或者采用基本相同的许可使用费"④。在该案中，法院将 IDC 向苹果等公司收取的专利许可费与 IDC 向华为收取的专利许可费进行了对比，认为后者明显高于前者。IDC 公司要求华为支付 2% 的专利许可费，这几乎将使得华为无利可图。广东省高级人民法院最后认为，IDC 公司"许可给华为公司的费率是许可给苹果公司的百倍左右，是三星公司的十倍左右，明显违反了 FRAND 原则。法院判决直接确定 IDC 公司在中国的标准必要专利许可费率为不超过 0.019%。"⑤采用比较的方法，其实就是考察专利权人是

---

① Georgia-Pacific Corp. v. United States Plywood Corp. , 318 F. Supp. 1116（S. D. N. Y. 1970）.

② Broadcom Corp. v. Qualcomm Inc. , 501 F. 3d 297, No. 06 - 4292,（3rd Cir. 2007）.

③ Microsoft Corp. v. Motorola, Inc. , No. C10 - 1823JLR, 2013 U. S. Dist. LEXIS 60233（W. D. Wash. Apr. 25, 2013）.（"The Georgia-Pacific factors must be adjusted to account for the purpose of the RAND commitment."）

④ 李扬、刘影：《FRAND 标准必要专利许可使用费的计算——以中美相关案件比较为视角》，《科技与法律》2014 年第 5 期。

⑤ 章宁旦：《标准必要专利第一案审理详情披露》，《法制日报》2014 年 4 月 18 日第 8 版。

否真正遵守了"公平、合理和无歧视原则"中的"无歧视",是否做到了一视同仁。

(3)增值的方法（Incremental Value Approach）。该方法是在微软诉摩托罗拉案中由微软提出的。微软公司认为,为了计算专利技术的经济价值,应当考察该专利技术纳入进标准之前替代技术的价值,替代技术的价值即是标准必要专利纳入进标准之前的价值。[①] 该方法将焦点集中在标准制定和实施之前的这一段时间。严格说来,将这种方法称之为"增值的方法"并不准确,因为该方法实际上是将专利因纳入进标准之后所增值的部分剔除之后的价值作为标准必要专利的价值,准确的称谓应当是"剔除增值的方法"。微软所提出的方法并没有被法院所采纳。

就"假定双边谈判方法"而言,其依托的仍然是 Georgia-Pacific 案中所提出的 15 个要素,这些要素是在确定 FRAND 许可费时应当考虑的方面,可以说其主要价值在于较为全面地总结了确定专利许可费所要考虑的各种具体情形以及所应坚持的原则,相关机构可以依据这些因素来考察具体案件的情况,从而展开具体分析。但"假定双边谈判方法"本身并没有提供一个明确的计算方法,依据该方法不能直接得出一个确切的答案。所谓的"比较的方法",实际上是找取了一个"参照物",然后通过对比来考察专利权人所收取的许可费是否合理。比较的方法很直观,通过比较能够容易判断许可费是否过高。不过该方法也有很大的局限性,因为只有当条件大致相同的被许可人才具有比较的意义,如果被许可人之间的情形差距过大,则通过比较所得出的结论显然就不能为判断提供有效的依据了。微软所提出的"增值的方法",实际上是完全放弃了专利纳入进标准所带来的价值增值,如果仅以纳入标准前的专利所具有的价值作为标准必要专利的价值,那么专利权人将自己的专利纳入标准的动机何在呢,难道仅仅是为了借助标准而扩大许可的范围吗?虽然我们反对专利权人违背 FRAND 原则收取不合理的许可费,但同样也不能无视其

---

① Microsoft Corp. v. Motorola, Inc., No. C10 - 1823JLR, 2013 U. S. Dist. LEXIS 60233 (W. D. Wash. Apr. 25, 2013). ("Microsoft contends that the economic value of patented technology isolated from the value derived from incorporation into the standard would be determined by calculating the incremental value of the technology compared to the alternatives that could have been written into the standard.")

正当的利益诉求。标准化应当是一个"多赢"的结果，如果仅让标准实施者和社会因标准化受益，而将专利权人排除在外，显然是不合理的。

标准必要专利许可费的确定涉及专利权人与标准实施者的核心利益，由于其彼此的利益在各自看来处于一种"此消彼长"的关系，所以任何一方都希望尽可能地扩大自身的利益范围而压缩对方的利益空间。如果无法提供一种能够有效确定标准必要专利许可费的方法，则标准必要专利权利人与标准实施者之间的这种利益之争就不可能得到有效解决。尽管目前理论界和实务界所提出的一些建设性方法对于如何确定 FRAND 许可费提供了一些思路，但由于存在这样或那样的缺陷而无法有效确定合理的许可费。真正能够形成符合 FRAND 原则的专利许可费，还是需要依靠标准必要专利权利人与标准实施者彼此之间本着善意、通过平等协商而达成，能够让双方都满意的许可费率是最符合 FRAND 原则的。而如何通过制度构建促使双方能够进入这样善意谈判的模式，可能比直接代替双方协商而直接确定一个在执法机构或法院看来符合 FRAND 原则的许可费率更为重要。

### 三　标准必要专利纠纷中的禁令问题

在华为诉 IDC 公司一案中，法院在判决书中指出，"在双方还处于谈判阶段时，在交互数字（即 IDC 公司）自身在缔约阶段违背公平、合理、无歧视义务的情况下，交互数字向美国国际贸易委员会和美国特拉华州地方法院，对华为公司提出必要专利的禁令之诉，要求禁止华为公司使用其必要专利……"[1] 在微软诉摩托罗拉一案中，微软也寻求获得禁令。[2]看来，申请禁令是专利权人所倾向于选择的一种维护自身利益的手段，但这是否会对标准实施者以及社会公共利益造成损害，是否应当对专利权人申请禁令的权利予以限制，这些问题都引发了激烈的讨论。

所谓禁令（injunction），是指法院所发布的强制做或禁止做某种行为的命令。为了获得禁令，申请人必须证明现有的法律无法提供明确、充分和有效的救济，而且如果不颁发禁令，将造成无法弥补的损害。[3]禁令

---

① （2013）粤高法民三终字第 306 号。

② Microsoft Corp. v. Motorola Inc. , 696 F. 3d 872 (9th Cir. 2012) .

③ Black's Law Dictionary (10th ed. 2014), injunction.

一旦发布，则被申请人将被要求立即停止侵权行为。我国《专利法》对该制度也做了规定："专利权人或者利害关系人有证据证明他人正在实施或者即将实施侵犯专利权的行为，如不及时制止将会使其合法权益受到难以弥补的损害的，可以在起诉前向人民法院申请采取责令停止有关行为的措施。"①应该说，该制度对于保护专利权人的利益作用是巨大的，因为对于专利侵权行为而言，如果通过正常的诉讼，即便最后专利权人获胜，那么侵权行为所造成的损害可能是十分巨大而不可弥补的，"迟到的正义即非正义"。

标准必要专利作为一种特殊的专利，其权利人当然有权利提起禁令的申请，这也是为什么我们在华为与 IDC、微软与摩托罗拉等的标准必要专利纠纷中一方寻求获得禁令的原因。申请禁令的问题在标准必要专利纠纷中之所以如此重要，是因为申请禁令的这一权利很有可能被专利权人滥用，成为进一步强化其既有的市场支配地位的一种手段，进而促使其滥用市场支配地位、以申请禁令相威胁，迫使标准实施者接受专利权人所提出的不合理条件。即便标准必要专利的其他制度再完备，如果申请禁令这一制度存在较大漏洞，则专利权人可能会通过该"后门"而规避标准必要专利其他制度的要求，从而使得其他方面的制度构建形同虚设、意义式微。

对于标准必要专利权利人所提出的禁令申请，究竟是应当全然准许，还是完全禁止？对于该问题的回答似乎并不困难，因为如果全然准许，则无异于鼓励专利权人申请禁令，进而使标准实施者在与专利权人的谈判中完全处于被动、受支配的地位；如果完全禁止，则是对专利权人所享有的申请禁令的权利的漠视，不利于维护专利权人的正当利益，也会助长标准实施者的侵权行为。可见，问题的关键是如何在完全准许与完全禁止这两个极端之间寻找到最佳的平衡点，既不至于使得禁令异化成为专利权人威胁标准实施者的工具，也不让标准实施者毫无顾忌禁令的威慑力而肆无忌惮地从事侵权行为。

① 《中华人民共和国专利法》第 66 条第 1 款。

# 第五节 总结

本章通过图表的方式较为直观地展现了标准必要专利反垄断纠纷中所涉及的主要主体及其相互之间的关系，由简入繁，从标准必要专利纠纷中专利权人与标准实施者双方之间的核心争议出发，对争议中所涉及的主要问题进行了梳理，从而形成了一幅较为完整的问题图景。以问题为中心是本章以及本书的一条主轴，本书将围绕着相关问题展开研究和探讨，因此对于一些与解决问题关联不大的一些概念性或历史性知识，本书将不会花较多的笔墨去展开分析，即便是对于那些核心概念，本书也只会在解决问题、分析问题的过程中根据需要进行分析，避免出现"教科书式"的行文风格。

标准必要专利反垄断所涉及的问题很多，在本章中不可能全面予以展现，这些具体的问题将在后面的章节中逐一进行研究。本章的主要价值在于大致勾勒出了本书研究的主要框架，从而为后面的研究打下基础。

# 第 三 章

# 标准必要专利纠纷的预防:SSO 的努力

从某种意义上讲，当前标准必要专利发生的纠纷之所以数量如此之多并受到广泛关注，就是因为标准化使得普通专利"蜕变"成为标准必要专利。因此，只有对标准化过程本身进行较为深入的剖析，才有可能追根溯源地对专利权人在标准化之前最为初始的合理利益有较为准确的把握和衡量，这样才能对标准化之后专利权人的利益诉求是否超出了合理的限度进行判断。标准化的巨大价值已无须赘言，可以说，在当今信息化时代，如果没有各种各样的技术标准，信息技术愈是发展，其所带来的信息沟壑与不便——而不是扁平化的世界及种种便利——将愈是严重。这就如同是各个地方都修建自己的高速公路，而不与其他地方所修建的高速公路相连通，这样从表面上看区域范围内的高速公路总里程很大，纵横交错，但实际上却都是一条条孤立的水泥带，而无法真正实现与其他地方之间的互联互通，如图（1）所示。而如果有统一的规划，统一的标准，则各个地方都可以通过与主干线连接，从而借助于主干道而与其他地方实现互联，而无须在任何两个地方之间都修建高速公路，这样也可以节约资源，如图（2）所示。

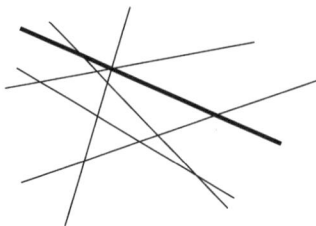
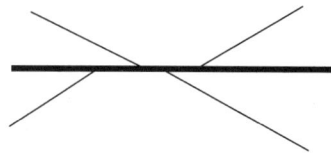

（1）                    （2）

在信息化领域，标准化的价值就更为明显了。如果没有标准，"信息高速公路"就将成为一条条"断头路",信息化产业怎么可能在这样一条"高速公路"上飞驰呢?正是有了各种各样的标准,使得各企业不用担心自己生产出来的产品与其他企业产品的兼容问题,从而可以将精力和资源集中在技术的改进、产品的研发方面。例如在移动通信终端方面,各生产商推陈出新,不仅今天的手机与十年前的手机相比不可同日而语,而且即便是今年的手机与去年的手机相比都有很大的技术改进。标准的制定与发展为纷繁复杂、日新月异的信息技术行业树立了准则,立下了"规矩",不至于使信息技术行业的发展出现各自为政的局面。

# 第一节　标准化中存在及引发的问题分析

尽管标准制定具有上述的巨大价值,但任何事物都具有两面性,当其将自身光鲜的一面展现于众时,其黑暗的一面也可能同样存在。标准化本身无论是对于专利权人、标准实施者,还是对于消费者、社会而言,都会带来巨大的利益,但是对于某些主体而言,其往往不满足于标准化所能给其带来的正当利益,而是尽可能地去争取更大的、超出合理范围的利益,而在这一过程中必然伴随着一些违背诚信、充满欺诈的行为。这些行为的存在为标准化的前景蒙上了一层阴影,因为在分享标准化所带来的利益时如果出现过度失衡,一方通过不正当的手段在标准化中获得了过多的利益,而另一方的正当利益被压榨,那么标准化必定会在利益纠纷中走向衰落,从而出现"多输"的结果。那么,在标准化的过程中一般都存在哪些问题呢,只有对这些问题有比较深刻的了解,才能够从各方面努力去预防和解决这些问题。

## 一　标准制定中的"特洛伊木马"

特洛伊木马这一古希腊传说对于许多人来说都很熟悉。希腊军队与特洛伊人展开了长达十年的战争,但仍未分出胜负。特洛伊城城墙坚固、堡垒森严,易守难攻。希腊军中的奥德修斯想出了一条妙计,即建造一个巨大的木马,在木马中藏匿希腊战士。其余人则将营帐烧毁,佯装撤退。特洛伊人中计,误以为希腊军队攻城无望而溃退,并且将希腊军队留下的巨大木马当作战利品拖回城内。当天晚上,躲在木马中的希腊战士等到夜深人静的时候从木马中出来，打开城门，城外的希腊大军攻入城池，从而最终占领了特洛伊城。[①]特洛伊木马的故事警示后人要防范敌人所采取的伪装或伏击策略，这种策略可以使敌人以较小的力量就能控制自己的千军万马，从而达到一种从内部攻破堡垒的效果。在标准制定的过程中，也存在这样一种"特洛伊木马"，将自身隐藏于标准之中，待标准制定完成以后再提出种种不合理的要求。

（1）Dell 案[②]

Dell 是一家著名的电脑生产企业。视频电子标准协会（the Video Electronics Standards Association，VESA）是一个非营利性的标准制定组织，其成员囊括了美国几乎所有的电脑硬件及软件生产商。1992 年 2 月，Dell 成为 VESA 的会员。而与此同时，VESA 也开始制定电脑总线的标准，也即后来的 VESA 局域总线（VESA Local Bus，"VL-bus"）。正如其他的电脑总线一样，"VL-bus"在电脑 CPU 和其他的外接设备如硬盘驱动器之间传输信息和指令。1992 年 6 月，VESA 委员会批准了"VL-bus"标准，相比于当时已经存在的标准而言，"VL-bus"在传输方面更快而且也更具效率。

在 1991 年 7 月，Dell 获得了第 5036481 号专利（以下简称"481 专利"）。Dell 宣称自己拥有将"VL-bus"卡连接到主板的机械插槽这一技术的专有权。然而，在 1992 年 VESA 制定该标准时，Dell 却并没有向 VESA 委员会披露其已经获得了"481 专利"。当 VESA 委员会批准该标准以后，在寻求获得 VESA 所有拥有投票权的会员的过程中，Dell 投票赞成批准"VL-bus"标准，Dell 的代表曾在初步表决和最终表决中都书面证明该标准没有侵犯 Dell 所拥有的任何商标权、版权或专利权。

VESA 所制定的"VL-bus"标准运行非常成功，VESA 的许多会员都采用该标准来生产电脑，在该标准制定以后八个月内生产的 140 万台电脑都采纳了该标准。但 Dell 却通知其中的许多会员，提出它们采用"VL-bus"标准生产电脑侵犯了 Dell 的专利。

---

① 参见沈宪旦等《特洛伊木马——硝烟弥漫的铁血战争》，少年儿童出版社 2007 年版，第 8—11 页。

② 该案具体案情的介绍，参见 Dell Computer Corp.，121 F. T. C. 616（1996）。

美国联邦贸易委员会（FTC）认为 Dell 的这种行为不合理地限制了竞争，具体表现在以下几个方面：①"VL-bus"标准的行业推广与运用将受到阻碍，因为除非专利纠纷问题得以最终解决，否则很多电脑生产商都将推迟采用该标准；②由于专利纠纷问题可能会影响"VL-bus"标准成为行业标准，所以电脑生产商将避免采用含有"VL-bus"标准的系统；③"VL-bus"标准能否被接受存在不确定性，这种担忧提高了采用该标准的成本，也提高了开发类似标准的成本；④参与行业标准制定的热情将受到打击。① FTC 认为，如果在 VESA 制定标准的过程中 Dell 披露了其所拥有的专利的话，那么 VESA 可能就会选择另外一个不含有专利的技术，Dell 未能善意地披露其专利，这对市场竞争和消费者都造成了损害。FTC 最终与 Dell 达成了协议，在该协议中，FTC 禁止 Dell 向任何采用"VL-bus"标准的企业主张其"481 专利"。② Dell 接受了 FTC 所提出的结构性救济，也没有提出任何挑战，尽管通过其他并非如此严格的救济措施也能达到恢复市场竞争的效果。③

在该案中，Dell 不仅是 VESA 的会员，而且还参与了 VESA 的标准表决程序，在其获得"481 专利"直至标准表决前，这期间将近有一年的时间，Dell 非但没有披露其已经获得的专利，还故意隐瞒这一事实，其目的就是要使"481 专利"能够被顺利地纳入进"VL-bus"标准之中，Dell 的这种行为实际上已经构成了欺诈。任何人都不应当从其不法行为中获益，这是一项基本的法律原则，对于 Dell 也一样适用，Dell 也应当为自己的欺诈行为承担不利后果。"如果 Dell 没有故意从事欺诈行为，它可能还保有实施专利的权利，但这些权利只能受责任规则（liability rule）而非财产规则（property rule）的保护。依据财产规则，专利权人可以禁止他人在未获许可的情况下实施其专利；而依据责任规则，专利权人则不能禁止他人实施其专利，而仅能从实施其专利的人那里获得经济补偿。但由于 Dell 实施了欺诈行为，所以它连责任规则所提供的保护也失去了，其

① Dell Computer Corp., 121 F. T. C. 616, 618 (1996).

② Dell Computer Corp., 121 F. T. C. 616, 623 (1996).

③ Elaine Xu, Brave New Frontier: Antitrust Implications of Standard-Setting Patents in the Smartphone Market, 32 Wis. Int'l L. J. 384, pp. 393 – 394 (2014).

专利也被有效终止了。"①

(2) Rambus 案②

在 20 世纪 90 年代初期，电脑内存技术的发展远远落后于 CPU 技术革新的要求，这严重制约了电脑的性能。迈克尔·法蒙沃尔德和马克·霍罗威茨合作并研发出了一种性能更高的动态存储器（dynamic random access memory，DRAM）架构，并在 1990 年 3 月成立了 Rambus 公司，就其所研发的 DRAM 架构提起了专利申请。在 Rambus 提起专利申请的同时，电脑存储器行业内正由"电子器件工程联合委员会"（the Joint Electron Device Engineering Council，JEDEC）主导制定 DRAM 的标准。该行业内的任何企业都可以申请加入 JEDEC，会员能够加入该委员会并就相关事项进行表决。

JEDEC 的其中一个委员会即 JC 42.3 具体负责电脑存储器标准的制定。1991 年 12 月，Rambus 首次以特邀嘉宾的身份参加了 JC 42.3 的会议，并于 1992 年 2 月正式加入了 JEDEC。JC 42.3 同时还在制定 JEDEC 同步 DRAM 标准（synchronous DRAM，"SDRAM"）。SDRAM 标准于 1993 年得以批准。Rambus 宣称对 SDRAM 标准中所包含的四种技术中两种拥有专利权，即可编程的 CAS 延迟（programmable CAS latency）和可编程的突发长度（programmable burst length）。

尽管已经制定了 SDRAM 标准，但是该标准的应用并不成功，而且异步 DRAM（asynchronous DRAM）仍然占据着主导性地位。鉴于此，JC 42.3 决定进一步升级 SDRAM 标准成双倍速率 SDRAM（double data rate SDRAM，"DDR" SDRAM，以下简称 DDR）标准。DDR 标准中包含了两种技术，即芯片锁相环和延迟锁相环（on-chip phase lock and delay lock loops，"on-chip PLL/DLL"）以及双沿时钟（dual-edge clocking）。Rambus 认为 JEDEC 所制定标准中规定的条款与 Rambus 的专利许可条款不一致，从而选择于 1996 年 6 月 17 日退出 JEDEC。尽管 Rambus 退出了 JEDEC，但 JC 42.3 仍然推动 DDR 标准的制定，于 1998 年 3 月完成，并在 1999 年

① See Dana R. Wagner, The Keepers of the Gates: Intellectual Property, Antitrust, and the Regulatory Implications of Systems Technology, 51 Hastings L. J. 1073, pp. 1080, 1089 (2000).

② 该案具体详情的介绍，参见 Rambus Inc. v. F. T. C. , 522 F. 3d 456 (2008)。

得到了 JEDEC 的批准。DDR 标准包括了上述的可编程的 CAS 延迟技术、可编程的突发长度技术、芯片锁相环与延迟锁相环技术和双沿时钟技术。

自 1999 年起，Rambus 开始通知主要的 DRAM 和芯片制造商，它对于 JEDEC 所制定的 SDRAM 和 DDR SDRAM 标准中所包含的技术拥有专利权，因而继续依据这些标准而从事的生产、销售或使用商品的行为都将侵犯 Rambus 的专利权。Rambus 邀请生产商通过许可协商的方式来解决侵权纠纷，一些生产商选择协商，而另外一些则予以拒绝。

2002 年 6 月 18 日，FTC 对 Rambus 展开了调查，指控 Rambus 采用不公平的竞争方式从事欺诈行为，违反了《联邦贸易委员会法》第 5 条的规定。FTC 特别指出，Rambus 未能披露其与标准制定相关的专利利益，而且即使其所进行的披露也具有误导性。通过这种欺骗性行为，Rambus 垄断了上述四种技术市场。然而，FTC 的行政法官（administrative law judge）在初审决定中则完全驳回了 FTC 的指控。行政法官认为 Rambus 并没有隐瞒有关其专利技术的重大信息，而且无论如何都没有足够的证据证明，如果 Rambus 披露了所有的信息，JEDEC 可能会在制定标准时采用其他的替代技术。

控诉律师不服行政法官作出的初审决定，从而上诉到 FTC。2006 年 7 月 31 日，FTC 推翻了行政法官所作出的初审决定。FTC 认为 JEDEC 的成员都应该披露与标准制定过程中可能被纳入的技术相关的专利或专利申请，Rambus 就标准制定过程中有关极为重要的专利信息方面，故意采取虚假陈述、遗漏以及其他方式误导 JEDEC 的其他会员。FTC 进一步认为，要是没有 Rambus 的欺诈行为，JEDEC 可能要么在制定 DRAM 标准时不会纳入 Rambus 的技术，要么会要求 Rambus 作出 RAND 的保证，这将有利于事前的许可协商。FTC 也驳回了 Rambus 关于是其他因素而非纳入进 JEDEC 的标准使其能够在上述四种技术市场占据主导地位的主张，FTC 认为 Rambus 欺骗 JEDEC 的行为是其获得垄断力的重要原因。

在双方提供补充性材料之后，2007 年 2 月 2 日，FTC 最终决定分别发布救济意见（remedial opinion）和最终决定（final order）。在救济意见中，FTC 指出其原则上有权力作出强制许可的决定，但是对于超过禁令的救济，则需要有更强的证据来证明这些救济对于恢复竞争秩序是必不可少的。对于控诉律师的救济索赔，FTC 采取了严格的证明标准，FTC 拒绝强制 Rambus 免费许可其相关专利，因为没有足够的证据证明"要是 Rambus 没有从事欺骗行为"，JEDEC 将舍弃 Rambus 的专利技术而选择其他替代性的技术纳入标准之中。相反，FTC 要求 Rambus 依据"合理的专利费率"来许可其专利，并假想在 JEDEC 制定标准之前 Rambus 与制造商之间通过协商所能达成的专利许可费。FTC 将三年内 SDRAM 标准中 Rambus 的专利许可费限定为 0.25%，DDR 标准中的专利许可费为 0.5%；三年之后，Rambus 将禁止收取专利许可费。

Rambus 对于 FTC 作出的决定提出了质疑。第一，Rambus 认为，FTC 错误地认定 Rambus 未能向 JEDEC 披露专利的相关信息，并因此认为 Rambus 违反了向竞争对手提供信息的反托拉斯义务。第二，Rambus 认为，即便自己未能向 JEDEC 披露相关信息，这种虚假披露也并非只导致了一种结果，因为 JEDEC 既有可能因此而无法将一个不包含专利的技术纳入标准，也有可能使 JEDEC 在将 Rambus 技术纳入标准时无法要求 Rambus 作出 RAND 承诺。

Rambus 向哥伦比亚特区巡回上诉法院提起诉讼。法院①认为 Rambus 提出的第二点质疑具有说服力，FTC 未能证明 Rambus 的行为具有排他性。FTC 曾在其决定中指出，要是 Rambus 当时向 JEDEC 完全披露了其专利的话，JECED 将要么把 Rambus 的专利技术排除在标准之外（第一种结果），要么会要求 Rambus 作出 RAND 承诺（第二种结果）。对此，法院认为 FTC 并没有指出上述两种结果到底哪一种更有可能发生。法院认为，如果 FTC 要证明 Rambus 的行为是排他性的话，那么要符合这样一个三段论：Rambus 通过欺诈而避免了上述两种结果中的一种；避免上述两种结果中的一种的发生是限制竞争的；因此 Rambus 欺诈的行为是限制竞争的。

法院并不认为避免第一种结果就是限制竞争的行为，也就是说，即便 Rambus 披露更多的信息将导致 JEDEC 制定另外一个不同的标准，而事实上其并没有披露，也不能因此就认为 Rambus 不披露的行为损害了竞争。虽然法院也承认，Rambus 不披露信息相较于披露信息将更有可能导

---

① 在该部分"法院"特指哥伦比亚特区巡回上诉法院，以免与下文中相关案件的主审法院混淆，特此说明。

致其专利技术被纳入标准之中，但是法院认为 FTC 也曾在其救济意见中明确表明:没有足够的证据能够证明，如果 Rambus 充分披露其专利信息的话，JEDEC 将会选择其他的专利技术。因此，法院认为如果要认定Rambus 的行为是限制竞争的话，那么必须证明 Rambus 的欺诈行为将会避免第二种结果的出现，也即 JEDEC 要求 Rambus 接受 RAND 承诺，只有这样，Rambus 的欺诈行为才能够被认为会损害竞争。

法院认为，只有当欺诈行为具有限制竞争效果时，才能够对该欺诈行为提起反垄断之诉。即便销售者通过欺诈行为哄抬价格，但只要其没有对竞争造成损害，那么就仍然不能对其适用反垄断法。法院还以 Microsoft（微软）案为例，对该案中的欺诈行为作了分析。法院认为，在微软案中，微软欺骗软件开发者，使他们相信能够用微软的开发工具来开发跨平台的应用程序，而事实上这些应用程序却只能在微软的 Windows 系统上运行。[1]法院认为在微软案中，反垄断审查的焦点应当集中在竞争损害上，而不是欺诈行为本身。

法院还举了 Conwood 案[2]为例，以说明在该案中所存在的欺诈行为是具有限制竞争效果的。在该案中，U. S. Tobacco（美国烟草公司）在润鼻烟市场上拥有市场支配地位，这使得零售商都对美国烟草公司具有一定的信赖感，美国烟草公司的营销策略甚至店铺内的摆设都会对零售商具有较大的影响。然而，美国烟草公司利用零售商对自己的这种信赖，通过增加自己产品的上架空间而压缩其竞争对手的上架空间的方式，来误导零售商，使他们相信美国烟草公司的润鼻烟要好于其他品牌的润鼻烟。如此一来，美国烟草公司就达到了通过欺诈、误导的方式来打压竞争对手的目的。显然，在 Conwood 案中，U. S. Tobacco 的欺诈行为是损害竞争的。

法院还考虑了另外一种情形，即一个合法的垄断者通过欺诈的方式来单纯提高价格。法院认为，通常而言在这一情形之中，垄断者并没有排除竞争对手的特别倾向，因此也就不会消除竞争。法院以 NYNEX

---

① United States v. Microsoft Corporation, 253 F. 3d 34 (2001).

② Conwood Co., L. P. v. U. S. Tobacco Co., 290 F. 3d 768 (2002).

Corp①一案作了具体的说明。在该案中，NYNEX②是一个地方电话服务的合法垄断提供商，Discon 是 NYNEX 的一个供应商，但 NYNEX 放弃继续向 Discon 购买较低价格的服务，而是转向 Discon 的竞争者 AT & T，以更高的价格从 AT & T 购买服务。Discon 因此而提起诉讼。Discon 指控 NYNEX 与 AT & T 之间的欺诈行为就在于 AT & T 会在年末向 NYNEX 提供特殊的回扣。通过这种欺诈行为，AT & T 可以抬高价格，而 Discon 宣称自己正是由于不愿意支付这样的回扣，从而被剥夺了交易的机会。Discon 指控 NYNEX 与 AT & T 之间的这种欺诈行为是损害竞争的，而且也将损害消费者的利益，因而违反了《谢尔曼法》第 1 条和第 2 条的规定。在 NYNEX 案中，主审法院认为，在只有单一购买方的情况下，如果买方基于不正当的理由选择了其中的一个供应商而放弃了另一个供应商，被放弃的供应商如果要获得法院的支持，就必须证明买方的这种行为不仅仅是对单一的竞争者而是对竞争过程造成了损害。

总之，法院认为 Rambus 的欺诈行为并没有对竞争造成损害，因为 FTC 并没有证明要是没有欺诈行为的话，JEDEC 会将替代性的技术而非 Rambus 的专利技术纳入标准之中。而且，即便是 Rambus 披露了其专利，JEDEC 也同样有可能将 Rambus 的专利技术纳入标准之中。

在 Rambus 案中，由于 Rambus 未向 JEDEC 披露其拥有的相关专利，而是待标准制定完成以后再提出相关专利主张，这与 Dell 案类似，只不过在 Rambus 案中，FTC 认为 Rambus 的欺骗行为损害了竞争，而法院则最终推翻了 FTC 的决定，认为 Rambus 的不披露行为并没有对竞争构成损害。有学者认为法院在 Rambus 案中的决定会造成不良的后果。"如果一个 SSO 会员故意不披露专利信息，即使其具有披露的义务，那么它也可以宣称：即使其披露了专利信息，它自己的专利技术同样也有可能最终被纳入标准之中。而 SSO 则可能永远无法证明相反情形。事实上，SSO 很难去证明如果它们知道那些它们本未知悉的事项时，它们究竟会怎样

① NYNEX Corp. v. Discon, Inc., 119 S. Ct. 493 (1998).

② 准确地说，应该是 NYNEX 的一个子公司纽约电话公司（New York Telephone Company），但为了简便，本书统一以 NYNEX 代指，包括下文纽约电话公司的分支机构 Materiel Enterprises，这不会影响对案件的理解。

做。如果容忍它的会员隐瞒某些信息，SSO 可能发现其有两种选择：要么展开耗时费力的专利检索，从而避免出现 Rambus 引发的问题，要么就在制定标准时选择那些较老的技术，因为这些技术早就已经进入了公共领域。"①如果 SSO 选择前一条道路，那么标准的制定可能变得极为昂贵、费时；如果 SSO 选择后一条道路，那么标准将无法引入先进技术，而充斥着过时的技术，这样标准本身将是落后的而没有吸引力。总之，上述的两条道路无论是哪一条，对于 SSO 来说都不是最佳的选择。

### 二　专利劫持问题

在标准制定的过程中，专利权人故意隐瞒其专利信息，以使其专利技术能够被纳入进标准之中。虽然我们不能完全否定存在这样一种可能性，即即使专利权人披露了其专利，SSO 仍然可能将其专利纳入标准之中，但是，如果没有专利权人的这种欺诈行为的话，至少其专利被纳入标准的可能性要大大降低。因此，专利权人在标准制定过程中的欺诈行为，为标准制定后其滥用专利权提供了可能，或者说埋下了伏笔。这种欺诈行为表明专利权人从一开始就将标准化视作能够实现其私利的机遇，既然通过欺诈达到了将其专利纳入标准的目的，那么随之而来的，就是将这种私利的实现由可能变为现实。

标准化使得专利权人的专利实现了从普通专利向标准必要专利的"蜕变"。这种"蜕变"虽然没有使专利技术本身发生任何改变，但却使得这种专利的"身份"实现了巨大的飞跃，与之相伴随的是专利权人面临的竞争环境的重大改变——竞争的消除——以及专利权人据此所获得的在提出许可条件方面的强势地位。"由于专利权是通过赋予本无排他性的公共产品——技术信息以独占权的方式使得本可为公众共享的技术成为了私有财产，这必然导致在专利权人与他人及公众之间的利益冲突远比普通财产更为紧张，专利权更易被滥用。"②如果说普通专利的权利人因为其专利具有一定的排他性而拥有某种垄断地位的话，那么标准化则使

①　See Stanley M. Besen, Robert J. Levinson, Standards, Intellectual Property Disclosure, and Patent Royalties after Rambus, 10 N. C. J. L. & Tech. 233, p. 251（2009）.

②　徐棣枫：《专利权的扩张与限制》，知识产权出版社 2007 年版，第 249 页。

得专利的这种垄断地位大大增强，从而形成了一种绝对的垄断地位。而且，标准制定以后，标准本身又对这种绝对垄断地位提供一种保护机制，除非标准被废除或者被其他的标准所取代，否则包含在该标准之中的专利所具有的这种绝对垄断地位将不会受到任何影响。

　　针对专利权人在其专利被纳入标准之后，其利用由此而获得的垄断地位，向标准实施者提出种种不合理许可条件的行为，国外学者将其称为"patent holdup"。有国内学者将其翻译为"专利劫持"，也有学者将其翻译为"专利套牢"①。至于将其作何种翻译，倒不是最为重要的，关键是把握 patent holdup 的本质。在本书看来苏珊妮·米歇尔对 patent holdup 的理解是很准确的，所谓 patent holdup，实际上就是指当被诉侵权人为实施专利权人的专利技术，并且已经形成一定沉没成本的情况下，专利权人此时向侵权人所提出的许可费，要远远比其专利技术被纳入标准之前、尚有其他替代技术与其竞争的情形下所能够提出的许可费高。②可见，patent holdup 之所以能够发生，在于专利权人与标准实施者双方在标准制定完成以后，无论是在力量对比，还是角色不同所引发的成本等方面都处于完全不对等的地位。

　　首先，就双方力量对比而言，专利权人的力量在其专利被纳入标准之后就得到了进一步的提升。而相反，从某种意义上来说，标准实施者的力量实际上是被削弱了。在标准制定前，专利权人还面临着其他技术的竞争，这种激烈的竞争对于谋求获得这种技术的被许可人——以及在标准制定后的标准实施者——而言是有利的，其能够从这种竞争中获得好处。而一旦标准制定，那么标准实施者就只有单一的选择了，除了谋求获得标准必要专利的许可以外，已经无法寻求获得其他专利许可了，因为其他专利技术未能被纳入标准，寻求获得这些专利许可对于标准实施者而言已经没有意义了。"马太效应"在专利权人与标准实施者之间产生了：原本就因享有专利而具有优势力量的专利权人，又因其专利被纳入标准从而变得更强；专利许可通常而言本来就是一个"卖方市场"，专

---

① 参见蒋洋《技术标准的建立与专利套牢问题探析》，《电子知识产权》2012 年第 6 期。

② See Suzanne Michel, Bargaining for Rand Royalties in the Shadow of Patent Remedies Law, 77 Antitrust L. J. 889, note 9.

利权人具有优势地位，而被许可人往往处于弱势地位，而标准化又使得被许可人（标准实施者）的这种弱势地位变得更弱。如此一来，强者越强，而弱者越弱，标准必要专利权人与标准实施者之间的力量对比变得越来越悬殊。

其次，标准制定完成以后，专利权人与标准实施者所面临的境况是完全不同的。专利权人借助于标准化可以扩大其专利许可的范围，只要标准不断得以推广和被采纳，那么专利权人就完全不用担心专利许可问题，因为其所处的"卖方市场"又进一步得到了强化。但是，对于标准实施者而言则是另外一幅图景，由于许多标准实施者都已经依据标准而进行了相应的投资，如果无法获得专利许可，那么这些前期的投资也即"沉没成本"将无法挽回。同时，标准实施者也不可能转向其他的专利技术，因为这种转移的成本可能会非常高，例如，如果进行转移的话，那么就意味着需要重新更换生产设备，或者确保与其他相关产品的兼容性。[①]总之，专利权人在标准制定以后所处的境况会变得越来越好，因而占据着更为主动的地位；而标准实施者则被"锁定"了，其在专利的许可方面不再具有选择权，而且沉没成本等因素的存在使得其在与标准必要专利权人议价时所处的地位也变得更为不利，因而标准实施者所处的境况将更为被动。

正是因为上述原因的存在，才使得专利权人在标准制定以后具有了能够从事 patent holdup 的"资本"与底气。由于 patent holdup 本质上就是标准必要专利权利人利用自己的优势地位与标准实施者所面临的不利境况，而在专利许可时向标准实施者提出种种不合理的要求，因此就类似于一种劫持行为。鉴于此，本书将 patent holdup 翻译为专利劫持。

标准必要专利权利人拥有着许多的权利，这使得他可以向标准实施者索取极高的许可费——远远超过其市场价值——因为任何采纳该标准的人都不得不支付。[②]事实上，向标准实施者索取高额的专利许可费是标准必要专利权人专利劫持行为的最主要表现。对于市场主体而言，如何

---

① 参见前引 Suzanne Michel, p. 891。

② See Layne S. Keele, Holding Standards for Randsome: A Remedial Perspective on Rand Licensing Commitments, 64 U. Kan. L. Rev. 187, p. 187（2015）.

实现利益最大化往往都是优先予以考虑的，标准必要专利权利人在可以进行专利劫持的情况下，其必然会利用专利劫持追求自身最大的利益，即索取尽可能高的专利许可费；而其他的一些行为，例如申请禁令救济等，实际上都是为此目的而服务的，旨在进一步恶化标准实施者所面临的不利境况，从而迫使其接受专利权人所提出的高额许可费要求。

### 三　总结

在标准制定的过程中，由于专利权人故意不披露其专利信息，以使其专利能够被纳入标准之中，然后再利用标准化给其所带来的这种特殊地位从事专利劫持的行为，向标准实施者提出种种不合理的许可条件，其中最重要的就是索取高额的许可费，这严重损害了标准实施者的利益。

可见，在标准化的过程中，许多专利权人为了实现自身利益的最大化往往不择手段。如果标准化的过程中到处都充满着欺诈、劫持行为，那么，标准化本身是否正当都是一个值得思考的问题。从长远来看，如果不能从制度上有效地减少和消除标准化中存在的这些乱象，那么标准化的前景也令人担忧。因为当一方因标准化而获得暴利，而另一方却因此而被剥夺了最基本的利益的话，那么这种严重的利益失衡最终将导致利益受损方选择退出。当标准化不能给重要的参与者之一——标准实施者——带来实质性的利益，实施标准的成本过高，则该标准也最终将会被抛弃。

作为标准制定的主体，标准制定组织面对这些问题不能置身事外。许多标准制定组织都制定了一些政策，以图对专利权人形成有效的约束，从而减少标准化中所存在的欺诈、劫持行为。总体看来，"可以将 SSO 的政策分为两类，即披露规则（disclosure rules）和许可规则（licensing rules）。披露规则要求 SSO 的参与者披露与标准制定相关的专利（包括专利申请、其他的知识产权或者机密信息）。许可规则则对专利权人的许可条款进行了限制，最常见的许可规则要求 SEP 权利人依据 RAND 原则进行许可，某些 SSO 则要求 SEP 权利人进行免费许可。"[①]披露规则或政策

---

① U. S. DOJ & FTC：Antitrust Enforcement and Intellectual Property Rights：Promoting Innovation and Competition，p. 42（2007）. Available at：https：//www. ftc. gov/reports/antitrust-enforcement-intellectual-property-rights-promoting-innovation-competition-report.

与许可规则是 SSO 解决欺诈及专利劫持所作出的努力，本书将分别就 SSO 的这两种政策展开深入研究。

## 第二节　SSO 的披露政策

SSO 的披露政策通常都会要求参与标准制定的成员向 SSO 主动披露其所拥有的、必然会被标准实施者所侵犯的专利。[①]之所以要求专利权人主动披露其专利信息，一方面，是由于专利权人既然参与了标准的制定过程，那么就应当遵从 SSO 的政策；另一方面，可以避免"专利伏击"现象的出现，防止专利权人利用专利伏击来谋求专利纳入标准之后所能够获得的垄断地位。

但是，需要指出的是，专利权人如实披露了专利并不代表着就不会出现上述的专利劫持等问题，因为在制定标准时，SSO 所能够选择的技术可能都是专利技术，这就不可避免地要将专利技术纳入标准之中，只不过是选择纳入此专利还是彼专利的问题而已。但要求专利权人进行披露，至少可以让 SSO 不至于过于被动，等待标准制定完成以后才发现标准中包含有专利，如果专利权人披露了专利，则 SSO 可以通过提前谋划来予以应对；而如果专利权人不披露专利信息，则 SSO 提前谋划的机会可能都失去了。

可以说，SSO 所要求的专利披露是预防标准必要专利相关纠纷的第一道"防火墙"，虽然不能完全寄希望于这一道"防火墙"能够预防和解决所有的问题，但如果能够不断得以完善，其仍然能够发挥不可替代的价值。

### 一　主要 SSO 披露政策探究

SSO 的披露政策究竟能发挥什么作用，以及如何进行完善，这些问题的回答都建立在对 SSO 披露政策有客观了解的基础之上。如果脱离 SSO 具体的披露政策来分析其存在何种问题、应当如何进行完善，不免流于空谈。

---

① See Jorge L. Contreras, Technical Standards and EX Ante Disclosure: Results and Analysis of an Empirical Study, 53 Jurimetrics J. 163, p. 167（2013）.

马克·A. 莱姆利教授曾对 43 个 SSO 的知识产权政策进行了调查，以研究这些 SSO 对待知识产权的态度。这些 SSO 都是通信及电脑网络相关产业领域内的，因为这些领域内所引发的知识产权纠纷是最多的，因此具有代表性。莱姆利教授对这些 SSO 的研究主要包括：SSO 是否有知识产权政策；如果有，那么其政策是仅包含专利，还是也包括其他形式的知识产权即著作权、商标和商业秘密等。莱姆利教授又从三个方面对这些 SSO 的知识产权政策进行了分类：第一，知识产权政策是否要求专利权人披露其专利；第二，披露政策对标准制定过程的效果，即 SSO 是否会拒绝制定含有专利的标准，或者其在采纳这样的标准时是否会适用不同的程序规则；第三，SSO 是否会强制要求专利权人遵循一定的许可规则，如果是，那么这种规则的本质是什么。①

本书无意对所有 SSO 的披露政策展开研究，也无此必要，而仅选取最重要、最典型的 SSO，通过对这些 SSO 知识产权政策中的专利披露政策进行较为全面和深入的分析，为后文探究这些披露政策在预防和解决标准制定过程中出现的欺诈行为发挥作用打下基础。

1. 主要 SSO 披露政策概览

（1）万维网联盟（W3C）

W3C（World Wide Web Consortium）是互联网网页技术领域中影响力最大的标准制定组织。1989 年，蒂姆·伯纳斯－李发明了万维网（World Wide Web），1990 年 10 月，他编写了第一版本的"超文本标记语言"（Hyper Text Markup Language，HTML），这成为万维网最主要的发布模板。1994 年 10 月，蒂姆·伯纳斯－李在麻省理工学院计算机科学技术实验室成立了万维网联盟。自万维网联盟成立至今，已经制定了将近 200 个网页标准，这些网页标准被称为"推荐"（Recommendation）。②

2004 年 2 月，W3C 制定了自己的专利政策，以促使 W3C 所制定的网页标准能够得以持续创新和广泛采用。具体而言，其专利政策旨在实现

---

① See Mark A. Lemley, Intellectual Property Rights and Standard-Setting Organizations, 90 Cal. L. Rev. 1889, p. 1903,（2002）.

② W3C 自 1997 年至今所制定的所有标准，可参见 http：//www. w3. org/TR/tr-date-stds. html，最后访问日期 2018 年 9 月 19 日。

以下三个目标：第一，促进 W3C 各工作组制定网页标准；第二，推动 W3C 标准在免费许可（Royalty-Free）的基础上能够被广泛采纳；第三，解决标准制定过程中以及制定完成以后所产生的相关专利纠纷问题。本书将对 W3C 于 2004 年所制定的专利政策中关于披露政策的具体内容展开探讨。①

2004 年 W3C 的专利政策具体是由 W3C 专利政策工作组（W3C Patent Policy Working Group）所制定的，该工作组由来自 W3C 和 IBM、Nokia、Apple Computer、Microsoft、Oracle（甲骨文）、AT & T、Philips 等世界知名企业的代表组成。2004 年专利政策的第 6 部分对披露政策作了具体的规定，其中该部分又从 11 个方面具体展开。我们可从以下几个方面来进行理解。

第一，需要进行披露的情形。根据披露政策，对于 W3C 的会员，如果其收到了 W3C 的披露请求，或者知道某专利具有所要求披露的特征的话，那么就必须进行披露。由此可以看出，W3C 的披露要求包括被动的披露和主动的披露两个方面，也就是说，对于 W3C 的会员，如果 W3C 主动向其发出了披露请求（disclosure request）的话，那么就必须进行披露，这是一种被动的披露。如果 W3C 的会员知道某一专利可能具有披露的必要性的话，那么即便是 W3C 没有向其发出披露请求，其也必须披露，这是一种主动的披露。披露政策还规定了豁免披露（Disclosure Exemption）的情形，主要是指如果专利权人已经作出了免费许可的承诺的话，则其无须进行披露了。

第二，披露的内容。具体包括两个方面：一方面是专利号，但不用提及具体的专利请求；另一方面 W3C 的哪一工作组或者哪一标准可能会采纳该专利。此外，W3C 还规定了其他一些特殊的披露内容，包括：对于已经公开的专利申请，如果后续内容有所修订或增加，那么专利权人也应当向 W3C 披露；如果专利申请尚在进行中，而且也未公布，而该专利可能与标准制定有关，则也应当进行披露。

第三，诚信披露的标准。W3C 指出，专利披露并不要求专利权人展

① W3C 在 2004 年所制定的专利政策的具体内容，可参见 http：//www.w3.org/Consortium/Patent-Policy－20040205/，最后访问日期 2018 年 9 月 19 日。

开专利搜索，或者针对所持有的专利与具体的披露要求之间的关系展开任何分析。对于第三方专利，只有当第三方专利权人或申请人向 W3C 声称其所持有的专利可能是标准必要专利时，才需要进行披露，除非这种披露要求违反了之前就已经存在的不披露义务。

第四，披露义务的期限。W3C 提出，专利披露的义务是一种持续性的义务，这种义务始自参与标准制定之时。除非在后期的制定程序中标准更加全面，否则要完全符合披露义务的要求是不可能的。但无论如何，如果披露是现实可行的话，那么都应当尽可能及时地进行披露。如果标准制定完成并公布，或者标准制定小组解散了，则披露的义务也就终止了。

由上可见，W3C 的专利政策中对专利权人的披露义务从各个方面作出了具体而较为全面的规定，这对于明确专利权人的披露义务具有重要的意义，专利权人的披露义务不再仅仅存在于抽象层面，而是有十分具体的要求。不过，也应当注意到，专利政策中对于专利权人违反披露义务时应当承担何种责任并没有相关规定，由此可能会导致专利权人所应当承担的这种披露义务可能流于形式，不进行披露也不用承担由此而导致的不利后果，从而使得披露义务的效果大打折扣。

（2）电气和电子工程师协会（IEEE）

IEEE（Institute of Electrical and Electronics Engineers）是全世界最大的专业技术协会，IEEE 是在 1963 年 1 月由美国电气工程师协会（AIEE）和无线电工程师协会（IRE）合并而成立的。AIEE（American Institute of Electrical Engineers）于 1884 年成立，AIEE 当年 10 月召开第一次技术大会时，许多著名的工程师都参加了，包括发明电灯的爱迪生、发明电话的贝尔等。AIEE 起初主要关注的是电力的发展，随后又重点关注无线电通信领域，包括电报和电话。通过不断召开技术会议、制定相关标准，AIEE 不断引领电气工程行业的发展。IRE（Institute of Radio Engineers）于 1912 年成立，在其成立以前，无线电报行业正不断发展，而 IRE 正是在这种发展中应运而生的一个协会，IRE 致力于无线电及电子产品领域，通过制定标准、召开会议等方式推动无线电行业的发展。AIEE 和 IRE 这两个协会都在各自的领域内发挥着引领作用。

随着协会成员的创新不断在产业中得以应用，电视、雷达、晶体管和计算机等逐渐普及。AIEE 和 IRE 这两个协会之间的利益也不断重叠。终于在 1963 年 1 月 1 日，AIEE 与 IRE 合并成立了 IEEE，合并后的 IEEE 得到了不断发展。而随着计算机通信技术的不断进步，IEEE 所关注的领域也不再仅仅局限于电气和电子工程，而是延伸到了微米和纳米技术、超声波、生物工程、机器人、电子材料等其他领域。至 2010 年，IEEE 的会员数量将近 40 万，分布于 160 个国家或地区，IEEE 仍然是世界上最大的专业技术协会。[①] IEEE 所制定的最为有名的标准即是 802.11 标准，也就是 Wi – Fi 标准，该标准在智能手机以及其他一些移动智能终端得到了广泛应用，正是借助于该标准，这些移动终端才能够接入局域网中。

IEEE 具体负责标准制定的是 IEEE 标准协会（IEEE Standards Association, IEEE-SA），IEEE-SA 的标准制定过程是向其会员和非会员都开放的。但是，如果成为 IEEE-SA 的会员的话，则可以获得额外的投票权和参与机会，从而能够得以在更深、更有意义的层面参与到标准的制定中。IEEE-SA 的会员包括个人会员与企业会员两种，其中企业会员中包括诸如 AT & T、戴尔（Dell）、谷歌（Google）、IBM、英特尔（Intel）、微软（Microsoft）、高通（Qualcomm）、三星（Samsung）等国际知名的企业，也包括华为、中兴、联想等在国际上有重要影响力的中国企业。

IEEE 的专利政策是 IEEE 标准委员会规章（IEEE Standard Board Bylaws）[②]。该规章将披露义务的主体规定为参与标准制定过程的个人（individuals）：第一，对于参与标准制定的个人而言，如果潜在的标准必要专利是由其拥有或控制，或者是由该个人的雇主所拥有或控制，那么该个人都应当将此情况告知（inform）IEEE；第二，对于参与标准制定的个人而言，如果还有任何其他潜在的标准必要专利权人不为 IEEE 所知悉，那么该个人都应当将此情况告知 IEEE。[③]

———————————

① 关于 IEEE 的介绍，参见 IEEE 官网：http：//www. ieee. org/about/ieee_history. html，最后访问日期为 2018 年 9 月 21 日。

② IEEE：IEEE-SA Standards Board Bylaws, available at http：//standards. ieee. org/develop/policies/bylaws/sb_bylaws. pdf，last visited on：2018. 09. 21.

③ See IEEE：IEEE-SA Standards Board Bylaws, p. 19, available at http：//standards. ieee. org/develop/policies/bylaws/sb_bylaws. pdf，last visited on：2018. 09. 21.

### (3) 欧洲电信标准化协会 (ETSI)

ETSI (European Telecommunications Standards Institute) 是欧洲一体化进程中的必然产物。20 世纪 80 年代末，欧洲各国逐渐认识到，缺乏共同的技术标准成为自由贸易发展的严重障碍，加上当时技术正处于快速发展时期，因此成立一个技术通信领域内的标准制定组织就显得尤为必要。1988 年，为了响应欧共体委员会的建议，欧洲邮政与电信管理局会议成立了 ETSI。ETSI 成立以后，致力于制定能够适用于全球的信息和通信技术标准，包括固定或移动通信、无线电和互联网技术领域的标准。ETSI 制定的许多标准如全球移动通信系统 (Global System for Mobil Communication, GSM)、数字增强无绳通信 (Digital Enhanced Cordless Telecommunications, DECT)、智能卡 (Smart Cards)、电子签名 (Electronic Signatures) 等标准彻底改变了全世界人们的现代生活。

ETSI 是欧盟正式认定的三个欧洲标准化组织之一[①]，作为一个非营利性机构，ETSI 拥有来自全球 66 个国家和地区的 800 多个会员。ETSI 的会员包括行政机构、国家标准制定组织、网络运营商、生产商、用户、服务提供商、研究机构、大学和咨询公司等。其中一些世界知名的企业如苹果公司、华为、IBM、Microsoft、Motorola、Nokia、Qualcomm、Samsung、中兴等都是 ETSI 的会员。尽管 ETSI 最初设立时仅致力于服务欧洲，但是随着经济的不断发展，其所制定的标准在全世界都得以推广。ETSI 是手机通信领域内 3G 标准制定的重要参与者，同时也在推动 4G、5G 标准的制定，ETSI 还在全世界范围内寻求合作，制定机器对机器的通信标准。ETSI 的知识产权政策在世界范围内都是领先的，尤其以 ETSI 提出的 FRAND 原则最为有名。

ETSI 知识产权政策对于会员的披露义务也作出了具体的规定。根据 ETSI 的政策，会员应当尽其合理努力，尤其是当其参与到标准或技术规程 (Technical Specification) 的制定过程中时，及时向 ETSI 告知有关"必

---

① 另外两个为 CEN 和 CENELEC。CEN，即欧洲标准化委员会 (the European Committee for Standardization)，是由欧洲33个国家的标准化机构组成的协会，CEN 的标准化领域十分广泛，包括航空航天、化学、建筑、消费品、国防与安全、能源、环境、食品、健康，等等。CENELEC，即欧洲电工标准化委员会 (the European Committee for Electrotechnical Standardization)，主要负责电工工程领域内的标准制定。

要知识产权"（Essential IPRs）的信息。特别地，当某一会员就某一标准或技术规程提交自己的技术方案时，应当本着善意的原则，提醒 ETSI 如果该技术方案被采纳，那么该会员的某一知识产权可能成为"必要"知识产权。不过，上述的披露义务并不意味着会员就负有展开知识产权搜索的义务。此外，ETSI 还规定，如果某专利族（Patent Family）中的一个成员及时地向 ETSI 进行披露的话，那么上述的披露义务将适用于该专利族所有现在和将来的成员。如果有关于该专利族其他成员的信息，可以自愿进行披露。此外，ETSI 还对违反知识产权政策的行为如何处理作出了规定：会员从事的任何违反该政策的行为将被视为对 ETSI 所负义务的违背，ETSI 大会有权依据 ESTI 规章决定对会员的该种行为采取何种行动。[①]

可见，ETSI 对于会员的披露义务主要集中在及时披露方面，ETSI 会员必须基于善意向 ETSI 及时、全面地披露那些将来可能成为"必要"知识产权的知识产权。这些知识产权是为会员所熟知的，ETSI 并不要求会员去对那些其并不熟知但有可能成为"必要"知识产权的知识产权去展开查询、搜索，这又不至于使得会员的义务过重。ETSI 还对违反知识产权政策的行为应当如何处理进行了抽象的规定。

（4）电子器件工程联合委员会（JEDEC）[②]

JEDEC（the Joint Electron Device Engineering Council）成立于 1958 年，是微电子行业中开放标准制定的全球领导者，JEDEC 所制定的标准为全世界所采纳，并且向所有人免费开放。1944 年，无线电制造商协会（the Radio Manufacturers Association），即后来的电子工业协会（the Electronic Industries Association）与国家电子制造商协会（the National Electronic Manufacturers Association）共同成立了电子管工程联合委员会（the Joint Electron Tube Engineering Council，JETEC）。JETEC 的主要职责在于负责分配和协调电子管类型号。随着无线电行业逐渐扩展到新兴的电子

---

① ETSI Intellectual Property Rights Policy, available at: http: //www. etsi. org/images/files/IPR/ etsi-ipr-policy. pdf, last visited on: 2018. 09. 21.

② 关于 JEDEC 相关情况的介绍，参见 JEDEC 网站：http: //www. jedec. org/，最后访问日期：2018 年 9 月 22 日。

行业，EIA 的不同部门，包括 JETEC 都开始作为半独立的会员组织运作。JETEC 不断扩大其范围，将固态设备也纳入其中，并且在 1958 年，JE-TEC 改名为电子器件工程联合委员会（the Joint Electron Device Engineer-ing Council, JEDEC）——其中一个委员会负责电子管，另一协会负责半导体。

JEDEC 最初的主要职责在于发展和分配设备的零件号，在随后的五十多年里，JEDEC 的职责扩展到开发测试方法和产品标准，这些后来被证明对于半导体行业的发展具有十分重要的作用。JEDEC 制定的重要标准主要包括：第一，全世界范围内半导体设备上使用的 ESD（electrostatic discharge，静电放电）符号；第二，计算机内存规格，从动态 RAM 芯片和存储器模件，到 DDR 同步 DRAM 和闪存组件，这些组件的标准化是当今个人电脑和服务器行业成功的重要基础；第三，半导体行业通用术语和定义手册的开发与出版；第四，关于无铅制造工艺的标准、出版物和教育活动，这一工作中所形成的 J-STD－020 标准是 JEDEC 历史上最为流行的标准之一。

JEDEC 拥有 300 个左右的公司会员，如 Apple、BlackBerry、Broad-com、Cisco、Dell、Google、Intel、Kinston、Microsoft、Qualcomm、Ram-bus、Seagate 和华为等都是 JEDEC 的会员。JEDEC 共有五十多个委员会和小组委员会（Subcommittee），通过这些委员会和小组委员会将制造商和供应商集聚起来共同制定标准，以满足微电子行业技术和发展的需求。例如 JC－14 委员会负责固态产品的质量和可靠性（Quality and Reliability of Solid State），JC－14 委员会由恩智浦半导体公司（NXP Semiconduc-tors）和英特尔公司（Intel Corporation）共同负责；JC－42.3 小组委员会负责动态随机存储器（DRAM）标准的制定①，该小组委员会由 AMD（Advanced Micro Devices）公司和美国甲骨文公司（Oracle America）共同负责。

JEDEC 的专利政策在《JEDEC 组织和程序手册》中的 8.2 中作了具

---

① 在前面的 Rambus 案中涉及的标准就是由 JC－42.3 小组委员会制定的。

体规定①，其中披露政策的内容集中在 8.2.1 和 8.2.3。在 8.2.1 中，JE-DEC 规定了专利权人书面披露潜在必要专利的三种形式：第一，对于已授予的专利（issued patents），要求披露专利所有权人、代理人（如果在披露期间存在的话）的姓名、地址和知识产权联系人；专利的名称；专利号；授予的国家，何种标准可能引发必要专利诉求。第二，对于已经公布的专利申请（published applications），要求披露专利申请人，代理人（如果在披露期间存在的话）的姓名、地址和知识产权联系人；专利的名称；专利申请号；备案的国家，何种标准可能引发必要专利诉求。第三，对于未公布的待处理的申请（unpublished pending applications），要求披露专利申请的名称，专利申请人或代理人（如果在披露期间存在的话）的姓名、地址和知识产权联系人；专利申请号；关于未公布申请的一般事项和何种标准可能引发必要专利诉求。但不得据此认为排除了基于自愿而对未公布的专利申请所做的更为宽泛的披露，也未排除不披露协议。

在 8.2.3 中，JEDEC 进一步规定，在每一次委员会会议上，主席都应当提醒所有与会者注意 JEDEC 指南中的相关要求，以及如果他们知道某些委员会成员拥有或控制潜在必要专利的情况，则应当告知委员会，并要求这些成员披露那些潜在的必要专利。所有委员会的会员都必须披露潜在的必要专利。具体而言，如果各成员的代表知道潜在的必要专利是由其代表的会员所拥有或控制的话，则必须向委员会进行披露。但是，无论是委员会会员还是会员的代表都没有任何义务去对潜在的必要专利展开调查和搜索。在披露的时间方面，JEDEC 要求会员或其代表在披露潜在的必要专利时应当尽可能地早。委员会会员或其代表所进行的初次披露应当在委员会或任务组会议上进行，代表负责确保这些披露被正确地在会议纪要中记录下来。JEDEC 还要求委员会会员或其代表应当将其全部所知的潜在必要专利记录在"许可保证/披露表格"（License Assur-ance/Disclosure Form）或"拒绝依据 RAND 条款进行许可的通知"（No-tice of Refusal to offer Licenses on RAND Terms form）上。上述表格或通知应当在 30 日内提交给 JEDEC 的法律部门。

---

① JEDEC Manual of Organization and procedure, available at: http://www.jedec.org/sites/default/files/JM21R.pdf, last visited on: 2016.09.22.

JEDEC 对于违反专利政策的后果应进行规定，未按要求进行披露的自然也适用此类规定。JEDEC 规定，如果委员会会员或其代表严重违反了专利政策且在接到 JEDEC 公司办公室的通知后的 30 日内未予以纠正的话，则 JEDEC 董事会有权暂停该委员会会员或其代表参与 JEDEC 的权利。如果这些会员或其代表被允许继续参与并又有其他严重违反专利政策的行为，则 JEDEC 董事会有权撤销该会员或其代表参与 JEDEC 的权利。

可见，JEDEC 专利政策中就披露义务的规定相对而言是很详细的，其中既规定了处于不同阶段的专利应当披露何种信息，还规定了披露的程序。JEDEC 同样没有要求会员对那些其自身并不知晓的潜在必要专利展开调查，这就不至于使得会员的披露义务过重。尤其需要指出的是，JEDEC 对于违反专利政策的行为应当如何进行处理也进行了规定，这对于未正确履行披露义务的会员是一种威慑，能够在一定程度上减少不披露行为的发生。

2. 主要 SSO 披露政策比较分析

上文对 W3C、IEEE、ETSI 和 JEDEC 四个标准制定组织的披露政策进行了较为全面和深入的探究，为了更加清楚地展现这四个标准制定组织披露政策的异同，根据上文研究内容从以下几个方面进行对比。

| 标准制定组织 | 是否有披露政策？ | 是否需要展开搜索?① | 是否规定了不披露的不利后果？如有，具体为何？ |
|---|---|---|---|
| W3C | 有 | 否 | 否 |
| IEEE | 有 | 否 | 否 |
| ETSI | 有 | 否 | 有。仅规定 ETSI 大会可采取相关行动 |
| JEDEC | 有 | 否 | 有。暂停或撤销参与 JEDEC 的资格 |

可见，标准制定组织在披露政策方面共性较多，都规定了相应的披露政策，要求会员对其所拥有或控制的潜在必要专利向 SSO 进行披露，

① 此处所指的是否需要展开搜索，是指当标准制定组织会员对其并不知晓的潜在必要专利，是否需要主动进行搜索和调查，然后再向标准制定组织通报。

不过，并不要求会员对其他潜在的必要专利展开调查和搜索。这一方面既强化了会员分内的披露义务，另一方面又不至于使得该种义务过于宽泛，从而增加会员的负担。

然而，在不利后果的规定方面，SSO 则出现了较大的不同。其中 W3C 和 IEEE 都没有对会员不履行披露义务应当承担何种不利后果作出明确的规定，从而使得其规定的披露义务不免有"没长牙的纸老虎"之嫌，披露义务的威慑力和效果大打折扣。虽然 ETSI 也规定了不利后果，但只是一种抽象、概括的规定，并没有明确规定会员可能承担何种不利后果，而只是一般性地规定当会员违反 ETSI 知识产权政策时——会员未履行披露义务自然也在此范围之内——ETSI 大会可以依据相关规章决定对会员的这种行为采取何种行动。这种相对抽象的规定不仅大大减损了威慑力，而且也会使得 ETSI 会员没有明确的预期。

JEDEC 对披露义务作了较为详细的规定，尤其是对会员未履行披露义务时所可能承担的不利后果也依据是初次违反还是再次违反作了区分：如果是初次违反，则暂停该会员参与 JEDEC 的资格；如果是再次违反，则将撤销其参与 JEDEC 的这种资格。这既形成了一定的威慑，同时也给了会员一定"改过自新"的机会。不过，JEDEC 所规定的这种不利后果形式过于单一，暂停或撤销违反披露政策的会员参与 JEDEC 的资格尽管后果很严重，但也不免太过严苛，如果因为会员未披露其可能拥有的必要专利而将其拒之于 JEDEC 之外，这对于 JEDEC 自身的发展和标准的制定也是不利的。

本书认为，最为恰当的方式应当是在尽可能确保将会员保留在标准制定组织之内的前提下，通过相关制度设计促使会员不敢乃至自愿披露必要专利，中止或终止其会员资格应当只能作为最后的选择。

## 二　主要 SSO 披露政策的实践效果

SSO 的披露政策在抑制专利权人的欺诈行为方面究竟能够发挥何种作用，这需要以实践效果作为评判依据。在上文中对 W3C、IEEE、ETSI 和 JEDEC 四个标准制定组织的披露政策进行了考察，而且出于时效性的考虑，本书只对这些 SSO 最新的专利政策进行了研究。例如尽管 JEDEC 在 20 世纪 90 年代就已经制定了专利政策，但本书所研究的是其在 2015 年 7

月的最新版本。这对于应用实践标准考察专利政策的效果造成了一定的麻烦，那就是某些专利权人未按照 SSO 最初的专利政策进行披露，这只能说明这些最初颁布的专利政策实践效果不佳，而不能证明 SSO 已经修订的最新的专利政策实践效果也很差。的确如此，不断完善的专利政策可能会促使专利权人去主动披露自己所拥有的潜在必要专利，而之前所存在的一些未披露案例与 SSO 最新修订的专利政策之间的效果之间并没有直接关联。但是，无论 SSO 的专利政策如何完善，其对于专利权人所应履行的披露义务中最基本的规定必然基本相同，那就是专利权人必须向 SSO 披露其所拥有的潜在必要专利。因此，考察 SSO 披露政策是否真正具有效果，最为核心的标准就是专利权人是否进行了披露。如果披露政策本身无法有效制止专利权人的欺诈行为的话，那么该披露政策自然也就不具有效果了。

### 1. Dell 案和 Rambus 案

在前文所述的 Dell 案中，如同其他的标准制定组织一样，VESA 也制定了政策，要求其会员必须确认他们已经披露了任何潜在可能引发冲突的专利权，VESA 要求其成员——包括 Dell——确认他们是否有任何专利、商标或著作权可能会与 VL-BUS 标准具有潜在的冲突。[①] VESA 披露政策不仅要求会员主动进行披露，而且还要求会员再次确认其是否拥有可能与标准相冲突的专利等，从这一点来说，VESA 的披露政策不能不说是很完备。但是，如此完备的披露政策也没能有效防止 Dell 故意隐瞒其所拥有的潜在必要专利，VESA 的披露政策至少在 Dell 案中形同虚设。

在 Rambus 案中，JEDEC 在其专利政策中要求其会员必须披露与 JE-DEC 工作相关的专利和专利申请。尽管 JEDEC 专利政策被批评并不明确，"该政策并没有明确界定其会员应当披露什么、何时披露、怎样披露、向谁披露？"[②]但是即便是不明确的专利政策还是包含了最基本的披露要求，即会员应当将其所拥有的潜在必要专利向 JEDEC 进行披露。JEDEC 在制

---

① See David R. Steinman, Danielle S. Fitzpatrick, Antitrust Counterclaims in Patent Infringement Cases: A Guide to Walker Process and Sham-Litigation Claims, 10 Tex. Intell. Prop. L. J. 95, pp. 106 – 107.

② See Rambus II, 318 F. 3d 1081, 1102 (Fed. Cir. 2003).

定 SDRAM 标准时，Rambus 已经是 JEDEC 的会员，但是直到 JEDEC 已经颁布 SDRAM 标准以后，Rambus 才披露了其所拥有的专利。[①] JEDEC 的披露政策同样没有发挥作用。

2. 摩托罗拉（Motorola）案[②]

Dell 案年代距今较远，而在最近一些年的案子中，同样存在专利权人不向标准制定组织披露其所拥有的潜在必要专利的情形。例如摩托罗拉就未曾向 ETSI 披露其所持有的专利。

2002 年，摩托罗拉向 ETSI 和 3G 小组声明，其所持有的 6，175，559 专利（简称 559 专利，下同）、6，246，697 专利（697 专利）和 6，359，898 专利（898 专利）是 ETSI 和 3G 小组所制定标准中必要或潜在必要的专利。2002 年 12 月 20 日，摩托罗拉向 ETSI 作出书面说明，同意依据公平、合理和无歧视的原则许可其"559 专利"和"697 专利"。2003 年，摩托罗拉向 ETSI 作出说明，同意依据 ETSI 的专利政策许可其"898 专利"。对于摩托罗拉所拥有的这些专利，下面我们将逐一探究其是否依据 ETSI 的披露政策履行了披露义务。

首先，就"697 专利"而言，摩托罗拉在 1998 年 1 月 24 日就提起了专利申请。同年 3 月，摩托罗拉建议在 SMG2（这是 3G 项目中 3GPP 标准中的一部分）中使用"697 专利"技术，然而在 SMG2 的会议上，摩托罗拉并没有向 ETSI 披露"697 专利"或专利申请。1999 年 12 月，3G 项目完成了 3GPP 标准的制定，该标准中包含有"697 专利"所覆盖的技术。2001 年 6 月 12 日，"697 专利"发布。2002 年 9 月 20 日，摩托罗拉向 ETSI 披露了其所持有的"697 专利"。由此可见，在 3GPP 标准制定的过程中，摩托罗拉并没有遵循 ETSI 的专利政策[③]，未能尽到合理努力向 ETSI 披露其所持有的"697 专利"技术或专利申请，而是在 3GPP 标准制定完成一年多以后才向 ETSI 进行披露。这显然违反了 ETSI 的披露政策。

---

[①] See Nicos L. Tsilas, Toward Greater Clarity and Consistency in Patent Disclosure Policies in a Post-Rambus World, 17 Harv. J. L. & Tech. 475, p. 482.

[②] See Apple, Inc. v. Motorola Mobility, Inc., 886 F. Supp. 2d 1061 (2012).

[③] 关于 ETSI 专利政策中有关披露义务的规定，可参见前文的相关介绍，也可参见 ETSI 的知识产权政策：ETSI Intellectual Property Rights Policy, available at: http://www.etsi.org/images/files/IPR/etsi-ipr-policy.pdf。

其次，就"559 专利"来看，摩托罗拉在 1999 年 7 月 7 日提出了专利申请。1999 年 7 月 13 日至 16 日，ETSI 在芬兰召开会议，摩托罗拉派代表参加，摩托罗拉建议在 ETSI 所制定的 UMTS 标准中纳入被"559 专利"所覆盖的技术。但是摩托罗拉并没有披露"559 专利"申请的情况。2000 年 3 月，UMTS 标准制定完成。"559 专利"也在 2001 年 1 月 16 日得以批准。但摩托罗拉直到 2002 年 9 月才向 ETSI 披露"559 专利"。如果摩托罗拉在其提出专利申请时就知道该技术可能被纳入标准之中，那么就应当在其提出专利申请之时也即 1999 年 7 月 7 日向 ETSI 进行披露。即便其在提出专利申请时不知道该技术可能被纳入标准，那么其在参加 1999 年 7 月 13 日至 16 日的会议时，对于这种可能性的存在应该是有较大把握的。因为在该次会议上摩托罗拉明确提出将"559 专利"所覆盖的技术纳入 UMTS 标准，但摩托罗拉却并未进行披露，甚至是故意隐瞒了"559 专利"申请。摩托罗拉的"898 专利"也存在类似于"697 专利"和"559 专利"的情形，摩托罗拉也是在 2001 年 4 月 ETSI 公布了 GPRS 标准以后才在 2003 年 4 月 8 日向 ETSI 披露其所拥有的"898 专利"。

总之，摩托罗拉对于其正在就某些技术申请专利这一情况，并没有向正在制定标准的 ETSI 进行披露。相反还建议 ETSI 将这些可能被授予专利的技术纳入标准之中。直到专利被授予以后，摩托罗拉才向 ETSI 披露专利，而这些专利所覆盖的技术早已被标准所包含，因此覆盖这些技术的专利自然也就成为标准必要专利。摩托罗拉在标准制定完成以后进行披露，这本身对于标准制定已经无法产生任何作用了。因为通常而言，标准制定组织不可能将早已得到广泛采纳的标准中之前未披露的专利技术替换掉。可见，ETSI 的披露政策对于摩托罗拉而言形同虚设，摩托罗拉不是一次而是多次违反 ETSI 披露政策的要求。

3. 高通（Qualcomm）案①

2005 年 7 月 1 日，博通（Broadcom）公司向美国新泽西地区法院起诉高通，指控高通损害了无线移动通信设备技术和芯片市场的竞争，并且还故意不当操纵了许多标准制定过程。2007 年 11 月 2 日，博通再次提

---

① See Broadcom Corp. v. Qualcomm Inc. , 2009 WL 650576. Only the Westlaw citation is currently available.

起诉讼。2008 年 9 月 3 日，该案被转移至加利福尼亚南部地区法院。这一系列的诉讼揭示了高通在相关标准制定过程中，存在并未按照标准制定组织披露政策进行披露的行为。

高通在 GSM、GPRS 和 EDGE 标准中至少拥有 104 项标准必要专利或专利申请。然而，高通却故意未按时披露这些专利情况，从而违反了 ET-SI 的知识产权政策。由于高通未能及时向 ETSI 披露其所持有的必要专利，而且拒绝依据 FRAND 原则许可其专利，从而使得高通能够针对实施 GSM、GPRS 和 EDGE 标准的企业提出垄断性的许可条件。

联合视频组（the Joint Video Team，JVT）是一个专门致力于制定数字视频压缩标准的标准制定组织。H.264 就是由 JVT 制定的一项视频压缩标准。高通宣称自己在 H.264 标准中至少拥有两项专利。高通参与了 H.246 标准的制定过程，JVT 政策要求参与者必须披露那些对于 H.264 标准而言可能是必要的专利。然而高通却故意不及时披露其所拥有的必要专利。法院认为高通不及时披露专利以及拒绝遵循 FRAND 原则的行为，损害了博通公司的利益，干预了博通公司依据 H.264 标准开发和销售半导体设备，而且这也使得高通能够针对那些实施 H.264 标准的企业提出垄断性的许可条件。

IEEE 802.20 工作组是 IEEE 中专门制定 802.20 标准（有时也称作 4G 无线标准）的组织。高通和博通都是该标准制定组织的会员且都参与了该标准的制定。高通通过采取一些不正当的手段，试图诱使 802.20 工作组在该标准中采用高通的专利技术，包括通过不正当的方式影响投票，聘请 802.20 工作组的负责人为"独立咨询顾问"并借此向其支付报酬。此外，高通还未及时向 802.20 工作组披露这种财务关系。

4. 总结

SSO 为了预防标准制定过程中的欺诈行为，通常都会制定披露政策，要求会员及时将其所拥有的、可能被纳入标准的专利技术向 SSO 进行披露。如果 SSO 的披露政策都能够得到严格遵循的话，那么也就自然不会存在所谓的"专利伏击"行为了，SSO 在制定标准时也可以在不同的技术中进行择优选择，从而保障所制定标准的先进性。而且，更为重要的是，因标准化而获致的垄断力能够得到更好的限制：SSO 可以从一开始就同所有可能被纳入标准的技术的所有人分别进行更为细致的、有针对性的商谈，使得每一个技术所有人能够真切感受到来自其他替代技术的竞争压力。在这种进入标准的竞争之下，每一个技术所有人才可能真正愿意接受 FRAND 许可原则的约束，并且可以进一步将这种约束具体化，这要远远比抽象的 FRAND 原则更有效果。

但是在实践中，SSO 的披露政策在很多时候都流于形式，对于许多专利权人而言没有任何实质性的约束力。专利权人不提前披露专利技术信息，而是待标准制定完成以后再向标准实施者提出垄断性的许可条件，这种行为仍然屡见不鲜。上述的 Dell 案、Rambus 案、Motorola 案和 Qualcomm 案都是典型的案例。这说明 SSO 所制定的披露政策在实践中所能够发挥的作用微乎其微。许多专利权人非但不按照要求主动披露其专利，反而采取种种措施进行隐瞒，采用"特洛伊木马"式的方法推动自己的专利被纳入标准之中。一旦披露政策这一道"屏障"被轻易地跨越，那么专利权人的专利就能够很容易地被纳入标准从而成为标准必要专利了。如果专利权人不进行披露，那么至少说明其具有希望获得专利化所带来的垄断力的意图，一旦达到了该目的，则后续的专利劫持等行为的发生也就是"自然而然"的事了。

### 三 SSO 披露政策存在的问题及改进

SSO 的披露政策在实践中运行的效果并不好，这说明披露政策本身存在一定的问题或漏洞。许多专利权人"钻了"披露政策的空子，仍然毫无顾忌地拒绝主动披露自己所拥有的潜在必要专利。SSO 是预防和解决标准必要专利所引发的垄断问题的第一道"关卡"，而 SSO 的披露政策则又是这第一道"关卡"中的第一道"屏障"，其重要意义不言而喻。前文对数个典型 SSO 的披露政策进行了研究，认为从总体上而言 SSO 披露政策之所以效果不佳，主要原因包括以下几个方面，相应地，也可以从下述这些方面来予以完善。

1. SSO 披露政策存在的问题

第一，披露政策对专利权人不主动披露必要专利所应承担的不利后果的规定方面存在不足。有的 SSO 对专利权人所应承担的不利后果根本就没有作出明确的规定（如 IEEE），有的 SSO 只是作出了非常抽象的规定（如 ETSI），如此一来，即便 SSO 所规定的披露义务很完善，也会因为没有威慑力而难以发挥基本的效果。有的 SSO 虽然作出了非常具体的规定,但所规定的不利后果又过于单一(如 JEDEC)。SSO 披露政策对不利后果规定方面所存在的缺陷,使得专利权人不及时主动披露必要专利的"违法"成本过低;而这种不披露行为将更"有利于"专利权人的专利技术被纳入标准,由此而带来的利益是巨大的。因此,专利权人出于自身利益最大化的考虑,通常而言必定会选择不披露。

第二,披露政策过度依赖于专利权人的主动披露而忽视了 SSO 主动检索的必要性。有观点认为,由 SSO 去调查、核实潜在的必要专利成本过高,而且 SSO 制定的标准数量众多,这些都决定了 SSO 不可能主动地去展开调查。[①]不可否认,由 SSO 主动调查核实拟纳入标准的技术是否已申请或正在申请专利确实存在很大的困难,这也是为什么绝大多数的 SSO 都依靠专利权人主动披露的原因所在;但是,如果 SSO 完全放弃主动检索而完全被动地依赖于专利权人的披露,是存在很大风险的,实践也证明了这一点。在不履行披露义务所应承担的不利后果方面的规定尚不健全的情况之下,SSO 所依赖的这种披露,实际上就主要建立在专利权人的诚实信用基础之上了;然而巨大的利益诱惑很容易使得这种诚实信用基础受到腐蚀。

第三,披露政策中的专利检索豁免规定并不适宜。在马克·A. 莱姆利教授所调查的 43 个 SSO 中,仅有美国国家标准与技术研究所(National Institute of Standards and Technology,NIST)明确要求披露义务人展开专利检索。[②]目前大多数 SSO 都在知识产权政策中规定披露义务人不负有对潜在的必要专利展开检索的义务。例如 JEDEC 就明确规定:"无论是委员会成员还是其代表都没有任何义务对潜在的必要专利展开调查。"[③]豁免披露义务人的检索义务有其一定的合理性,可避免向其施加过重的披露义务。但是,在当前专利权人对其尚无须进行检索的专利都不主动进行披露的

---

① 参见马海生《标准化组织的专利披露政策实证分析》,《电子知识产权》2009 年第 6 期。

② See Mark A. Lemley, Intellectual Property Rights and Standard-Setting Organizations, 90 Cal. L. Rev. 1889, Appendix (2002).

③ JEDEC Manual of Organization and procedure, "However, neither Committee Members nor Representatives shall have any obligation to conduct a search for Potentially Essential Patents", available at: http://www.jedec.org/sites/default/files/JM21R.pdf, last visited on: 2018.09.24.

情况下，专利检索的豁免很有可能进一步助长这种趋势。

第四，披露政策不要求标准制定组织对披露的信息进行实质性审查。目前大多数标准制定组织都不会对专利权人所披露的信息进行实质性审查，从而很难保证所披露的专利是否完整和准确，重复披露、披露不全等现象将不可避免。标准制定组织也不会对专利权人所披露的专利是否真正属于"标准必要专利"进行判断。在标准制定组织看来，"在标准制定过程中，标准化组织的任务是为技术标准选择最适宜的组成技术，即标准化组织是在做技术判断，至于这些被选定的技术是否落入了他人专利的保护范围，是法律问题，并不应该由标准化组织承担鉴定任务，标准化组织的工程技术人员也没有能力做这种鉴定，这种鉴定工作还容易耽搁标准制定进程，使标准制定工作的方向发生错误。"[①]标准制定组织将这种鉴定专利技术的事项归为法律问题，实际上也就是将纠纷完全交由司法机关来予以解决，这是标准制定组织推卸责任的一种表现。而且，标准制定组织非但不是没有能力进行鉴定，反而相比于法院等机构而言，标准制定组织具有更强的专业能力。标准制定组织如果不对专利权人所披露的专利信息进行实质性审查，则披露制度无异于形同虚设，不利于对专利权人的披露行为形成有效约束。标准制定组织将无法过滤掉那些非标准必要专利，相反，标准制定组织反而为那些非标准必要专利进行了"背书"，极端情况下专利权人主张在标准中拥有的"标准必要专利"的数量将极高。这明显违背了标准制定中应当尽可能少地纳入专利的原则。

2. SSO 披露政策的改进

针对上述所分析的 SSO 披露政策中存在的问题，我们认为可以相应地从以下几个方面予以改进。

第一，SSO 应当在披露政策中明确规定披露义务人违反披露义务所应当承担的不利后果。鉴于当前不主动披露的现象比较普遍和严重，应当"乱世用重典"，规定更为严苛的责任制度。一般而言，当披露义务人未按要求进行披露时，SSO 要求其承担的责任主要有三种，即强制其依据

---

[①]　马海生：《技术标准中的"必要专利"问题研究》，《知识产权》2009 年第 2 期。

FRAND 原则进行许可，降低专利许可费，以及强制其进行免费许可。[1]首先，上述三种责任形式中，强制依据 FRAND 原则进行许可在 SSO 的许可政策中本来就会规定，因此即便要求专利权人承担此种责任，亦只不过是重申了 FRAND 原则而已，专利权人不会感到"额外"的负担。其次，就"降低专利许可费"这种责任形式来说，责任内容过于笼统，而且降低后的专利许可费可能仍然——而且绝大多数情况下都会——在 FRAND 许可费范围内，因而这种责任形式对专利权人也没有威慑力。最后，强制进行免费许可这种责任形式对专利权人而言确实具有较大的震慑作用，这意味着专利权人谋求将自己的专利纳入标准的种种努力都将付之东流。但事实远非如此简单，因为在实践中完全采用强制免费许可政策的 SSO 并不多。[2]即便采用免费许可政策，也只是作为一种替代性的方案，有的 SSO 同时规定了免费许可政策和 FRAND 许可政策。退一步而言，即便只有强制免费许可这样一种责任形式，其对专利权人的威慑作用同样是有限的。因为对于专利权人而言最坏的结果充其量就是无法获得专利许可费，这实际上只是一种预期的增量利益的损失。尽管这也是一种利益的损失，但相较于存量利益的损失而言，增量利益损失所带来的痛苦与震慑显然要比存量利益的损失弱。鉴于此，我们认为 SSO 应当将惩罚的范围延伸到未履行披露义务专利权人的存量利益之上，唯有如此，才能够真正发挥责任的威慑效果。

　　第二，SSO 不应当过度依赖于专利权人的主动披露，而应当通过多种形式主动去调查所制定的标准是否会包含专利技术。如果说 SSO 不可能对其所制定的众多标准中所包含的所有技术进行调查的话——事实上也的确如此，那么其不妨从重要标准中所可能包含的重要技术入手，调查这些技术是否是专利技术或正在申请专利。例如 SSO 可以向相关国家的知识产权局咨询标准制定过程中所可能包含的技术是否已经被授予专利或正在申请专利。SSO 的这种主动调查实际上就是一种专利检索，它能够在专利权人的主动披露之外再提供一种保障，避免单一依靠专利权人的主动披露所带来的风险。有学者认为，随着专利数据库的建立，专利权

---

① 参见张平《论涉及技术标准专利侵犯救济的限制》，《科技与法律》2013 年第 5 期。

② 可参见前引 Mark A. Lemley 文中对 43 个 SSO 所做的研究。

人相对于 SSO 以及 SSO 的其他会员而言，在检索潜在的相关专利方面不再拥有比较优势。而且，由 SSO 进行检索还更具成本优势（cost-effective），可以由 SSO 向其会员收取费用，作为 SSO 对潜在的相关专利进行检索的资金支持。此外，由 SSO 进行专利检索——而不是依赖于 SSO 的会员各自对其专利组合展开检索——的一个最重要的优势就是，SSO 更有可能发现那些不属于 SSO 会员的潜在相关专利。①

第三，SSO 应当在披露政策中尽可能地缩窄专利检索的豁免范围。目前大多数 SSO 的披露政策只要求专利权人披露依据其自己掌握的信息能够确信涉及专利的技术，而不要求其主动展开专利检索。专利权人主动披露其确信有可能涉及标准制定的专利技术的动力不足，而这种专利检索全面豁免的规定将进一步打消专利权人原本就很弱的这种积极性，为专利权人不主动进行披露留下了后路。我们认为应当尽可能地缩窄甚至取消专利检索的豁免，从而堵住专利权人的这条后路，这样至少可以促使专利权人主动披露那些其确信可能属于潜在必要专利的信息。另外，缩窄乃至取消专利检索豁免，也可以发挥其他利益相关方进行披露的优势。尤其是那些相似技术的所有者，彼此之间对于对方技术是否可能涉及专利相对于其他主体而言有更好的了解。如果能够发挥专利权人的竞争者的这种信息优势，促使其向 SSO 告知那些为专利权人所隐瞒的专利信息，则也不失为一条蹊径。换言之，通过取消专利检索豁免，发挥 SSO 其他会员的积极性，能够发挥专利权人以外的其他会员的信息优势。这对于专利权人而言也是一种督促。

第四，标准制定组织应当对披露的专利展开实质性审查。标准制定组织应当对专利权人所披露专利的真实性、时效性和重要性等进行评判，将那些虚假的、失效的和不重要的专利排除在标准之外，从而使得最终能够被纳入标准的专利确实是对标准制定至关重要而且标准无法绕开的专利，从而体现标准必要专利的"必要"特征。在对专利进行实质性审查时，标准制定组织也要尽可能发挥第三方力量的优势。标准中纳入专利对于竞争者、标准实施者影响重大，某个专利权人的专利被纳入专利，

①  See David J. Teece, Edward F. Sherry, Standards Setting and Antitrust, 87 Minn. L. Rev. 1913, pp. 1946–1947 (2003).

就意味与其具有竞争关系的专利权人类似的专利技术将被排斥在标准之外，因此竞争者必然会对那些潜在的被纳入标准的专利尤为关注，来自竞争者的审查对于专利权的实质性判断也十分重要。另外，标准实施者也会紧密关注标准制定过程中纳入专利的情况，因为标准实施者将可能为这些潜在被纳入标准的专利支付许可费。为了保障竞争者以及标准实施者辅助进行实质性审查，就要求标准制定组织适当地公开专利权人所披露的专利信息。

# 第三节　SSO 的许可政策

SSO 披露政策的主要目的其实是希望通过专利权人的披露，使得 SSO 能够对标准制定中所可能包含的专利技术有一个较为全面的了解。只有这样，SSO 才能够在标准的制定过程中始终居于主导性的地位，否则很有可能被个别专利权人攫取。标准制定的一个原则就是要尽可能地不纳入专利。因为如果纳入专利或所纳入的专利数量过多的话，将大大提高标准实施者实施这些标准的成本，这不利于标准的推广。但是，标准又不可能完全不包含专利，因为只有纳入某些专利技术，才能够保证标准的先进性。而且，某些专利技术还可能是无法"绕过"的。对于这些必须纳入标准的专利，即标准必要专利（SEP），为了防止 SEP 权利人利用 SEP 所具有的垄断力在许可过程中向标准实施者提出不合理的许可条件，大多数 SSO 都会在自己的知识产权政策中规定具体的许可政策，最主要的就是 FRAND 许可原则，以对 SEP 权利人的专利许可行为进行约束。

## 一　主要 SSO 许可政策探究

通过对 SSO 许可政策展开研究，了解 SSO 许可政策的具体内容，这能确保对 FRAND 原则的分析建立在坚实的基础之上，而非脱离 FRAND 原则的真正的来源而纯粹从抽象层面进行理解和阐释。

1. SSO 样本的选择

在众多的 SSO 中，究竟应选择哪些 SSO 的许可政策？如果选择不当，则被选择的 SSO 很有可能不具代表性，无法反映出一般 SSO 许可政策的特征。本书在选择时，坚持两个标准，第一，被选择的 SSO 应当是标准必要专利反垄断领域影响深远的重大案件所涉及的SSO;第二,被选择的SSO应当是在过去十多年间案件数量涉及最多的SSO。第一个标准是从单个案件的"质量"——具有重要影响力的典型案件——方面而言的,而第二个标准则是从案件的总"数量"方面进行的考虑。

首先,依据第一个标准,在最近数年中,具有重要影响力的案件主要包括微软诉摩托罗拉案[1],苹果诉三星案[2],苹果诉摩托罗拉案[3],博通诉高通案[4]。这些案件之所以具有重大的影响力,一方面是由于微软、摩托罗拉、苹果和高通这些公司在全世界都具有很高的知名度,涉及这些公司的案件自然能够引起广泛的关注;另一方面这些案件所涉及的领域往往都与互联网、移动智能终端等有关,而这些产品都是与人们的生活密切相关的,因此案件的结果影响深远。在微软诉摩托罗拉案中,纠纷主要涉及的是H. 264视频编码标准和802.11无线局域网标准,H. 264标准是由国际电信联盟(ITU)制定的,802.11标准是由IEEE制定的。在苹果诉三星案中,纠纷主要涉及的是通用移动通信标准(Universal Mobile Telecommunications Standard, UMTS),该标准是由ETSI制定的。在苹果诉摩托罗拉案中,纠纷主要涉及UMTS标准和全球移动通信系统标准(Global System for Mobile Communications Standard),以及802. 11标准,前两个标准是由ETSI制定的,802.11标准是由IEEE制定的。在博通诉高通案中,纠纷主要涉及的是UMTS标准,该标准是由ETSI制定的。因此上述四个案件中所涉及的SSO为ITU、IEEE和ETSI。

其次,依据第二个标准,从案件数量方面来考虑。乔治·L. 孔特雷拉斯教授曾对1995年至2012年间美国涉及FRAND纠纷的案件进行了列举,共有23个案件。这23个案件中都涉及相关的标准,这些标准都是由不同的SSO制定的。其中只涉及ITU的有2个案件,只涉及ETSI的有8个案件,只涉及IEEE的有4个案件,同时涉及ETSI和IEEE的有2个案

---

[1] Microsoft Corp. v. Motorola, Inc, 696 F. 3d 872, (Ninth Circuit, 2012).

[2] Apple, Inc. v. Samsung Electronics Co., Ltd., No. 11 - CV - 01846 - LHK, 2012 WL 2571719, at *1 (N. D. Cal. June 30, 2012).

[3] Apple, Inc. v. Motorola Mobility, Inc., No. 11 - cv - 178 - bbc, 2012 WL 5416941, at *2 (W. D. Wisc. Oct. 29, 2012).

[4] Broadcom Corp. v. Qualcomm Inc., 501 F. 3d 297, 303 (3d Cir. 2007).

件,同时涉及 ITU 和 IEEE 的有 1 个案件,同时涉及 ITU、ETSI 和 IEEE 的有 1 个案件,另外,还有 1 个案件涉及 ITU 和 ISO。也就是说,在这 23 个案件中,至少涉及 ITU、ETSI 或 IEEE 其中一个的案件数量达到了 19 个之多。①因此,从数量方面来看,因 ITU、ETSI 和 IEEE 所制定的标准而引发的纠纷也占了过去一段时间内 FRAND 纠纷的大多数。

依据上述两个标准的考察之后,我们认为 ITU、IEEE 和 ETSI 这三个 SSO 具有典型性,也具有重要的影响力,因此下面将重点考察这三个 SSO 的许可政策。

2. 国际电信联盟(ITU)许可政策考察

2007 年,ITU、国际电工委员会(International Electrotechnical Commission,IEC)和国际标准组织(International Organization for Standardization,ISO)三个国际性的标准组织制定了共同的专利政策——ITU-T/ITU-R/ISO/IEC 通用专利政策(Common Patent Policy for ITU-T/ITU-R/ISO/IEC),该专利政策简单明了。ITU-T 和 ITU-R 制定的标准称之为"推荐"("Recommendations"),IEC 和 ISO 制定的标准称之为"可交付成果"("Deliverables")。在该专利政策中,ITU 要求其会员向 ITU 披露有关专利或专利申请的信息,如果这些信息被披露,那么可能会出现三种许可情形:(1)专利权人愿意免费(free of charge)许可其专利,并且在非歧视的基础之上就合理的许可条款和条件与其他当事人进行协商。ITU 认为这种协商应当由相关当事方在 ITU 之外自行进行。(2)专利权人愿意在非歧视的基础之上就合理的许可条款和条件与其他当事人进行协商。ITU 认为这种协商应当由相关当事方在 ITU 之外自行进行。(3)如果专利权人不愿意依照(1)、(2)进行许可,那么标准就不应当包含该专利技术。②

由于"通用专利政策"的内容十分简单,为了更好地实施该政策,ITU、ISO 和 IEC 在 2007 年又颁布了相关实施指南,对"通用专利政策"

① See Jorge L. Contreras, Fixing FRAND: a Pseudo-Pool Approach to Standards-Based Patent Licensing, 79 Antitrust L. J. 47, p. 95, Appendix (2013).

② See "Common Patent Policy for ITU-T/ITU-R/ISO/IEC", available at: http://www.itu.int/en/ITU-T/ipr/Pages/policy.aspx, last visited on 2018.09.25.

作了进一步的解释。①该实施指南后来又分别于 2012 年 4 月 23 日和 2015 年 6 月 26 日进行了修订。该实施指南指出，ITU 不会干预许可谈判（should not interfere with licensing negotiations），也不会参与专利纠纷的解决（should not engage in settling disputes on patents），认为这些事务都应当留给相关当事方去解决。实施指南没有对上述三种可能的情形作进一步阐述，只是对第一种情形中的"免费"（"free of charge"）作了解释："免费"并不意味着专利权人放弃了所有与专利有关的权利，而只表明专利权人将不会在许可时寻求任何财产补偿；尽管如此，专利权人仍然有权要求与被许可人签订许可协议，规定其他一些合理的条款或条件，例如管辖法律、使用范围等。

可见，ITU 在许可政策中其实只是规定了免费许可、依据 RAND 原则许可两种情形，如果专利权人不遵循这两种许可原则之一的话，那么其专利技术将不会被纳入标准之中。至于如何进行许可，ITU 认为应当由各当事方自行进行协商。

3. IEEE 许可政策考察

IEEE 的 802.11Wi‑Fi 标准广泛应用于智能手机以及其他一些移动智能终端，该标准所包含的许多技术为众多的标准必要专利权人所拥有。2015 年，IEEE 对专利政策进行了重大修订，IEEE 成为第一个对如何计算 FRAND 许可费作出规定的标准制定组织。事实上，这也是 IEEE 响应美国司法部反垄断局的号召而作出的修订，反垄断局曾督促标准制定组织修改专利政策，对 FRAND 许可费进行必要的限制。早在 2012 年，美国司法部反垄断局的负责人瑞娜塔·B. 海塞指出，SEP 权利人有可能从事"专利劫持"的行为，从而获得不合理的高价，而这远远比标准制定之前要高。因此海塞建议标准制定组织修订专利政策，对一些重要问题作出具体规定，包括：明确许可条款的约束力，禁止 SEP 权利人要求被许可人进行交叉许可，限制 SEP 权利人寻求禁令、制定确定 FRAND 许可

---

① See "Guidelines for Implementation of the Common Patent Policy for ITU‑T/ITU‑R/ISO/IEC", available at: http://www.itu.int/dms_pub/itu‑t/oth/04/04/T04040000010004PDFE.pdf, last visited on 2018.09.25.

条款的指南等。①为了确保专利政策修订不会引发相关反垄断问题，IEEE
在正式批准修订方案前还向反垄断局寻求一封商业评论信（business re-
view letter），以进一步确定这些修订是与竞争法相符的。

（1）合理许可费（reasonable rate）的确定

涉及许可政策的部分，其中最重要的一点就是 IEEE 对什么是"合理
许可费"（Reasonable Rate）作出了具体界定。"合理许可费"是指为了
实施必要专利而向专利权人支付的合理补偿，但不包括因必要专利被纳
入 IEEE 标准而产生的价值增值（如果有的话）。IEEE 还建议，在决定上
述合理许可费时可以考虑三个因素。②这三个因素极为重要，是 IEEE 许可
政策中的核心内容，并且许可政策修订于 2015 年完成，目前国内尚未对
该三个要素展开系统研究，仅有的两份有所涉及的文献也仅点到为止③。
加上修订后的专利政策对这三个因素的表述十分令人费解，因此，我们
认为有必要将原文予以展现，并逐一进行分析，呈现出专业与晦涩表达
后的真正含义。事实上，IEEE 标准协会也发布了一份《理解 IEEE 标准
制定过程中的专利问题》（*Understanding Patent Issues During IEEE Stand-
ards Development*）的指南④（以下简称《指南》），对修订后的专利政策作
了详细解释，这对于我们的理解具有重要的帮助。《指南》通过对 86 个
问题自问自答的形式，对修订后的专利政策进行了解释。其中，关于
"合理许可费"的解释，主要集中在第 42—47（包括 47A）问题中。而对

①　See J. Gregory Sidak, the Antitrust Division's Devaluation of Standard-Essential Patents, 104
Geo. L. J. Online 48, p. 49（2015）.

②　IEEE：IEEE-SA Standards Board Bylaws, available at http：//standards. ieee. org/develop/
policies/bylaws/sb_bylaws. pdf, last visited on：2018. 09. 26.

③　其中的一份是李慧颖：《专利劫持和反向专利劫持的法律关注》,《竞争政策研究》2015
年第 2 期。该文献所研究的尚是美国司法部反垄断局 2015 年 2 月对 IEEE 的回复函，IEEE 直到
2015 年 12 月才正式公布修订后的专利政策，尽管内容并没有实质性的改变，不影响其分析，但
该文仅分析了第一个考虑因素。第二份是刘智洋对 IEEE 标准协会首席执行官 Karachalios 的采访
稿：《标准专利政策更清晰，以技术增进人类福祉——对话 IEEE 标准协会首席执行官康斯坦丁
诺·卡拉卡琉斯博士》, China Standardization, 2016 年第 3 期。该采访稿中卡拉卡琉斯对修订后的
专利政策中包含的这三个考虑因素进行了介绍，刘智洋进行了翻译，但翻译存在一定的遗漏，并
且主要注重的是常识性的介绍，也不能苛求其对专业术语有严格把握。

④　IEEE Standards Association："Understanding Patent Issues During IEEE Standards Develop-
ment", available at：http：//standards. ieee. org/faqs/patents. pdf, last visited on 2018. 09. 26.

于上述三个需要考虑的因素的解释，为第 43—46 问题。上述的三个因素具体规定及分析如下：

1）The value that the functionality of the claimed invention or inventive feature within the Essential Patent Claim contributes to the value of the relevant functionality of the smallest saleable Compliant Implementation that practices the Essential Patent Claim.

首先需要理解的是"Compliant Implementation"。专利政策中对此作出了如下解释："Compliant Implementation"是指符合 IEEE 标准中任何强制性或任意性规范条款的任何产品（例如元件、配件或成品）或服务，即依据 IEEE 标准而生产的产品或提供的服务，可简称为"合标产品"。

第 43 问题重点解释了什么是"最小可销售合标产品的相关功能价值"（"the value of the relevant functionality of the smallest saleable Compliant Implementation"）。《指南》解释道：实施必要专利的最小可销售合标产品可能具有多种功能。例如，如果某个最小可销售的合标产品是依据 IEEE 的 1284™、RS－232 和 USB 标准生产的，但是必要专利却仅与 1284 标准有关，在这种情况下，相关功能（"relevant functionality"）就仅指 IEEE 1284 标准的功能。相关方就应当考虑必要专利中的发明对这一相关功能的价值贡献。换言之，虽然最小可销售合标产品同时采纳了上述三种标准，但专利权人的必要专利并不是这三个标准共同的必要专利，而仅仅是 1284 标准的必要专利，严格说来，专利权人所拥有的必要专利就是"1284 标准必要专利"。因此，在这种情况下，判断专利权人必要专利发明的价值时，就只能考察其发明对 1284 标准的价值。

第 44 问题对"实施必要专利的最小可销售合标产品"（"smallest saleable Compliant Implementation that practices the Essential Patent Claim"）进行了解释。《指南》指出，确定什么是实施必要专利的最小可销售合标产品，取决于两个方面的因素，即专利的权利要求，以及实施标准的合标产品。例如，假设一个元件是依据 IEEE 802.11 标准生产的产品，并且也实施了必要专利。该元件后来在一个娱乐系统中被使用，该娱乐系统后来又被安装到了飞机上。那么在这种情况下，该元件就是实施 IEEE 802.11 标准的最小可销售合标产品。最小可销售合标产品是 IEEE 许可政策中的一个核心，只有对什么是最小可销售合标产品进行准确界定，建立在此基础之上的许可政策才真正具有可操作性。最小可销售合标产品的范围界定至关重要，如果太小，则必要专利的价值无法准确体现；如果太大，则必要专利的价值又会被高估。例如在上述这个例子中，如果将最小可销售合标产品界定为飞机的话，则显然是极不合理的，因为飞机并不是实施 802.11 标准某项必要专利的最小可销售合标产品；该娱乐系统相对于飞机而言，虽然是实施必要专利的更小的合标产品，但其仍然不是最小的合标产品。经过逐层分解以后，就只有该元件是实施该必要专利的最小合标产品了。那么该元件还能否再分解呢，也许在物理上是可能的，但是如果一旦分解为更小的子元件之后，该子元件无法进行销售了，则该子元件就不是最小可销售合标产品了；如果分解之后的子元件还能够进行销售，则该子元件就是最小可销售合标产品。

综上所述，我们认为对于第一个应当考虑的因素内容可简化为如下：

"必要专利的价值，对于实施该必要专利所生产的最小可销售合标产品的价值贡献度。"①

2）The value that the Essential Patent Claim contributes to the smallest saleable Compliant Implementation that practices that claim, in light of the value contributed by all Essential Patent Claims for the same IEEE Standard practiced in that Compliant Implementation.

第 45 问题对 "……根据同一 IEEE 标准中的所有必要专利对该合标产品所具有的价值"（…in light of the value contributed by all Essential Patent Claims for the same IEEE Standard practiced in that Compliant Implementation）进行了解释。《指南》指出，依据 IEEE 的许多标准生产产品往往都需要实施多个必要专利。如果撇开其他的必要专利而孤立地考察某一个特定必要专利的价值，那么，由此而得出的结论往往可能是不合理的。例如，假设某一个标准要求实施 100 项必要专利，而这 100 项必要专利均等地由 100 个人所有。如果每一个必要专利权人都能够获得产品销售价

———————————

①　我们认为，第一个考虑因素实际上就相当于第二个考虑因素的前半部分，即 "the value that the Essential Patent Claim Contributes to the smallest saleable Compliant Implementation that practices that claim"。因此，为了便于理解，我们并没有按照第一个因素的原文进行翻译，而是在不影响原意的基础上进行了必要的删减。

2%的许可费的话，那么将没有人愿意实施这些必要专利进行生产，因为他要支付的许可费高达其产品售价的200%。因此，当专利权人与专利实施者在就什么是合理许可费进行谈判时，应当将所有相关必要专利的价值也予以考虑。当然，在实践中，必要专利的数量、价值以及许可费架构不会如同上述例子如此简单。不同必要专利所具有的价值是不同的，例如有些必要专利因涵盖了重要的功能因而可能拥有更高的价值，而另外一些专利则只发挥了一些不重要的功能因而只具有较低的价值。

总之，《指南》要求在考察单个必要专利的价值时，不能脱离整体的必要专利的价值，避免出现专利许可费累积，超过了合理的范围。但同时，由于不同必要专利的价值各不相同，又不能在不同的必要专利间实行平均主义，否则将不能区分和体现不同必要专利的价值。综上所述，我们认为对于第二个考虑因素可以简化表述如下：

"必要专利的价值对于实施该必要专利生产的最小可销售合标产品的价值贡献度，并考虑同一 IEEE 标准中所有必要专利对于该合标产品的价值。"

3）Existing licenses covering use of the Essential Patent Claim, where such licenses were not obtained under the explicit or implicit threat of a Prohibitive Order, and where the circumstances and resulting licenses are otherwise sufficiently comparable to the circumstances of the contemplated license.

专利政策中对于"禁止令"（"Prohibitive Order"）进行了解释。所谓"禁止令"，是指限制或禁止制造、使用、销售、许诺销售或进口合标产品的临时或永久性禁令、排除令或类似的裁判指令。

第46问题对什么是"明示或暗示的禁止令威胁"（"explicit or implicit threat of a Prohibitive Order"）进行了解释。《指南》指出，如果专利权人请求法院针对没有获得许可的实施者颁发禁止令的话，那么这种禁止令就是明示的禁止令威胁。如果专利权人提示实施者，如果实施者不同意专利权人所提出的许可费，那么将可能会颁发禁止令，则这就是一种暗示的禁止令威胁。

第三个应当考虑的因素，实际上主要是从比较的角度来考察既有的许可，以此作为判断合理许可费的一个参照。不过被考察的这种既有许可必须是在没有通过明示或暗示的禁止令威胁的情况下获得的，否则被许可人可能会迫于禁止令的威胁而被迫接受许可人的不合理条件。另外，所选择的这种既有许可的情况，必须与拟进行的这种许可情况具有充分的可比较性。

综上所述，第三个考虑因素可以简化表述如下：

"使用该必要专利的既有许可，这种既有许可必须是在未通过明示或暗示的禁止令威胁的情况下获得的，而且与拟进行的许可情况具有充分的可比较性。"

（2）专利许可的实施

IEEE 要求专利权人必须作出许可保证（licensing assurance），其具体形式包括以下两种：1）一般性的不追究责任声明，即对于任何依据 IEEE 标准——该标准包含了专利权人的必要专利——而从事制造、使用、销售、许诺销售或进口合标产品的个人或组织，专利权人都将不会向其主张现有的或未来的专利权。2）专利权人承诺将免费或以一定合理的许可费，以及其他合理的条款、条件，在没有任何不公平歧视性的情况下许可其专利，其他任何个人或组织都可以依据包含有专利权人必要专利的 IEEE 标准从事制造、使用、销售、许诺销售或进口合标产品。专利权人的这种承诺将包含在其向 IEEE 递交的保证书（Letter of Assurance, LOA）中。一旦 IEEE 接受了专利权人的保证书，那么保证书就既对专利权人也对其附属机构具有约束力。

IEEE 规定，专利权人与标准实施者在任何一方寻求谈判时，都不得无故拖延，并本着诚意与之谈判，或者通过诉讼，或双方协商的仲裁，解决下列争议事项：专利的有效性、可实施性、必要性或者侵权；合理许可费或其他合理许可条款、条件；对过去未付的许可费或将来许可费的补偿；任何抗辩或反诉；或任何其他相关的事项。在许可谈判的过程中，IEEE 要求专利权人一般情况下不得寻求获得禁止令，或实施禁止令。此外，IEEE 还对自身的职责作出了规定，IEEE 不负责判断许可条款或条件是否合理、是否非歧视性的。

（3）对 IEEE 许可政策的总结

IEEE 于 2015 年对专利政策作出了重要修订，其中对许可政策也作出了非常详细的规定，尤其是关于"合理许可费"的界定，可以说是其最大的亮点，也引起广泛关注，具有较大的影响力。IEEE 因此也成为第一个对什么是 FRAND 许可费、应当如何计算 FRAND 许可费进行规定的 SSO。"2015 年以前，正如其他 SSO 一样，IEEE 在如何计算 FRAND 许可费问题上不持立场。但是 2015 年 2 月，IEEE 修订了专利政策并成为第一个调节 FRAND 许可费计算的 SSO。"[①] IEEE 鼓励当事双方通过谈判来自主解决专利许可问题，并且明确规定自己将不会参与解决专利许可纠纷。

从文本上来看，IEEE 的许可政策是比较全面、具体的，是当前 SSO 中许可政策较为先进的代表。IEEE 作为一个重要的标准制定组织，其所制定的标准得到了广泛应用，这也就意味着在专利许可过程中所产生的纠纷也更多。因此，IEEE 对专利政策作出重要修订后所形成的最新专利政策，对于解决这些许可纠纷问题具有重要的意义，这也与 IEEE 的重要地位相符。但是，IEEE 的许可政策也并非没有不足，例如完全排除必要专利通过标准化而产生的价值增值是否完全恰当，IEEE 完全置身于许可纠纷之外是否真正有利于落实许可政策，等等。这些都是 IEEE 许可政策值得商榷的地方。不过，IEEE 许可政策的效果真正如何，还是应由实践来检验。

4. ETSI 许可政策考察

ETSI 认为，具体的许可条款以及谈判都是公司之间的商业问题，并且将不会在 ETSI 内部得以解决。尽管如此，ETSI 还是对许可政策作出了原则性的规定。ETSI 的许可政策主要规定在其专利政策的第 6.1 节中[②]。ETSI 还对自己的知识产权政策作出了较高的评价："建立在 FRAND 原则基础之上的 ETSI 知识产权政策在全世界都具有领先水平并因此而受到重视。"[③]

（1）ETSI 许可政策的主要内容

ETSI 知识产权政策 6.1 规定，如果 ETSI 的一项标准或技术规范（Technical Specification）可能会涉及某一必要知识产权（Essential IPR），

---

① See J. Gregory Sidak, the Antitrust Division's Devaluation of Standard-Essential Patents, 104 Geo. L. J. Online 48, p. 49（2015）.

② ETSI Intellectual Property Rights Policy, available at: http: //www. etsi. org/images/files/IPR/etsi-ipr-policy. pdf, last visited on: 2018. 09. 26.

③ 参见 ETSI 官网，http: //www. etsi. org/about/what-we-are，最后访问日期 2018 年 9 月 26 日。

则 ETSI 总干事应当立即要求该必要 IPR 的所有权人三个月内作出不可撤销的书面承诺,即其愿意依据"公平、合理和无歧视"(fair, reasonable and non-discriminatory, FRAND)条款和条件,至少就以下事项进行不可撤销的许可:1)制造,包括被许可人根据自己的设计生产定制的元件或配件;2)销售、出租或以其他方式处理依据上述方式制造的产品;3)维修、使用或操作上述产品;4)使用方法。另外,如果必要知识产权后来发生了移转,则 IPR 所有权人所作出的承诺对今后的受让方同样具有约束力。

ETSI 规定,会员应该向 ETSI 提交"IPR 许可申报表"(IPR Licensing Declaration forms),在申报表中作出具体的许可声明。

(2)许可条款的事前披露

ETSI 还致力于推动必要 IPR 所有人在事前披露许可条款,构建起事前披露许可条款(Ex ante disclosure licensing terms)的制度。所谓事前披露许可条款,是指由必要 IPR 所有权人在其专利技术被纳入标准之前就披露他们的许可条款(如专利费)的一种机制。ETSI 明确提出,不能将事前披露许可条款与下列两项制度混淆:1)向 ETSI 披露必要 IPR;2)IPR 所有权人所作出的依照符合 ETSI 知识产权政策的 FRAND 原则进行许可的承诺。在知识产权被纳入标准之前就披露预期的许可条款,可以让 ETSI 的标准委员会作出更加明智的决定,以确定将不同替代技术中的何种技术纳入标准之中。而且,欧盟委员会也已经明确事前披露最严格的许可条款,原则上也不会限制竞争,不会违反《欧洲联盟运作条约》第 101 条第(1)款的规定。换言之,这种事前披露许可条款不会违反竞争法。

不过,ETSI 并不要求其会员必须披露许可条款。ETSI 只是在其网站上列出那些愿意事前披露许可条款的许可人的名单,IESI 并不直接提供任何详细的许可条款。但是,就目前来看,ETSI 的这个名单仍然是空白。①

---

① ETSI:List of Ex Ante Disclosures of Licensing Terms, http://www. etsi. org/about/how-we-work/intellectual-property-rights-iprs/ex-ante-disclosures/list-of-ex-ante-disclosures, last visited on: 2018. 09. 26.

### 二 主要 SSO 许可政策实践效果分析

上文对 ITU、IEEE 和 ETSI 这些主要 SSO 的许可政策进行了较为全面的探究，尽管各个 SSO 对许可政策的规定各有不同，但也有很多相同之处，例如都规定了 FRAND 原则。仅仅从文本上来看，应该说这些 SSO 许可政策是较为完备的，但许可政策能否真正发挥价值，能否真正解决许可中的纠纷，则是检验许可政策效果的最重要标准。下面，我们将选取一些涉及 ITU、IEEE 和 ETSI 标准的有重要影响力的案件，通过对这些案件中许可争议的纠纷展开分析，以判断 SSO 许可政策在这些具体案件中所能够发挥的作用。

1. 微软诉摩托罗拉案

在微软诉摩托罗拉案中①，双方争议的焦点还是许可费的确定问题。该案涉及的标准主要包括 ITU 的 H.264 标准和 IEEE 的 802.11 标准，那么，ITU 和 IEEE 的许可政策对于预防和解决许可双方的许可争议是否起到了预期的作用？纯粹从理论上对许可政策本身展开分析无法得出结论，而本案则可以提供一种检验的实践标准。

首先，就 ITU 的许可政策而言，其本身相对简单，只是原则性规定 ITU 标准必要专利的许可包括免费许可和依据 RAND 原则进行许可两种方式，并没有对如何确定许可费作出具体规定。而且，ITU 还明确规定 ITU 不负责处理因专利许可发生的纠纷，而是由纠纷双方自行协商。

其次，就 IEEE 的许可政策而言②，当时也没有对许可纠纷作出具体的规定。IEEE 许可政策要求专利权人在提交的保证书（Letter of Assurance）中对许可事项作出声明，具体而言包括两种形式：（1）作出一般性的免责声明，即专利权人将无条件地不实施任何当前的或将来的必要专利；（2）对于依据 IEEE 标准从事生产的企业，专利权人将在全世界范围内不限制被许可人的数量，以不含有任何不公平歧视性的条款及条件，免费或依据合理的许可费率进行许可。而第（2）情形也就是 IEEE 关于

---

① 关于该案判决的具体情况，请参见第四章。
② 该案审理时 IEEE 尚没有对许可政策进行修订，因此，此处所指的仍然是 2015 年修订前的许可政策。

RAND 承诺的具体规定。可见，IEEE 的许可政策也只是一种原则性的规定，对于专利许可纠纷的解决也未提供建设性的方案。

以上还是从 ITU 和 IEEE 许可政策本身来分析其对解决专利纠纷存在的局限性。那么回到实践中，在具体的案件中 ITU 和 IEEE 的许可政策能够发挥何种作用呢？在微软诉摩托罗拉一案中，法院对 ITU 和 IEEE 的许可政策进行分析之后，得出结论认为 ITU 和 IEEE 对于什么构成 RAND 并没有予以规定（silent as to what constitute RAND），指出 ITU 和 IEEE 的知识产权政策主要关注的是技术问题（technical issues），而没有对 RAND 许可条款和条件进行描述、解释或规定。法院认为，ITU 和 IEEE 都拒绝就什么是 RAND 条款和条件进行界定，而且都未尝试去确定何种水平的许可费是合理的，或者许可双方之间的哪些条款、条件是合理的或非歧视性的。①

从法院在微软诉摩托罗拉案中的审判来看，无论是 ITU 还是 IEEE 的许可政策对于法院确定 RAND 许可费都没有实质性的帮助，法院除了对 ITU 和 IEEE 的许可政策进行简要介绍和总结之后，就几乎没有再予以涉及。这至少表明 ITU 和 IEEE 的许可政策对于司法审判无法提供建设性的支持。这是从纠纷发生以后进入司法审判的阶段来考察的。那么，ITU 和 IEEE 的许可政策对于纠纷预防是否能够发挥作用了？

事实上，微软与摩托罗拉的许可纠纷之所以会进入司法程序，这本身就表明 SSO 的许可政策对于预防许可纠纷未能发挥实质性的作用。在许可谈判初期，摩托罗拉曾向微软发出了两封信件，要求微软按照最终产品 2.25% 的价格向摩托罗拉交纳专利许可费。在摩托罗拉看来，最终产品 2.25% 的价格是符合 RAND 原则的。但微软在收到摩托罗拉信件后的第 11 天就向法院提起了诉讼，认为摩托罗拉所要求的许可费违反了其向 ITU 和 IEEE 所作出的 RAND 承诺。可见，双方对于何种水平的许可费是 RAND 许可费存在很大的争议。摩托罗拉认为的 RAND 许可费在微软看来则是极不合理的，微软认为如果接受摩托罗拉的条件，并且其他专利权人也要求按同样的标准收取许可费，则微软所缴纳的总许可费甚至

---

① Microsoft Corp. v. Motorola, Inc., No. C10 - 1823JLR, 2013 WL 2111217, p. 10（W. D. Wash. Apr. 25, 2013）.

会超过产品本身的价格，这显而易见是不合理的。但微软所提出的 RAND 许可费标准，在摩托罗拉看来又完全无法体现摩托罗拉专利的价值。之所以出现这种局面，从标准制定组织方面来看，在于其许可政策并没有对什么构成 RAND 许可费作出具体的界定，而只是在一般意义上规定专利权人和标准实施者应当依据 RAND 原则确定许可费。但是，什么是 RAND 许可费，这是一个主观性很强的问题，各方都可以对自己所主张的 RAND 许可费提出理由予以证明。如果没有相对客观的确定标准或者没有其他的制度保障，任由许可双方的主观性在 RAND 许可费的确定方面占据主导性地位的话，那么 SEP 许可谈判将演变成为一场无休止的利益之争。

以上考察的是 ITU 和 IEEE 截至本案审理时的许可政策，可以看出当时的许可政策无论是对于预防许可双方许可纠纷的发生，还是推动法院确定具体的 RAND 许可费，都未能发挥实质性的作用。但是，IEEE 在 2015 年对其许可政策进行了最新的修订，修订后的 IEEE 许可政策对于解决标准必要专利许可纠纷的实践效果是否会有所改进了？

2015 年 IEEE 许可政策最大的特点就是对如何计算 RAND 许可费作出了具体的规定，IEEE 因此也成为第一个对此作出规定的 SSO。具体而言，IEEE 对什么是"合理许可费"作出了具体界定，这实际也是确定 RAND 许可费的核心。[①] IEEE 许可政策规定，确定合理许可费时需要考虑三个因素，简言之即必要专利对于最小可销售合标产品的价值，其他相关必要专利对于合标产品的价值，以及参照没有禁令威胁的已有许可的情况。

事实上，在微软诉摩托罗拉案中，法院在确定 RAND 许可费的过程中对于 IEEE 许可政策修订中所提出的上述三个要素都有所涉及。例如，法院曾多次强调既要考察摩托罗拉必要专利对于 H. 264 标准和 802. 11 标准的价值，也要分析摩托罗拉必要专利对于微软的产品所具有的价值，这实际上比 IEEE 许可政策确定合理许可费的第 1 个要素内容还要丰富。法院也提出 RAND 承诺的主要目标包括避免专利劫持和专利费的堆积，

---

[①]　关于 IEEE 许可政策修订的详细内容，请参见前文相关部分的分析，亦可参见 IEEE：IEEE-SA Standards Board Bylaws, available at http：//standards. ieee. org/develop/policies/bylaws/sb_bylaws. pdf。

而 IEEE 许可政策确定合理许可费的第 2 个要素即要考虑其他相关必要专利对于合标产品的价值，实际上也就是要分析各个必要专利在产品所使用的所有必要专利中所占的比例，从而避免专利费堆积。法院在计算 H.264 标准中摩托罗拉所拥有必要专利的 RAND 许可费时，采纳了微软提出参照 MPEG LA H.264 专利池许可费的建议，分析了摩托罗拉 SEP 在该专利池中所占的比例为 3.642%，并据此计算摩托罗拉应当获得的专利许可费。这样就能够避免摩托罗拉收取超过其价值贡献的许可费，从而产生专利费堆积的问题。

总之，在微软诉摩托罗拉案中法院除了没有对禁令禁止予以考虑以外，对其他两个因素都进行了分析，而这两个因素也只是两三年之后才在 IEEE 修订的许可政策中予以规定。在某种程度上，IEEE 许可政策的修订正是对诸如微软诉摩托罗拉案中计算 RAND 许可费经验的一种总结。从实践来看这种修订是很有必要的，对于计算 RAND 许可费也能够提供有效的指导。可以预见，其他标准制定组织未来在修订许可政策时也会对如何计算 RAND 许可费作出更加具体的规定。但是，我们不难发现，即便是已经相对具体的 IEEE 许可政策，其实仍然是较为抽象的，例如强调合理许可费应当考虑必要专利对于最小可销售合标产品的价值，这原本就是计算专利许可费的本质要求，专利权人不能对超出自己专利贡献范围的部分要求获得利益，IEEE 修订的许可政策只是对这一原则的重申和具体化。

如果说修订后的许可政策具有较大的实践价值，那也只是在司法审判中对法院提供一种原则性的借鉴意义上而言的，并且 IEEE 修订的许可政策所提供的这种可资借鉴的原则本身实际上也来源于司法实践。关于修订的许可政策对于预防专利许可纠纷，指导许可双方通过谈判协商确定双方都能够接受的 RAND 许可费方面所能够发挥的作用，我们不能过于乐观，因为许可政策不可能对如何计算 RAND 许可费提出能够依据该方法就能直接确定具体数额的计算方法，这也不符合许可政策一般性规定的要求。具体许可费如何确定应当结合具体的案件展开分析，而不可能作出统一的规定。修订后的许可政策所提出的确定 RAND 许可费的方法，也只是相对于旧有的许可政策而言是相对具体的，但就其本身而言仍然是相对抽象的。在这种仍然相对抽象的 RAND 许可费确定框架之下，许可双方仍然具有很大的主观解释的空间，这必然又会陷入许可费纠纷的困局中。

可见，标准制定组织的许可政策在解决许可费纠纷方面难以发挥实质性的作用，因为其自身面临着一个无法解决的矛盾：许可政策不可能提出一个公式般的 RAND 许可费计算方法，但如果仅仅是作出抽象性的规定——无论这种抽象规定的具体化程度能够达到多高——则仍将为许可双方的主观解释留下空间。从这种意义上来说，仅仅依靠标准制定组织的许可政策来促使许可双方就 RAND 许可费达成一致是难以实现的，而必须有其他的制度设计，以对许可双方形成更强的约束。

2. 苹果诉三星案[①]

苹果和三星都是 ETSI 的成员，ETSI 是 3GPP 的六个成员之一。3GPP 致力于制定移动无线通信技术的标准，通用移动通信标准（UMTS）就是其中的标准之一，UMTS 也是该案所涉及的标准。在 UMTS 标准制定过程中，三星曾提出过技术方案。三星曾向苹果表明自己在 UMTS 标准中拥有数项必要专利。

苹果与三星的专利纠纷始于 2011 年。2011 年 4 月 15 日，苹果提起诉讼，控诉三星的 Galaxy 手机和平板电脑侵犯了苹果的商业外观、商标、实用和设计专利。针对苹果的指控，三星提起反诉，声称苹果的产品侵犯了三星的 12 项专利，包括与 UMTS 标准有关的专利。对此，苹果提出了抗辩和反诉。苹果控告三星欺骗标准制定组织以使其将三星的专利纳入标准之中，标准制定以后又拒绝依据 FRAND 原则许可其标准必要专利。苹果认为三星的这种行为既违反了美国联邦的反垄断法，也违反了加利福尼亚州的不公平竞争法。

苹果指控三星没有披露其在 UMTS 标准中所拥有的必要专利，以及没有依据 FRAND 原则进行许可的行为，违反了《谢尔曼法》的第 2 条。法院认为，苹果依据《谢尔曼法》第 2 条提出控诉，至少要满足两个条件：第一，三星在相关市场内拥有垄断力；第二，三星获得这种垄断力或维持垄断力的方式是通过限制竞争的行为。苹果认为，相关市场应该是各

---

① 关于本案事实部分的介绍，如果没有特殊说明，均援引自 Apple Inc. v. Samsung Electronics Co. , No. 11 – CV –01846, 2012 WL 1672493, (N. D. Cal. May 14, 2012)。

种技术所在的市场——在标准实施以前——这些技术彼此竞争以希望能够被 UMTS 标准纳入其中。在三星的专利技术被 UMTS 标准采纳前,存在其他的替代性技术,而一旦 ETSI 完成了 UMTS 标准的制定,这些替代性的技术也就被逐出了市场。法院支持了苹果对于相关市场的界定。苹果指控三星在相关市场内具有垄断力,苹果声称自己被 ETSI 所制定的标准采纳的技术锁定(locked-in)了,而且由于代价太大,因此苹果难以转向其他的替代性技术。所有这些都能够充分证明苹果在相关市场内具有垄断力。此外,苹果还主要从以下两个方面证明三星的行为具有限制竞争的效果。

(1)三星的行为是限制竞争行为

苹果指控三星作出了虚假的 FRAND 承诺。在博通诉高通一案中①,法院曾指出当满足以下条件时,SSO 可能被利用以获得垄断力并在相关市场内产生限制竞争的效果:1)在一个以共识为导向的私人标准制定环境之中;2)专利权人故意作出愿意依照 FRAND 条款许可其必要专利的虚假承诺;3)标准制定组织基于对专利权人承诺的信任而将专利权人的技术纳入标准之中;4)专利权人随后又违反了之前的承诺。在本案中,法院援引了博通案的上述观点。苹果对于虚假的 FRAND 声明是何时作出的、由谁作出的、涉及哪些专利等,都提供了具体的事实依据。法院认为苹果所提出的证据是充分的。

苹果指控三星未能披露其所拥有的专利。苹果提出了充分的证据以证明如果三星向 ETSI 披露了专利信息的话,那么 ETSI 本可能会采用其他具有相同功能的专利技术。而且苹果也进一步举证,如果 ETSI 知道三星不会依据 FRAND 条款许可其专利的话,ETSI 会因为锁定效用的消极效果而选择不制定该标准。

(2)三星的行为是一种违约行为

苹果还提出三星存在违约行为。苹果认为三星与 ETSI 和 ETSI 的成员之间成立了一种合同关系,苹果是这种合同的第三方受益人(third party beneficiary),而三星控告苹果侵权以及禁止苹果依据 UMTS 标准从事生产的行为则是对这种合同的违反。苹果认为自己能够指控三星的这种违约

---

① Broadcom Corp. v. Qualcomm Inc. , 501 F. 3d 297 (3d Cir. 2007) .

行为是因为，一方面，苹果有权获得被 ETSI 政策所覆盖的任何有效专利；另一方面，苹果有权要求三星遵守所作出的 FRAND 承诺，并依据 FRAND 条款许可其必要专利。苹果认为三星违反了其与 ETSI 之间的合同，因为三星没有按照 ETSI 专利政策的要求及时向 ETSI 披露其持有的必要专利。

在认定三星的行为是否是违约行为时，法院首先需要确认适用哪一国的法律。苹果认为依据 ETSI 政策中法律选择的条款，本案应该适用法国法。而三星则主张适用加利福尼亚州的法律。法院在对加利福尼亚州的法律进行考察之后认为加利福尼亚州的法律并不禁止适用双方所选择的法律。因此，ETSI 知识产权政策中法律选择的条款可以适用，而依据该政策，ETSI 受法国法管辖，因为 ETSI 是一个非营利性机构，其总部设立在法国。苹果提出的一些具体的理论以支持其认为三星违约的主张。

1）违反许可合同

苹果认为三星违反了许可合同。三星与 ETSI 及其成员之间存在三星依据 FRAND 条款许可其必要专利的合同，但三星违反了该许可合同。苹果的理论依据在于，三星在向 ETSI 提交 FRAND 声明寻求促使 ETSI 采纳其专利时，三星就与 ETSI 成立了一种合同。三星这样做，就表明其愿意受 ETSI 知识产权政策 6.1 条要求专利权人向 ETSI 作出同意依据 FRAND 条款进行不可撤销许可的书面说明这一条款的约束。苹果提出，三星与 ETSI 之间的合同要求三星必须依据 FRAND 条款许可其专利，而三星针对苹果提起诉讼而不是向苹果进行 FRAND 许可，这违反了三星与 ETSI 及其成员之间的合同承诺。

根据法国法，协会与其成员之间，以及协会的各成员之间是可以成立合同的。法国法规定，协会本身就是两个或两个以上的人将他们的知识或行为永久结合以追求共享利益以外的其他目的的协议。法国民法典第 1121 条也"允许一方为了第三方的利益而订立具有约束性义务的合同"。因此，一个第三方受益人可以提起诉讼以执行合同。苹果的理论根据就是，三星的 FRAND 声明在三星与 ETSI（以及因此其所有成员）之间创设了合同关系。根据该合同，ETSI 同意在制定标准时采用三星的专利，作为交换，三星同意依据 FRAND 条款进行许可。三星与 ETSI 之间的这种合同可以被理解为授予了苹果获得三星必要专利 FRAND 许可的权利。

三星反对苹果的违反许可合同理论，认为该理论是错误的，因为三星向 ETSI 所作的声明不能被理解为同意进行许可的具有约束力的协议，这与法国法中合同自由的原则是相悖的。三星的专家证人里布切伯教授也指出，"没有合同双方的同意，合同是不能成立的，违背另一方的意志更是不能成立合同。每个人都有权利拒绝出售其拥有的商品或拒绝雇用他不想雇用的人。拒绝契约是合同自由的一种表现形式"。但法院认为，即便是采纳里布切伯教授的观点，也不能说明苹果就不享有依据 ETSI 知识产权政策 6.1 及三星的承诺而获得 FRAND 许可的权利。三星作出 FRAND 声明表明其同意进行 FRAND 许可，这样做的目的在于能够使其专利被标准制定组织所采纳。法院承认三星当然具有拒绝许可其专利的权利，但是这一权利当三星作出 FRAND 声明时就被放弃了。因此，法院并没有反对苹果所提出的违反许可合同理论。

2）违反诚意谈判的原则

依据法国法，合同双方都应当本着诚意的原则进行协商。三星的合同义务始于其向 ETSI 作出 FRAND 声明之时，这至少产生了一种与苹果就 FRAND 条款进行诚意协商的义务。苹果指控三星拒绝就许可条款作出报价，而当三星同意进行报价时，其条款又不是公平、合理和无歧视性的。三星的谈判策略是歧视性的，当苹果针对自己的非标准必要专利向三星提起诉讼时，三星提起反诉并拒绝给予 FRAND 许可。法院认为苹果的这些指控充分证明三星违反了就 FRAND 条款展开诚意谈判的义务。

3）违反了披露专利的协议

苹果指控三星违反了及时向 ETSI 披露其专利的协议。ETSI 知识产权政策第 4.1 款要求成员及时披露那些可能成为标准必要专利的专利。三星认为，苹果并没能证明三星未及时披露专利对苹果或任何其他主体造成了任何损害。法院指出，苹果已经声称，如果三星没有不及时披露专利的话，那么其他替代性技术将不会被排除相关市场。而且，三星的不披露行为导致"成本高、质量或创新程度低的技术"被纳入标准，基于此，法院认为苹果已经证明了三星违反 ETSI 披露政策的行为给自己造成了损害。

4）已经存在许可的理论

苹果宣称在该案进行之时，苹果已经获得了三星标准必要专利的许可，而三星提起诉讼的行为则是对这种已经存在的许可的违反。苹果的理论是，三星的 FRAND 声明构成法国合同法中的要约，而苹果利用三星专利技术的行为则是对三星要约的有效接受。因此，苹果认为许可已经存在了，三星提起诉讼的行为就是对这种许可条款的违反。

　　三星对苹果的这种理论提出了以下反对意见：第一，法国知识产权法典要求许可必须具有书面的形式，而苹果与三星之间的许可还没有形成书面形式；第二，价格是形成有约束力许可的必要条款，而 FRAND 声明中并没有涉及价格；第三，依据法国法，专利许可具有个人性质，合同双方的身份是一个必要的条款；第四，许可要求许可人提出具体的要约条款；第五，法国法要求对要约要有明确的接受。

　　法院支持了三星所提出的反对理由。法院认为苹果与三星之间并没有既存的许可，因为双方之间没有明确的要约和接受。依据法国法，要约与接受对于成立合同是必要的，要约必须足够具体以使接受该要约的人通过简单的接受就能够成立合同。双方争议的另一个焦点就是法国法是否要求许可必须包含价格条款。法院认为，FRAND 声明不仅没有包含许可费率，也没有对许可期限和许可范围作出规定。苹果声称这些条款是暗示的：许可范围就是专利所覆盖的地理范围，许可期限是专利的有效期，许可费可以在之后再确定。但法院认为没有证据表明 FRAND 声明事实上暗含了所有这些条款，三星的 FRAND 声明仅仅表明三星"愿意基于公平、合理和无歧视的条款进行不可撤销的许可"。

　　此外，从苹果的角度来看，苹果也没有通过自己的行动表明其接受了三星的要约。依据法国法，通过实际行动来接受合同要约是一般性的原则。三星及其他成员作出 FRAND 声明，仅仅表明它们愿意进行不可撤销的许可。这种声明既没有暗示也没有明示受要约人仅仅通过采纳标准或实施专利技术就能够获得许可。也不能仅仅因为 ETSI 成员作出了FRAND 声明就因此而认为任何人实施了专利技术就拥有一种预先存在的许可。否则，制造商可以秘密地使用专利技术而完全不用作出接受要约的表示和支付许可费。

　　总之，苹果认为其与三星之间已经存在有许可关系的主张无法得到法院的支持。

（3）总结

上文对苹果诉三星案中有关标准必要专利纠纷的内容作了较为全面的分析，旨在通过对该案的考察来分析 ETSI 许可政策的实践效果。事实上，ETSI 的许可政策也只是作了原则性的规定①，主要是要求专利权人承诺依据 FRAND 原则进行不可撤销的许可。而且 ETSI 也将具体许可事项的谈判视作许可双方之间的商业问题，明确自身不会介入具体许可纠纷的解决。至少从 ETSI 许可政策本身来看，其在促进许可双方达成一致的 FRAND 许可费方面难以发挥实质性的作用，因为模糊的、原则性的许可政策为许可双方追求自身利益最大化留下了空间，甚至可以说 ETSI 许可政策在某种程度上助长了许可纠纷的发生。

法院在对许可双方争议的事项进行分析的过程中，多次援引了 ETSI 的许可政策，但主要也只是对 ETSI 许可政策中关于 FRAND 原则的规定，以及标准必要专利权人由此而负有的依据 FRAND 条款许可其专利的义务展开了分析。如果说 ETSI 的许可政策对司法判决具有实践意义，那么主要就表现在它为法院确定许可双方之间的具体权利义务提供了具体的来源。许可人的特定义务正是来源于 ETSI 许可政策要求专利权人依据 FRAND 条款进行许可的义务规定，而标准实施者的特定权利来源于其对于专利权人 FRAND 承诺的信赖。通过 ETSI 许可政策的过渡，一般意义上的专利法中许可人与被许可人之间的权利义务关系，就可以具体化为 ETSI 许可政策下许可人负有的 FRAND 许可义务和标准实施者享有的获得 FRAND 许可的权利。从这种意义上来说，ETSI 许可政策确实具有较大的实践价值，但也主要局限于此，对于具体许可纠纷的解决，ETSI 许可政策往往囿于其自身的局限性而无法提供更大的支持。

总之，我们认为 ETSI 许可政策在苹果诉三星一案中，无论是在预防许可双方之间的许可纠纷、促成双方达成一致的 FRAND 许可费方面，还是在法院解决 FRAND 许可纠纷方面，都难以发挥较大的实践价值。

3. 主要 SSO 许可政策实践效果总结

通过对微软诉摩托罗拉案、苹果诉三星案的分析，本书考察了这两

---

①　关于 ETSI 许可政策的具体内容，请参见前文部分的具体分析，亦可参见 ETSI Intellectual Property Rights Policy，available at：http：//www. etsi. org/images/files/IPR/etsi-ipr-policy. pdf。

个案件中所涉及的 ITU、IEEE 和 ESTI 这三个标准制定组织许可政策的实践效果。这三个 SSO 许可政策中都对 F/RAND 许可政策作了一般性的规定，这能够为许可双方提供一定的预期，即达成的专利许可费应当符合 FRAND 原则。更为准确地说，这对于标准实施者的价值更大，因为这实际上是赋予了标准实施者获得 FRAND 许可的权利，而对于专利权人而言则更多的是一种义务，从本质上来讲是对专利权人自由许可权利的一种制约。

因此，在具体的许可实践中，标准实施者往往更依赖 SSO 的许可政策，希望借助于 SSO 许可政策中规定的 FRAND 原则向专利权人施压，不断压低专利权人所提出的许可费率，以尽可能地推动许可费率无限接近标准实施者内心所期许的 FRAND 许可费标准。专利权人则对于 SSO 的许可政策持相对排斥的态度，其必然力图证明自己所提出的许可费符合 FRAND 原则，该水平的许可费是其专利价值的体现。由此可见，SSO 许可政策中所规定的 FRAND 许可原则从一开始就无法实现促使许可双方达成 FRAND 许可费率的目的，因为它并没有对双方形成真正的约束，其模糊性的表达为双方向有利于自身利益最大化的方向进行解释提供了充足的空间。例如微软诉摩托罗拉一案中，摩托罗拉主张其 H.264 必要专利的 FRAND 许可费是 6—8 美元/个，而微软认为应当为 0.065—0.204 美分/个，相差了数千倍之多，其中某一方所提出的报价必然是违背 FRAND 原则的。FRAND 原则成为能够承载许可双方各自利益的共同载体，甚至从某种意义上说，FRAND 原则进一步分化了许可双方关于合理许可费的共识，激化了双方的矛盾，为双方彼此拒绝对接受方报价提供了制度方面的理由。因此，在促使许可双方在许可谈判中自行达成符合双方各自主观 FRAND 标准的许可费方面，SSO 许可政策所能发挥的作用十分有限。

在司法审判中法院确定具体 FRAND 许可费时，目前绝大多数 SSO 许可政策所能够发挥的价值也十分有限。在微软诉摩托罗拉案中，法院明确指出 ITU 和 IEEE 许可政策并没有对 RAND 许可费的构成作出具体规定，这说明法院并不能从 ITU 和 IEEE 许可政策中就 FRAND 许可费的计算获得任何实质性的支持。在该案中，法院并不是依据 SSO 的许可政策，而是结合具体案情，在分析了摩托罗拉和微软各自所提出的计算方法之后，经过权衡确定了在法院看来相对客观的 FRAND 许可费。该水平许可费的确定既能体现专利权人专利的价值，又能够防止标准实施者因支付过高的许可费而导致其无利可图，避免出现专利劫持和专利费堆积问题，有利于标准的推广。在苹果诉三星一案中，法院也主要是一般性地援引 ETSI 许可政策中 FRAND 许可的规定，许可政策中的这种原则性规定对于法院解决许可双方之间的具体争议也没有发挥实质性的价值。

总之，当前绝大多数 SSO 的许可政策都只是概括性地对 FRAND 许可原则进行了规定，其自身的这种特性使得许可双方在就具体的许可费展开谈判时并没有具体的指引——这事实上也不可能，因为许可政策不可能对如何确定 FRAND 许可费作出非常具体的规定，而只能提出一般性的原则，具体许可费的确定只能在具体案件中结合具体案情、许可双方各自的主张等来予以确定。因此，SSO 许可政策在促使许可双方通过谈判确定双方都能够接受的 FRAND 许可费方面难以发挥实质性的价值。此外，在司法审判法院确定具体 FRAND 许可费时，SSO 许可政策也难以提供支持，因为 SSO 许可政策往往只能提供一个分析框架，而该分析框架也并非只有 SSO 许可政策才能提供，确定公平、合理和无歧视的许可费在传统的司法制度中也能够寻找到依据。

### 三　SSO 许可政策存在的问题及改进

SSO 的许可政策在实践中所发挥的作用并不大，可以说许可政策对于真正解决专利权人与标准实施者之间的许可纠纷、确定 FRAND 许可费方面并不能提供实质性的支持。SSO 许可政策的实际效果与 SSO 在标准制定过程中所占据的主导性地位不符，SSO 能够制定先进的标准，但对于标准制定过程中和制定完成以后所衍生出来的诸多问题却往往束手无策，这最终会大大限制标准的推广。之所以会出现这些问题，SSO 许可政策本身存在诸多问题是一个很重要的原因，这些问题限制了 SSO 许可政策作用的发挥，只有有针对性地予以完善，才能够避免标准的实施受到这些衍生问题的羁绊。

1. SSO 许可政策存在的问题

本书结合典型案例对 ITU、IEEE 和 ETSI 三个标准制定组织的许可政策进行了考察①，发现这三个标准制定组织的许可政策存在诸多问题，这些问题是绝大多数标准制定组织所共有的，而非这三个标准制定组织所独有。总体而言，标准制定组织许可政策主要存在以下问题：

（1）SSO 许可政策内容过于宽泛和模糊，无法为许可双方的关于许可费的协商提供有效指导，也不能为法院确定 FRAND 许可费提供实质性的支持

除了 2015 年 IEEE 在对专利政策进行修订时提出了关于如何确定合理许可费的一般性原则以外，其他 SSO 的许可政策大多只是概括性地对 FRAND 许可原则进行了阐述，将专利权人作出 FRAND 承诺作为 SSO 将专利权人专利纳入标准的前提条件。事实上，即便是修订后的 IEEE 许可政策，其对于确定合理许可费所要考虑的因素也是相对原则性的，只不过是相对于更为抽象的 FRAND 原则而言要稍显具体。

绝大多数 SSO 许可政策的内容之所以如此模糊，其实是有其内在深层次原因的。"大多数 SSO 的许可政策都要求其成员依据 RAND 原则许可其专利。但是，许可政策并没有对合理（reasonable）和无歧视（non-discriminatory）的条款进行界定，而是采取一种模糊性的表述，因为 SSO 自身以及它们的成员都担心更加精确的条款将会导致《谢尔曼法》第 1 条下的反垄断责任。"②从这方面来看，许可政策内容模糊则是一种主动的选择，是对可能引发的法律责任的规避。但是，反垄断执法机构已经逐步表明其不会对此种行为追究法律责任的态度，IEEE 修订许可政策也是在得到了美国司法部反垄断局的澄清之后才着手进行修订的。例如，2013 年，"美国司法部、联邦贸易委员会和欧盟委员会总局联合发文，鼓励标准制定组织就涉及 FRAND 的许可政策提供更加清晰的指导方针"。③ 因此，担心可能的反垄断责任已经不是许可政策模糊性处理的主要原因了。

---

① Jay P. Kesan 教授在研究时，也主要选择的是这三个标准制定组织。这说明这三个标准制定组织还是具有很强的代表性的。See Jay P. Kesan, Carol M. Hayes, "FRAND's Forever: Standards, Patent Transfers, and Licensing Commitments", 89 Ind. L. J. 231, p. 254 (2014).

② See Lauren E. Barrows, Why the Enforcement Agencies's Recent Efforts Will Not Encourage Ex Ante Licensing Negotiations in Standard-Setting Organizations, 89 Tex. L. Rev. 967, p. 972 (2011).

③ Benjamin C. Li, "The Global Convergence of FRAND Licensing Practices: Towards 'Interoperable' Legal Standards", 31 Berkeley Tech. L. J. 429, pp. 462 – 463 (2016).

SSO 许可政策进行抽象、概括性规定的主要原因，事实上是由许可政策自身的性质所决定的。许可政策不可能对如何确定 FRAND 许可费提出具体的计算方式或计算公式，因为这些都只能是在具体的案件中结合具体的案情才能确定的，而无法脱离具体案情作出统一的规定。"由于专利许可费问题本身的复杂性，研究出一套数学模型并不具有现实可行性，只能通过司法判例或者专利许可费谈判，总结出专利许可费计算的若干原则，然后进行个案分析。"①这就决定许可政策只能作出原则性的规定，当然这种原则性的规定也可以尽可能地具体，如 IEEE 修订的许可政策中所提出的具体需要考虑的因素，就显然要比其他 SSO 仅规定抽象的 FRAND 原则要更为具体，这对于确定 FRAND 许可费也能够提供更大的指导性。

（2）SSO 许可政策对专利权人的约束力不强

如果说许可政策未对 FRAND 条款作出具体规定是因为 SSO 担心引发反垄断责任还能够理解的话，那么许可政策对专利权人普遍缺乏约束力则是许可政策的一个固有缺陷了。在目前的许可政策下，如果专利权人不依据 FRAND 原则进行许可，事实上也不用承担 SSO 所施加的不利后果。这就助长了专利权人肆意抬高专利许可费的动机，因为无论其向标准实施者所提出的专利许可费报价有多高，其自身都不会因为这种不合理的报价承担任何不利后果。例如在微软诉摩托罗拉一案中，摩托罗拉对其在 IEEE 标准必要专利提出的许可费是每个 6—8 美元，而法院最终确定的许可费为每个 3.471 美分，前者是后者的 200 多倍。摩托罗拉专利无论是对于 IEEE 标准还是对于微软的 Xbox 产品价值贡献都不大，但摩托罗拉之所以提出如此高的许可费报价，重要原因之一就是 SSO 许可政策没有对明显高于 FRAND 许可费的报价规定任何不利后果，从而无法对专利权人形成有效的制约。

（3）SSO 不实施许可政策，置身于 FRAND 许可费确定及纠纷解决之外，难以发挥 SSO 特有的优势

目前许多 SSO 如 IEEE 明确在许可政策中规定 IEEE 不会介入专利权

① 孟雁北：《标准制定与实施中 FRAND 承诺问题研究》，《电子知识产权》2014 年第 11 期。

人与标准实施者之间的许可谈判及任何纠纷解决。例如，ETSI 就明确表明："具体的许可条款及谈判是企业之间的商业问题，不应当在 ETSI 内部来解决。技术部门并不是讨论知识产权问题的合适场所。技术部门没有能力来处理商业问题。ETSI 技术部门的成员通常都是技术专家，他们没有处理许可问题的法律或商业责任。竞争者在标准制定过程中讨论许可问题将使得该过程极为复杂，延迟或阻碍这一过程。"①有些 SSO 虽然没有明确在许可政策中作出此种声明，但在实践中也是采取一种不干涉的许可政策。"标准制定组织通常不会参与许可条款的确定，部分原因是 SSO 担心讨论定价策略的话，可能会触犯反垄断法。因此 SSO 通常都会将 FRAND 条款留给法院去确定。"②作为标准的制定者，SSO 对于标准的技术特征、标准中各专利的价值贡献等都要更加了解，能够从更加专业的角度来确定何种许可费是符合 FRAND 原则的，而如果 SSO 完全置身事外，将这些关键而棘手的问题留给法院解决，则法院所确定的 FRAND 许可费可能并不符合 FRAND 原则，因为法院在确定 FRAND 许可费方面——至少是从纯粹专业的角度而言——显然并不会比 SSO 更好。有观点甚至认为，标准必要专利的许可费不应当由法院来进行确定，因为法院无法获得充足的信息。③总之，无论是从专业性、信息的可获得性，还是 SSO 所处的特殊地位来看，SSO 在确定 FRAND 许可费方面都具有优势，如果 SSO 完全成为"局外人"，则是对这种优势的浪费。

从 SSO 的角度来看，其更关注的是标准的制定，因此所制定的许可政策也更多关注的是标准制定过程中的问题，更重视避免因潜在的专利许可问题而影响了标准的制定。对于标准制定之后的标准实施，许可政策从一开始就并没有如此关注，从而导致实践中的标准必要专利纠纷大量产生。标准必要专利纠纷的解决大体上包括两种途径：一是以 SSO 为代表的私主体内部的自我规制；二是以司法机关、执法机关为代表的公

①  See ETSI Guide on Intellectual Property Rights (IPRs) 4.1, (Version adopted by Board #94 on 19 September 2013), available at http：//www.etsi.org/images/files/IPR/etsi-guide-on-ipr.pdf.

②  Jay P. Kesan, Carol M. Hayes, FRAND's Forever：Standards, Patent Transfers, and Licensing Commitments, 89 Ind. L. J. 231, p. 239 (2014).

③  See Stanley M. Besen, Why Royalties for Standard Essential Patents Should Not Be Set by the Court, 15 Chi.-Kent J. Intell. Prop. 19, p. 42 (2015).

权力主体的介入。但就目前而言,绝大多数的标准必要专利纠纷都是通过后一途径得以解决的。作为一个自律性的组织,SSO 应当尽可能地将该组织内部所产生的纠纷在 SSO 内部予以解决,而非完全将这些纠纷"抛给"社会,由社会动用有限的司法资源来予以解决。因为这些纠纷虽然可以通过司法的方式得以解决,但这会耗费大量的社会资源,并在很大程度上使得标准的社会价值受到减损。如果矛盾与纠纷能够在系统内部得以解决,或者能够以更小的成本得以解决,就尽量不要将其推向社会。有观点可能认为,SSO 所制定的标准给社会带来了巨大的利益,SSO 将标准制定及实施过程中所产生的问题留给社会去解决,即便是占用了司法资源,相比于其所带来的巨大价值而言也是完全能够而且应该承受的。不可否认,如果纯粹从数量对比上来看的话,由法院确定 FRAND 许可费所消耗的司法资源,相比于 SSO 标准的社会价值而言,前者可能可以忽略不计。但是,如果存在可以消耗更少社会资源的方式的话,那么我们也不能放弃这种方式而选择耗费社会资源更多的方式,因为在任何情况下浪费社会资源的做法都是不可取的,而且在 FRAND 许可费的确定问题上,浪费社会资源的做法还往往不能取得更好的效果。

然而目前许多标准制定组织的许可政策则恰好相反,普遍规定标准制定组织不介入具体的标准必要专利纠纷的解决。因此,即便标准制定组织的许可政策再科学、完备,其也无法得到有效实施,其意义就只能停留在纸面上。这就如同一辆外形华丽的汽车模型,除了能够参观以外,并不能发挥汽车所具有的基本功能。"即便各标准制定组织的知识产权政策制定得更加统一,标准制定组织自身通常也并没有为这些政策提供一个有效的实施机制。"[①]正如"法律的生命在于实施"一样,标准制定组织许可政策的生命也在于其实施。标准制定组织在实施其许可政策方面具有先天的优势,这也本应是其职责之所在,但是大多数标准制定组织却拒绝履行这一职责,而是寄希望于当事人主动遵守,以及在争议发生之后动用传统的司法资源予以解决。这不仅占用了大量的司法资源,而且实施的效果也并不好,法院只得试图将双方的争议纳

---

① Jay P. Kesan, Carol M. Hayes, "FRAND's Forever: Standards, Patent Transfers, and Licensing Commitments", 89 Ind. L. J. 231, p. 254 (2014).

入到传统的司法分析框架中来，例如将 FRAND 承诺视作标准必要专利权人与标准实施者之间的一个可以实施的合同，但这在理论上却存在诸多困难。

2. SSO 许可政策的改进

SSO 许可政策存在的诸多问题限制了 SSO 作用的发挥，也不利于FRAND 许可费的确定以及标准必要专利纠纷的解决。从长远来看，如果标准制定后所引发的问题无法得到有效解决，必将影响到标准制定本身：专利权人担心自己的正当权益无法得到保护而拒绝参与标准的制定，潜在的被许可人则可能惧于高额的许可费而放弃实施标准。因此，标准价值的发挥也有赖于标准制定、实施过程中 FRAND 许可费确定、纠纷解决等相关制度的建立与完善。针对 SSO 许可政策所存在的问题，我们认为可以从下述几个方面有针对性地予以改进。

（1）SSO 许可政策中关于 FRAND 许可费的规定方面应当尽可能地具体化，增强确定 FRAND 许可费方法的可操作性

虽然 SSO 许可政策不可能就如何计算 FRAND 许可费提出具体的计算公式，但是，提出更具可操作性的、可供参考的指导性原则还是可以实现的。例如 IEEE 修订后的许可政策中关于如何计算合理许可费的规定，虽然从内容和形式上来看仍然不是特别明确，但相对于更为抽象的 FRAND原则而言，则明显要更加具体，也更具可操作性。这种在具体化、可操作性程度方面不断提高的规定，不仅可以明确专利权人与潜在被许可人之间的预期，从而不至于使得双方都希望在模糊的 FRAND 原则之下无限扩大各自的利益诉求而使得许可费谈判陷入僵局，而且也能更有助于许可费的确定。

正如法律需要宣扬公平、正义的原则与理念，但仅仅如此是无法实现公平、正义的，还需要具体的制度予以保障；标准必要专利制度当然也需要 FRAND 这样抽象的原则，但同样，仅仅依靠 FRAND 原则本身也是无法实现"公平、合理和无歧视"的目标，还必须从提出具有可操作性的 FRAND 许可费确定框架等方面着手才能够真正得以实现。没有具体制度的支撑，公平、正义、FRAND 原则这些本身就很模糊的词语就很有可能成为一种纯粹虚无缥缈的幻想。"'公平无歧视'属于原则性规范，具有高度概念化、抽象化的特征。要真正实现公平无歧视许可，必须有

具体的可操作的许可政策来保证。"①

由于各 SSO 所处的具体领域、标准制定的技术特性等都存在较大的差异，因此不可能提出能够适用于每一个 SSO 的具体许可政策标准，但对于大多数 SSO 许可政策而言，还是存在一些共性的、可以被普遍采纳的完善建议。SSO 都应当在许可政策中明确:FRAND 许可费应当主要体现的是专利权人专利对于标准及标准实施者产品的价值；在 FRAND 许可费确定过程中既要保护专利权人的合法权益，也要保护标准实施者的利益，追求双方利益的共赢，防止一方利益的获得是以牺牲另一方利益为前提；FRAND 许可费的确定既要有助于标准的制定，也要有助于标准的推广。总之，在抽象的 FRAND 原则之下还应当有具体的制度支撑。

（2）强化 SSO 许可政策对成员的约束

SSO 许可政策中所提出的 FRAND 许可原则要真正得以实现，在很大程度上是依赖于许可双方——主要是专利权人——能够切实将 FRAND 许可条款作为自己的行动准则，也就是说，主要依赖于专利权人的许可行为。然而，如果没有任何约束，专利权人对利益追求的热情会无限膨胀以至于纸面上的 FRAND 承诺最终沦为一句空言。尽管我们期望专利权人能够主动信守其曾经做出的 FRAND 承诺，但如果完全依赖于专利权人的自我约束的话，则无疑会有很大的风险。因此，还必须要有来自外部的约束，以促使专利权人忌惮违背承诺所可能引致的不利后果。虽然法院的判决是这种外部约束的重要形式，但毕竟是一种事后的约束。进入到司法阶段也就意味着 SSO 许可政策中倡导许可双方遵循 FRAND 原则自主协商的目标并没有实现，尽管法院判决也能解决纠纷，但相对于双方自主谈判而言成本会更大。因此，强化 SSO 许可政策的约束作用能够更有效地促使专利权人切实履行 FRAND 义务。

但是，目前大多数的 SSO 许可政策尚不能就 FRAND 作出更为具体的界定，更不用说对成员违反 FRAND 承诺时所应承担的不利后果等事项作出明确规定。这进一步使得专利权人违反 FRAND 承诺的风险降低，助长了专利权人背弃 FRAND 承诺的动机。"专利政策中应当包含 SSO 成员应当承担的责任的条款，并规定何时以及在什么条件下这些责任将被触发。

---

① 张平:《ICT 标准之知识产权"开放授权"模式探讨》,《科技与法律》2008 年第 3 期。

如果许可政策能够明确予以界定，那么许可双方将更有可能在法院之外解决他们之间的纠纷，以避免诉讼成本。而且，即便是最终进入司法程序，法院所要处理的也主要是事实问题而非法律问题。"① SSO 许可政策中 FRAND 原则的实现，离不开相关责任条款的规定，缺乏责任条款的许可政策就如同"纸老虎"，对于专利权人没有任何实质性的威慑。因此，SSO 许可政策必须强化对专利权人的约束机制。

（3）SSO 应当主动实施许可政策

SSO 许可政策是由 SSO 制定的，FRAND 原则也是由 SSO 所提出的，如果 SSO 完全置身于 FRAND 许可费的确定以及许可纠纷的解决之外，将不利于许可政策的有效实施。我们认为，SSO 作为标准制定的主导者，不能缺席标准实施过程中 FRAND 许可费的确定以及许可纠纷的解决，否则，将不利于标准的实施与推广。

事实上，从某种意义上来说，参与 FRAND 许可费的确定以及许可纠纷的解决也是 SSO 所应当承担的一项义务。作为独立的主体，SSO 实际上也有其自己的利益追求，在各同一领域中可能存在多个标准，这些标准彼此之间也存在竞争。各 SSO 都希望自己所制定的标准能够吸收最先进的技术方案，从而保证标准的先进性，并能够为更多的企业、消费者所采纳。一项先进的标准必然能够得到广泛的实施，而一项落后的标准则会被淘汰。例如，"在信息通信技术领域就通常同时存在多种标准，彼此之间竞争以获得企业和消费者的接受。一些关键的技术，例如数据库访问模型、文档格式、数字图像格式以及视频、音频格式等，都存在着多种标准，这可以满足不同的需要。最常见的数字照片格式是 JPEG，该标准是 20 世纪 90 年代制定的，其之所以被广泛采纳是因为所有消费类的照相机都可以以 JPEG 格式存储照片，消费者可以使用任何类型的数码照相机拍照并通过 E-mail 传送给其他人或发布在网页上。然而，专业的摄影人员则通常使用其他的数字照片格式，例如 PEG XR 或 TIFF 格式。"②

---

① Kraig A. Jakobsen, Revisiting Standard-Setting Organizations's Patent Policies, 3 Nw. J. Tech. & Intell. Prop. 43, pp. 55 – 56 (2004).

② David A Heiner, Five Suggestions for Promoting Competition through Standards, 7 No. 1 Competition L. Int'l 20, pp. 23 – 24 (2011).

　　这种标准与标准之间的竞争也会使得 SSO 面临着巨大的压力。目前大多 SSO 之所以不介入许可纠纷的解决，一方面是因为这会对专利权人形成一种阻吓，使得专利权人不敢或不愿将自己的专利纳入标准之中，从而不利于标准吸引先进的专利技术；另一方面是因为这会消耗 SSO 大量的人力与物力，从而影响其标准制定。但是，SSO 享受了标准制定与推广所带来的利益，却不愿承担解决标准实施过程中所产生的纠纷的义务，而是将这种纠纷的解决完全推向 SSO 体系之外，要么由许可双方当事人自行协商解决，要么在双方无法自行解决的情况下动用司法资源来予以最终解决。这样导致的结果就是，越来越多的 SSO 都将只注重标准的制定，而不愿介入标准实施过程中所引发的纠纷的解决——尽管其在此方面具有相对优势。换言之，SSO 只愿意追求标准制定所给其带来的可见的利益，殊不知，如果标准实施过程中的纠纷无法得到有效解决，最终会影响标准的制定与实施，只不过这种不利影响在短期内可能无法显现，从而被大多数的 SSO 有意或无意地忽视了。

　　总之，无论是从长远的角度来看标准的制定与推广，还是从 SSO 享有的利益与应当承担的义务之间的均衡，以及 SSO 所具有的独特优势来看，SSO 都不能在 FRAND 许可费的确定以及许可纠纷的解决方面置身事外，而应主动承担起这方面的职责。具体而言，SSO 在许可政策中应当进行如下的制度建构：在 SSO 内部成立专门的分支机构，以承担处理标准实施过程中相关纠纷解决的职责；明确规定如果专利权人与潜在被许可人无法就 FRAND 许可费等事项达成一致并引发其他纠纷时，SSO 可以介入，以确保 FRAND 许可费的确定及相关纠纷的解决；SSO 作出的决定对于双方均具有约束力。当然，SSO 的决定并非最终决定，如果双方对于 SSO 的决定不服的话，可以向法院提起诉讼，由法院来最终予以解决。这似乎与目前的实践并无二致，因为目前许可双方也可以向法院提起诉讼。但事实上，由 SSO 介入作出相关的决定，尽管该决定并不具有终裁的效果，许可双方仍可以向法院提起诉讼，但是，SSO 的决定必然能够解决很大一部分纠纷——原因已在前文述及，包括 SSO 特殊的地位、在专业方面所具有的优势以及对标准总体上的了解等——从而使得这些纠纷得以在法院之外获得解决，这既发挥了 SSO 的优势，进一步强化了其在标准制定过程中的主导性作用，也可以节约司法资源，更为重要的是，能更有利于 FRAND 许可费的确定及许可纠纷的解决。

# 第 四 章

# FRAND 许可费确定问题研究

专利权人与潜在被许可人之间争议的核心问题就是许可费究竟是多少，这关系到双方的核心利益。在潜在被许可人看来，专利权人利用了其专利纳入标准以后所拥有或强化的垄断地位，向潜在被许可人提出高额的许可费，是滥用其垄断优势的一种表现。而专利权人则认为自己所提出的许可费是符合 FRAND 原则的，是自己所拥有专利的正当价值体现。"水至清则无鱼"，正是由于 FRAND 原则本身的模糊性才使得双方都希望能够在这种相对模糊的地带尽可能地扩大自己的利益诉求。虽然 FRAND 原则本身很模糊，但是在具体的标准必要专利许可中最终都需要确定十分具体的 FRAND 许可费率，否则许可争议就不能得以解决。因此，如何确定真正符合 FRAND 原则的许可费，或者说如何将抽象的 FRAND 许可原则具体化为能够指导许可费确定的规则或方法，实际上也就成为因标准必要专利引发的纠纷中的核心问题。在解答这一核心问题之前，首先必须对 FRAND 原则或 FRAND 承诺的性质①作出准确的界定，在此基础上才能确定许可双方在 FRAND 框架之下是何种关系、各自所享有的权利和应承担的义务，然后才能够真正开始探讨 FRAND 许可费确定的问题。

---

① 本书根据不同的场景使用"FRAND 原则""FRAND 承诺"和"FRAND 许可条款"，FRAND 原则是在一般意义上使用的，而"FRAND 承诺"则是从专利权人的角度来使用的，"FRAND 许可条款"则主要是在分析许可合同时使用。上述不同的表述方式都是从不同方面、不同层次对 FRAND 进行的分析，并没有本质区别。

# 第一节　FRAND 承诺性质分析

SSO 在制定标准时都要求那些可能被纳入标准的专利权的所有人作出 FRAND 承诺（FRAND commitment），也即要求潜在的标准必要专利（SEP）权利人承诺，在其专利被纳入标准以后，将以"公平、合理和无歧视"（FRAND）的条款许可其 SEP。FRAND 承诺实际上就是 SEP 权利人为了确保 SSO 将自己的专利纳入标准而作出的交换条件；而在 SEP 权利人与标准实施者之间的具体许可中，SEP 权利人所作出的 FRAND 承诺又成为许可双方进行谈判时应当遵循的 FRAND 原则，许可谈判应当在该原则所确定的框架下展开。

## 一　专利权人向 SSO 所作 FRAND 承诺的性质分析

分析专利权人向 SSO 所作 FRAND 承诺的性质，是为了深刻理解在专利权人与 SSO 之间因 FRAND 承诺而彼此所负之义务，以及各自所享有的权利。专利权人向 SSO 作出 FRAND 承诺，是确保双方各自利益都能得以实现的方式，如果没有 FRAND 承诺，双方之间的关系将陷入僵局。那么，FRAND 承诺能够实现 SSO 和专利权人各自的何种利益呢？

第一，对于 SSO 来说，其在制定标准的过程中，既要确保标准本身的先进性，以使得所制定的标准在与其他标准的竞争中占据优势，又要保证所制定的标准能够被广泛采纳和实施。但是，一旦专利被纳入标准而成为标准必要专利，则专利权人很有可能利用 SEP 所具有的垄断性而从事损害标准实施者的行为，具体表现为专利劫持和专利费堆积问题。这会大大提高标准实施者实施该标准的成本，很多标准实施者会忌惮于此而选择实施其他标准——如果存在其他标准的话，或者直接放弃生产符合该标准的产品。如此一来，SSO 所制定的标准将无法得到实施，而如果标准无法得到广泛实施的话，那么这种标准也就没有了生命力。

为了解决这一问题，不至于使得标准实施者因实施标准而承担过重的专利许可费，SSO 就在标准制定时要求专利权人作出 FRAND 承诺，从而对专利权人形成一种约束，以确保专利权人在其专利成为 SEP 以后不会滥用由此而获得的优势。这样可以对标准实施者也提供一种明确的预期，即实施标准并寻求获得 SEP 许可时不会面临高额的许可费，而是可以根据 SEP 权利人向 SSO 所作的 FRAND 承诺而获得符合 FRAND 条款的许可费，这就解除了标准实施者实施标准的后顾之忧，从而有助于标准能够被广泛采纳和实施。可见，专利权人向 SSO 所作的 FRAND 承诺创制了专利权人向 SSO 所负的一种义务，SSO 借此而向标准实施者提供了一种形式很具体但内容却很抽象的保证。

　　第二，对于专利权人而言，为了确保自己的专利能够被纳入标准，以及消除 SSO 担心专利成为 SEP 以后可能被滥用的顾虑，专利权人作出FRAND 承诺实际上就是一种交换条件，以换取自己的专利能够被纳入标准。专利标准化对于专利权人具有巨大的价值，尽管普通专利与标准必要专利从形式上看区别只是是否被纳入标准之中，或者形象言之是否披上了标准的"外衣"，但二者在许可范围、专利权人的许可地位等方面都将有着质的飞跃。专利权人的专利纳入标准以后，专利许可的范围将随着标准的实施而得到迅速的扩大，标准实施的领域也就是标准必要专利许可的范围，这是专利纳入标准之前的许可范围所无法比拟的。"专利权人同意以 FRAND 条款许可其 SEP，将获得多种利益。例如他们能够影响某一标准的技术发展，以及标准发展的战略方向，包括在哪些领域制定标准、标准制定的优先顺序和标准应用的市场等，这将使得 SEP 权利人在未来标准的制定中获得巨大的权威，并在行业中拥有影响力。此外，还有利于 SEP 权利人生产符合标准的产品的认证和品牌营销。"[1]

　　然而，上述这些利益的获得都需要专利权人付出一定的"代价"，那就是必须承诺依据 FRAND 原则许可其 SEP。事实上，对于普通专利的所有权人而言，其在进行专利许可时也应当做到"公平、合理和无歧视"。因此从这种意义上来说 SSO 要求 SEP 权利人遵守 FRAND 原则并不是一种分外的要求，而只不过是对 SEP 权利人分内义务的一种重申而已。可见，对于专利权人而言，向 SSO 作出 FRAND 承诺实际上就是专利权人为确保自己的专利能够被纳入标准而自愿承担的一种义务，这种 FRAND 承诺对于专利权人是一种约束，而且也是其他主体能够向专利权人提出相关要

---

① Srividhya Ragavan, Brendan Murphy, Raj Davé, FRAND v. Compulsory Licensing: the Lesser of the Two Evils, 14 Duke L. & Tech. Rev. 83, p. 92 (2015).

求的权利源泉所在。

第三，以上分别从 SSO 和专利权人的角度分析了 FRAND 承诺的性质，由于通常情况下专利权人大多都是 SSO 的成员，而且 FRAND 承诺也是专利权人直接向 SSO 所作出的，所以 FRAND 承诺在双方之间具有直接的约束关系。当然，这种直接的约束关系更主要的还是针对专利权人而言的，因为即便专利权人作出了 FRAND 承诺，也并不意味着 SSO 就必须将专利权人的专利纳入标准之中，SSO 在决定将何种专利技术方案纳入标准时具有很大的自由选择权。专利权人作出 FRAND 承诺只是 SSO 将其专利纳入标准的一个必要条件，而非充分条件。然而，FRAND 承诺对于专利权人则具有很强的约束力，如果其违反了该承诺，SSO 可以要求专利权人承担相应的不利后果。在理想情况下，SSO 应该在专利政策中对专利权人所应承担的不利后果等作出明确的规定，以强化对专利权人的约束，但是在实践中大多数 SSO 的专利政策都并未规定，从而使得 SSO 在专利权人违反 FRAND 承诺时所能够向其施加的约束大大减弱，从而导致了专利权人与标准实施者之间许可纠纷的发生。

## 二　SEP 权利人与标准实施者关系中 FRAND 承诺的性质分析

如果说是因为专利权人直接向 SSO 作出 FRAND 的承诺，因而这种 FRAND 承诺的约束效果更为直接的话，那么当标准制定完成以后，SEP 权利人与标准实施者（潜在被许可人）① 之间的关系就不似专利权人与 SSO 之间的关系如此直接了，专利权人并没有直接向标准实施者作出 FRAND 承诺，而只是通过 SSO 间接地向标准实施者作出 FRAND 承诺。那么，这种间接的 FRAND 承诺在 SEP 权利人与标准实施者之间的许可谈判中究竟具有何种性质，或者说这种间接的 FRAND 承诺使得许可双方除了许可谈判关系以外还具有何种关系？对这种间接 FRAND 承诺性质的准确界定，有助于厘清专利权人与标准实施者各自的权利与义务，从而强

---

① "标准实施者"与"潜在被许可人"是同一主体，只不过是在不同的法律关系中的角色不同而已。标准实施者是从实施标准的角度而言的，实施标准也要获得 SEP 权利人的许可；潜在被许可人是从 SEP 许可中专利权人与被许可人之间关系的角度而言的，谋求获得专利许可实际上也是为了实施标准。因此，本书经常交叉使用这两个术语。

化 FRAND 许可原则对双方的约束力。

1. 约束力合同理论

有观点认为，专利权人向 SSO 所作的 FRAND 承诺，在专利权人与标准实施者之间成立了一种有约束力的合同（bingding contract）。该观点主要集中体现在美国法院的两个案例中。

第一个案例是微软诉摩托罗拉案。在该案中微软提出，摩托罗拉向 IEEE 和 ITU 作出依据 RAND 条款和条件许可其必要专利的承诺，这在摩托罗拉与 IEEE 和 ITU 之间成立了具有约束力的合同，而微软是该合同的第三方受益人，因此有权利实施该合同。地区法院支持了微软的主张。[①] 摩托罗拉认为其向 IEEE 和 ITU 所作的承诺只是摩托罗拉单方发出的就 RAND 许可展开谈判的邀约。法院并未支持摩托罗拉的这种主张，而是认为摩托罗拉负有向微软进行 FRAND 许可的义务，而不仅仅是参与到达成 FRAND 条款的双边谈判之中。第二个案例是苹果诉摩托罗拉案。在该案中，法院也认定摩托罗拉作出了依据 FRAND 条款许可其专利的合同性承诺，而苹果则是该承诺的第三方受益人。[②]

在上述两个案例中，法院都认为专利权人所作出的 FRAND 承诺实际上在专利权人与 SSO 之间成立了一种合同，而标准实施者因为是该合同的第三方受益人，因此在专利权人与标准实施者之间也成立了合同。运用这一理论对于解决 FRAND 纠纷具有其独特的优势，因为该理论实际上就将复杂的 FRAND 许可纠纷转化为传统的合同纠纷，而较为成熟的合同法理论能够为具体纠纷的解决提供强大的理论支持。"将 SEP 所有权人作出的 FRAND 承诺视为合同的逻辑结果就是，在 FRAND 诉讼中，能够运用传统的合同法解释方法来进行理解。对合同条款存在分歧绝非许可争议所独有，当许可双方对于合同条款具有冲突性的解释时，有大量的法律文献和法院先例所确定的适当方法可以被采纳。"[③]依据该理论，虽然标准实施者与专利权人之间没有直接签订合同，但却可以通过间接的方式

---

① Microsoft Corp. v. Motorola, Inc., 854 F. Supp. 2d 993, at 999（W. D. Wash. 2012）.

② Apple, Inc. v. Motorola Mobility, Inc., 886 F. Supp. 2d 1061,（W. D. Wis. 2012）.

③ Damien Geeradin, the Meaning of "Fair and Reasonable" in the Context of Third-Party Determination of FRAND Terms, 21 Geo. Mason. L. Rev. 919, p. 921（2014）.

成立合同关系，一旦专利权人违背 FRAND 原则，则标准实施者就能够直接提起诉讼，从而有效解决了标准实施者的诉讼资格问题。标准实施者之所以愿意实施标准，除了生产符合标准的产品能够给其创造利润以外，其中很重要的一个原因就是实施该标准的成本——主要是指为获得该标准所包含的必要专利的许可而支付的许可费——不至于过高，因为 SEP 权利人曾向 SSO 作出 FRAND 承诺，这种承诺也是 SSO 向实施该标准的企业的一种保证。

不过，通过第三方受益人理论来认定专利权人与标准实施者之间也成立一种合同关系，尽管能够较好地解决标准实施者的诉讼资格问题，但是也存在缺陷。一方面，并不是所有司法辖区都承认第三方受益人理论，例如德国合同法就不予以承认。德国的相关判决就认为 SEP 所有权人所作的 FRAND 承诺并未使第三方享有要求获得许可的权利，相反，FRAND 承诺仅仅是 SEP 权利人向第三方发出的要约邀请。2012 年，荷兰法院在处理三星与苹果之间的纠纷时也认定，ETSI 的知识产权政策并没有在三星与苹果之间成立一种许可合同。[1]事实上，目前也主要只有美国运用第三方受益人理论来认定专利权人与标准实施者之间成立合同。另一方面，如果可以运用第三方受益人理论的话，那么这个"第三方受益人"如何认定？目前涉及 FRAND 许可纠纷的案件中，"第三方受益人"本身均为 SSO 的成员，也就是说，专利权人与标准实施者均为 SSO 的成员，在这种情况下，将标准实施者视为"第三方受益人"自然没有较大的争议。但问题是，如果标准实施者本身并不是 SSO 的成员，此时还能够将其视为"第三方受益人"吗？有观点担忧，如果允许非 SSO 的成员也能够实施 FRAND 承诺的话，那么这将使得广大的公众也成为第三方受益人。不过，也有观点认为，如果非 SSO 成员实施标准，则应该有资格作为第三方受益人实施 FRAND 承诺，因为"标准实施者"是一个独特的群体，这与允许广大公众实施 FRAND 承诺并不相同。[2]

---

[1] See Thomas F. Cotter, Comparative Law and Economics of Standard-Essential Patents and FRAND Royalties, 22 Tex. Intell. Prop. L. J. 311, p. 318 (2014).

[2] See Jay P. Kesan, Carol M. Hayes, FRAND' Forever: Standards, Patent Transfers, and Licensing Commitments, 89 Ind. L. J. 231, p. 276 (2014).

运用合同以及第三方受益人理论理解专利权人与SSO、标准实施者之间的关系，在一定程度上有助于理顺三者之间的关系，也明确了各自的角色定位以及相应的权责。但除了上述的缺陷以外，该理论在实践中还面临着更大的挑战。依据一般的合同法理论，合同的成立要求双方就相关的合同内容作出明确而具体的规定，这样才能避免合同双方在履行合同的过程中因为双方对合同条款存在较大的争议而导致合同目的无法实现，因此，应对合同中的核心条款如价格、支付方式等作出详细规定。但是FRAND承诺的内容是十分模糊的，这导致的结果就是，即便在专利权人与SSO、标准实施者之间成立了合同，但这种合同完全是不可能履行的。如果允许合同双方各自对FRAND条款进行解释，那么其各自的解释必然会存在很大冲突。如此一来，运用该理论也只是从形式上对各方的关系进行了界定并明确了权责，但实质上对于问题的解决并不能发挥真正的作用。此外，有一点不能忽视的，那就是在实践中大多数SSO例如IEEE和ETSI都在专利政策中明确规定自己不会介入到FRAND许可纠纷的解决中去，这就使得即便在理论上SSO与专利权人之间成立了合同，但实践中SSO却并不是合同的当事方，SSO并不会主张自己所享有的合同权利，对于专利权人违反合同义务的行为也不会追责。这就使得标准实施者作为第三方受益人所依赖的合同也仅仅是形式上的合同，标准实施者自然也就无法实施这种形式上的合同了。

2. 强制缔约义务的性质

在华为诉IDC一案中，法院并不认为专利权人作出的FRAND承诺事实上在专利权人与标准实施者之间成立了合同关系。该案的法官撰文指出，专利权人作出的FRAND承诺"应理解为标准必要专利权人对标准实施者以及潜在的实施者负有以符合FRAND条件许可的义务，该义务与供水、供电、供气等垄断企业所担负强制缔约义务相似。"①可见，该观点实际上是认为FRAND承诺产生了一种强制缔约的义务。

契约自由是合同法的基本原则，但是在某些情况下，例如为了维护社会公共利益或者保证其他主体的基本需求，从而需要对合同当事人的

---

① 叶若思、祝建军、陈文全：《标准必要专利使用费纠纷中FRAND规则的司法适用——评华为公司诉美国IDC公司标准必要专利使用费纠纷案》，《电子知识产权》2013年第4期。

这种契约自由进行限制，强制合同当事人必须与其他主体订立合同。由于契约自由是一项基本原则，因此应当是一种常态，而强制缔约只能是一种非常态。"合同自由是合同法的基本原则，强制缔约却排斥了缔约自由，通常也会排除当事人双方共同决定合同内容的自由，所以，它只能在具备特别理由的情况下才应被法律承认。"[①]在我国，强制缔约义务主要存在于以下领域：公共运输、电信、电力、供水、供热、供气、危重病人及急诊情形下的医疗、机动车强制保险等。由此可见，这些领域要么是与民生密切相关的，如电、热、水、气；要么是涉及紧急情形，如危重病人就医；要么就是关系到社会利益的，如机动车交通事故强制保险。这些领域的特殊性决定了合同一方的契约自由必须受到限制，只有强制合同一方与另一方缔结合同才能保护另一方的基本利益，实行强制缔约的情形是有限的，而不能无限扩张，否则将是对被强制缔约一方权利的侵犯，契约自由也将名存实亡。总之，强制缔约义务理论的适用应当受到严格限制。

那么，FRAND 承诺是否就具有强制缔约义务的性质呢？SEP 是标准实施者依据标准从事生产时所必须寻求获得许可的一种专利，这种情形与消费者必须获得电、热、水、气、特殊情况下的医疗服务的情形是否具有相似性？如果具有相似性的话，则 FRAND 承诺自然就具有强制缔约的性质，SEP 权利人也就必须与标准实施者订立许可合同，否则标准实施者将遭受到类似于消费者无法获得电、热、水、气等服务时的不利境况。如果消费者无法获得电、热、水、气等服务，则其基本的生活消费需求将无法得以满足，会严重影响正常的生活；如果标准实施者无法获得 SEP 许可，则其将无法依据标准而从事生产，这可能也会影响企业的生存。从表面上看，企业所面临的生存危机与消费者所面临的基本生活消费需求无法得到满足，二者在性质上具有类似程度的严重性。从这一点来说，将专利权人所作的 FRAND 承诺视为一种强制缔约义务的性质，从而以此保护标准实施者的权利，也就自然能够成立了。

但是，我们应当注意到，在供电、供水等领域中负有强制缔约义务的企业一般都是公共企业，它们与一般为私人企业的专利权人不同，前

---

① 崔建远：《合同法》，北京大学出版社 2012 年版，第 46 页。

者所承担的公共职能更大。标准本身也具有公共的性质，"标准，尤其是法定标准具有明显的公共产品属性，本质上属于社会公共资源，强调技术的统一、开放和普遍适用"。① 但这并不意味着专利一旦被纳入标准也就具有了公共属性、进入了公共领域，否则标准实施者也就无须谋求获得专利许可了。尽管标准赋予了 SEP 一定的公共属性，但其本质上仍然主要是私人财产权。因此，SEP 权利人与承担着供电、供水等公共职能的企业是存在本质区别的，将 SEP 权利人所作的 FRAND 承诺视为具有强制缔约义务性质并不合理。

如果认为 FRAND 承诺具有强制缔约义务的性质，这也会造成专利权人义务过重的情况。虽然专利权人向 SSO 作出 FRAND 承诺，但只有当许可费符合 FRAND 条款时，专利权人才会与标准实施者订立许可合同。如果许可费不能反映 SEP 的价值，强制专利权人与标准实施者订立合同，显然是对专利权人权利的一种侵犯。强制缔约的领域中，由于负有强制缔约义务的企业大多是公共企业，因此其所提供的商品或服务的价格一般都是确定的。"通过强制缔约方式所形成的合同内容，有国家或行业标准的，依该标准确定；无此标准的，按合理的标准确定。例如，电价、水价、公共交通的票价、出租票价等都经由物价部门确定或者核准。假若允许缔约义务人任意要价，对用户和消费者不免过于苛刻，强制缔约制度的运行结果可能违背设立的初衷。"② 因此，在这些强制缔约领域中，双方争议的焦点并不是价格问题，而是供电、供水等企业是否有权利拒绝向特定消费者供电、供水，由于水、电都是满足消费者基本生活需要的商品，因此供电、供水等企业并不能拒绝，而是负有强制缔约的义务。

但是，在 FRAND 许可纠纷中，双方争议的焦点主要是许可费问题，许可双方都应当本着善意的原则展开协商，确保所确定的许可费既能体现 SEP 的价值，又不至于过高从而使得标准实施者无利可图。在实践中，往往是 SEP 权利人更为强势，之所以要求其作出 FRAND 承诺，实际上就是希望借此来对其强势地位予以制约；如果规定 SEP 权利人负有强制缔约义务的话，则又会使得 SEP 权利人处于一种弱势的地位，因为标准实

① 王先林：《涉及专利的标准制定和实施中的反垄断问题》，《法学家》2015 年第 4 期。

② 崔建远：《强制缔约及其中国化》，《社会科学战线》2006 年第 5 期。

施者可能会利用 SEP 权利人所负有的强制缔约义务，从而提出明显不符合 FRAND 原则的过低许可费。虽然我们反对 SEP 权利人滥用标准所赋予其垄断势力，但是我们同样反对通过强制缔约义务赋予标准实施者某种谈判优势。

3. FRAND 承诺创设了一种普遍性的义务

FRAND 承诺形式价值大于实质价值。SSO 之所以要求专利权人作出 FRAND 承诺，其目的就在于促使专利权人依据"公平、合理和无歧视"的原则向标准实施者许可其专利，从这一点来看，FRAND 承诺的价值主要在于为许可费确定一个基本的框架，即必须符合 FRAND 原则。由此，才有观点认为应当依据约束力合同理论、强制缔约义务理论来理解 FRAND 承诺的性质，在 SEP 权利人与标准实施者之间成立一种普通的合同，或者强制缔约下的合同。但在我们看来，附加在 FRAND 承诺之上的这些理论以及期望，可能是 FRAND 承诺难以承受的。仅仅依靠 FRAND 承诺根本无法确定具体的许可费，"公平""合理"和"无歧视"这些术语本身就是法学理论一直探索但仍然没有——事实上可能也不会有——具体界定的概念，这些模糊的概念是各主体都能够接受的，是其各自利益的最大公约数，这些模糊的概念能够成为各主体利益的寄托点，可以有很大的解释空间。因此，这些术语所代表的原则是绝大多数主体都能够接受的，而具体规则可能对相关的争议点都作出了明确规定，所以对于某些主体而言，具体规则消除了他们进行自我利益最大化解释的空间，因而详细的规则有时反而难以得到支持。

对于 SSO 而言，模糊的 FRAND 承诺对其是有利的。一方面，模糊的 FRAND 承诺可以消除专利权人的担忧，因为专利权人只需要作出抽象的 FRAND 承诺，而没有任何具体的义务的约束，这种承诺不会给专利权人带来任何实质性的利益损害；同时，专利一旦纳入标准将给专利权人带来巨大的利益。因此，FRAND 承诺可以促使专利权人将自己的专利纳入标准之中，这能够确保标准对于先进专利技术的吸引力，进而确保标准的先进性。另一方面，尽管 FRAND 承诺模糊，但却可以消除标准实施者实施标准的后顾之忧，FRAND 承诺能够给予标准实施者一种信赖利益的期待，即在寻求 SEP 的许可时，能够以 FRAND 条款获得这种许可，这能够吸引越来越多的企业实施该标准，从而能够扩大标准的实施范围。另外，SSO 通过专利政策排除了自己确定具体 FRAND 许可费、解决 FRAND 许可纠纷的职责，这也可以减轻 SSO 的"负担"。总之，FRAND 承诺是有利于 SSO 自身的利益的。

从专利权人的角度来看，向 SSO 作出 FRAND 承诺，对于专利权人而言并没有任何实质性的约束和损害，因为专利权人可以提出自己认为符合 FRAND 原则的许可费，并且拒绝标准实施者所提出的在专利权人看来不符合 FRAND 原则的许可费，正如实践中专利权人所做的那样。专利权人收取一定的许可费是应当的，因为"专利权的获得，花费了专利权人大量的时间、心血和费用，被许可人支付的专利费用，是对专利权人劳动的一种合理补偿"，而且，"按照国际惯例，一般讲，收取使用费的数额，占使用该专利技术所获利润的10%—20%是合理的"。[1]虽然收取利润的 10%—20% 的专利使用费在当今可能并不合理，但这至少表明，对于普通专利——而非标准必要专利——而言，专利权人所能收取的专利使用费也应当是在一定范围之内的，超出一定的范围就是不公平、不合理的。从这个方面来看，FRAND 原则只不过是重申了普通专利许可时所应当坚持的公平、合理的原则，作为特殊专利的 SEP 在许可时，更是应当遵循普通专利的许可原则。总之，FRAND 承诺在本质上并没有加重专利权人的义务，反而还能够使得专利权人享受专利被纳入标准所带来的巨大利益，因此，FRAND 承诺对于专利权人是有利的。

FRAND 承诺对于标准实施者也是有利的。从理论上来看，FRAND 承诺使得标准实施者不用过分担心实施标准的成本问题，因为 FRAND 原则可以将 SEP 权利人所能够收取的许可费限定在公平和合理的范围之内。"FRAND 承诺在理论上可以为市场参与者提供一般性的慰藉，那就是专利费的负担不会让人望而却步，而且，更为重要的是，专利许可无论如何都是可以获得的。"[2]尽管 FRAND 承诺并不是专利权人直接向标准实施者所作出的，但标准实施者可以合理信赖 SSO 的专利政策，正是在该政策中 SSO 要求专利权人向未来的标准实施者进行符合 FRAND 原则的

---

① 郑成思等：《知识产权法教程》，法律出版社 1993 年版，第 204、208 页。

② Jorge L. Contreras, A Brief Hitory of FRAND: Analyzing Current Debates in Standard Setting and Antitrust Through A Historical Lens, 80 Antitrust L. J. 39, p. 42 (2015).

许可。

总之，FRAND 承诺对于 SSO、专利权人和标准实施者这些最为重要的主体而言都是有利的，因而能够得到它们一致的接受。但是，这可能只是纠纷发生之前的一种假象，一旦发生纠纷，FRAND 承诺所制造的"和谐"的景象将化作幻影。在某种程度上甚至可以说，正是 FRAND 承诺本身引发了许可纠纷，因为利益的纷争往往存在于规则模糊的地带，而 FRAND 承诺则是这种模糊规则的源泉。因此，在纠纷发生之前，FRAND 承诺使各方的利益诉求都能够得以实现，但一旦发生纠纷，FRAND 承诺以及 FRAND 原则又无助于争议的核心——具体许可费的确定——问题的解决。从这一点来看，我们认为 FRAND 承诺本身的价值根本就不在于直接确定许可费，而只不过提出了确定许可费所应当遵循的原则，即"公平、合理和无歧视"，但该原则其实原本就存在于法的基本理念中。"尽管人们常常从自由、平等、安全和幸福的角度对法的价值目标予以考量，但在更为概括的意义上，这种考量又可以被归结为法与正义的关系问题。"[1]法律是实现正义的最主要的方式，而"公平""合理"和"无歧视"本质上都是正义的要求。基于此，我们认为 FRAND 承诺形式上的价值要大于其实质上的价值即确定具体的许可费。那么，既然 FRAND 承诺在标准必要专利这一领域中的主要价值不在于确定具体的许可费，其又具有何种独特的价值呢，毕竟标准必要专利的相关问题都是围绕 FRAND 原则而展开的。我们认为，可从以下几个方面来理解 FRAND 承诺和 FRAND 原则的制度价值，这也是其属性之所在。

（1）FRAND 承诺在于实现利益的平衡。一方面，FRAND 承诺可以实现 SSO 内部两种重要利益的平衡，即既要能够吸引专利权人参与 SSO 中，以确保所制定标准的技术质量和先进性；又要最大限度地确保标准能够得到广泛的采纳，而这就要求 SSO 保证标准实施者不会受到专利权人专利劫持以及垄断行为的危害。[2]另一方面，FRAND 也要在 SEP 权利人与标准实施者之间实现利益平衡。SEP 权利人和标准实施者是 FRAND 许可纠

---

[1] 朱景文：《法理学》，中国人民大学出版社 2008 年版，第 68 页。
[2] See John D. Harkrider, Seeing the Forest Through the SEPs, 27 – SUM Antitrust 22, p. 23 (2013).

纷中的直接当事方，FRAND 原则内在的要求就是平衡二者的利益，避免出现利益失衡的情况。既能确保 SEP 权利人能够实现其专利的价值，又能够使得标准实施者以合理的代价获得 SEP 许可，从而实现共赢的结果。如果出现利益失衡，任何一方利益无法得到保障的话，则标准制定、实施的过程将是不可持续的，最终也将损害对方的利益。

（2）FRAND 承诺在于对专利权人形成一种约束，为其创设特定的义务。专利权人的角色和地位在标准制定的过程中发生了重大转变。在标准制定过程中，专利权人在 SSO 面前实际上是处于一种相对弱势地位的，因为通常而言标准制定是一个"买方市场"，即 SSO 在众多的专利技术中有较大的选择权，而互相竞争的专利技术只能处于一种被挑选的地位，此时 SSO 可以以作出 FRAND 承诺作为将某专利技术纳入标准的条件，专利权人自然不得不作出此种承诺——尽管这种承诺并不会损害专利权人的正当利益。而一旦标准制定完成以后，专利权人就由之前的相对弱势地位转变为相对强势的地位，尤其是在与标准实施者之间的关系中更是如此。在防止专利权人滥用自己的这种相对强势的地位方面，FRAND 承诺自然就能够发挥重要的制约作用，这也是 SSO 要求专利权人作出FRAND 承诺的重要原因所在。FRAND 承诺使得 SEP 权利人"铁板一块"的标准必要专利权不再是坚不可摧的，FRAND 承诺就相当于是在这"铁板一块"的权利上打入了一个"楔子"，当专利权人违背 FRAND 承诺时，则借助于该"楔子"就能击破专利权人的 SEP，从而为标准实施者争取到合理的利益空间。

（3）FRAND 承诺能够为标准实施者提供一种寻求救济的通道。FRAND 承诺给标准实施者提供的一种信赖固然重要，但更为重要的是在纠纷发生时能够为标准实施者寻求救济提供根据。专利权人向 SSO 作出FRAND 承诺，实际上也是对所有实施该标准的标准实施者所作出的承诺，即专利权人愿意以 FRAND 条款和条件向标准实施者许可其 SEP。这实际上就是专利权人向标准实施者所作出的一种普遍承诺，是专利权人相对于标准实施者所负的一种普遍性的义务。如果相关主体尚未采纳标准，也即尚不具有标准实施者的角色地位时，专利权人对于这些主体不负有任何实质性的义务，这些主体不能对专利权人提出任何主张。但一旦这些主体选择实施标准，即具有标准实施者的角色和地位时，专利权人所作的 FRAND 承诺对于这些主体就立刻转化为一种普遍性的、具体的义务。如果专利权人不履行该义务，未依据 FRAND 原则许可其专利时，则标准实施者就可以寻求救济，而救济权的来源则正是专利权人 FRAND 承诺所产生的普遍性义务。"如果专利权人拒绝进行 FRAND 许可，这会引起潜在的被许可人提起诉讼，并且这不会影响 SSO 单独针对专利权人提起违反合同之诉。"①

因此，在具体的许可谈判过程中，如果 SEP 权利人利用 SEP 所具有的垄断优势而向标准实施者提出不符合 FRAND 原则的许可费要求，标准实施者就可以 SEP 权利人违反 FRAND 承诺而提起诉讼。"FRAND 承诺制度实际上是在 SEP 权利人'铁板一块'的专利之墙上打入的一个'楔子'，一旦 SEP 权利人提出显失公平、非合理的专利许可要求，则被许可人可借助于该'楔子'击碎 SEP 权利人的专利之墙，从而迫使 SEP 权利人回归到现实的谈判中来，而非一味倚仗自己拥有标准必要专利而提出过分的要求。FRAND 承诺制度本身并不能解决 SEP 专利许可费纠纷问题，而只不过是为解决该问题提供了一个通道或跳板，借助于该通道或跳板进入下一个纠纷解决平台，其中又主要以司法途径为最主要的方式。"② 在实践中，绝大多数的 FRAND 许可纠纷案件，都是作为原告一方的标准实施者以被告 SEP 权利人未依据 FRAND 承诺进行许可为由而提起诉讼的。

总之，我们认为 FRAND 承诺创设了专利权人向所有标准实施者所负的一种普遍性义务。在许可纠纷发生前，FRAND 承诺能够满足专利权人、标准制定组织和标准实施者各方利益的需求。当许可纠纷发生以后，FRAND 承诺所创设的这种普遍性义务又能够为标准实施者提供一种提起诉讼的根据，使得许可纠纷能够进入司法解决的通道，这样也使得 SSO 即便不介入许可纠纷的解决也不至于没有相关的救济方式。FRAND 承诺的价值也主要体现在以上方面，在确定具体的许可费时，FRAND 承诺只能提供一个模糊的原则，而不能据 FRAND 原则本身就能够直接确定具体

---

① Srividhya Ragavan, Brendan Murphy, Raj Davé, FRAND v. Compulsory Licensing: the Lesser of the Two Evils, 14 Duke L. & Tech. Rev 83, p. 93（2015）.

② 谭袁：《标准必要专利价值增值的审视及制度建构》，《竞争政策研究》2016 年第 2 期。

的许可费，这就需要在 FRAND 原则之外就确定 FRAND 许可费的具体规则展开研究，并在具体案例中结合这些规则来确定许可费率。

## 第二节　FRAND 许可费确定规则探析

FRAND 原则过于模糊，对于确定 FRAND 许可费并不能提供实质性的支持，这就决定需要进一步细化 FRAND 原则，在 FRAND 原则之下提出一些更为具体的规则，依据这些具体的规则来确定符合 FRAND 原则的许可费。FRAND 许可原则的价值要求只有借助于这些具体规则才能真正得以实现，否则就难以"落地生根"而只能存在于观念之中。需要说明的是，体现 FRAND 原则价值要求的这些规则尽管比 FRAND 原则更为具体，但其也不可能提出公式般的计算方法，而只是操作性、指导性更强罢了而已，但这也正是这些规则最大价值之所在。

FRAND 许可费确定的最大利益相关方就是专利权人和标准实施者，具体的许可费率直接关系到双方的核心利益。如果许可费确定得过高，则会导致专利权人获得超出其专利价值的利益，而标准实施者则将付出额外的代价；如果许可费确定得过低，则专利权人的专利价值无法得到真正体现，而标准实施者则可以占得便宜。上述两种情形对于双方来讲都是不公平的，但由于专利权人往往会因标准化而获得垄断势力，因此在实践中绝大多数情况下出现的是第一种情形。这要求在确定具体规则时，应当尤为注意专利权人可能存在的滥用垄断势力的行为。

### 一　排除垄断因素的影响

FRAND 许可费的确定应排除垄断因素的影响。标准一旦制定，则意味着包含在标准之中的专利技术就难以被替换，因为许多企业已经依据该标准从事相关的生产，修改标准的成本过高。这种客观情况的存在事实上赋予了那些被纳入标准的专利一种"一劳永逸"的优势，只要争取被纳入标准，那么现有的标准就不可能将其剔除。只要标准继续有效存在，或者说只要没有更新的标准出现以取代现有的标准，则专利权人就能够一直享受专利存在于标准之中所带来的好处。专利权人所享受的这种好处正是标准化所带来的，因为标准的制定终结了众多彼此具有替代性的专利技术之间的竞争，使得最终被纳入标准的专利技术成为竞争的胜利者，并迅速借助于标准的"庇护"转化成垄断者。

如果说专利权人所提出的许可费是其利用自身的垄断地位而作出的，则这种许可费中就包含了垄断的因素。换言之，在竞争的条件下，专利权人是无法提出该许可费要求的，因为标准实施者可以选择其他许可费更低的替代性专利技术，只是由于标准化将这些替代性的专利技术排除在标准之外，即便替代性技术的许可费用更低，也因为未被纳入标准而不能对标准必要专利形成有效的约束。这也是为什么 SSO 要求专利权人作出 FRAND 承诺的重要原因，以期 FRAND 承诺能够代替那些替代专利技术的约束，避免 SEP 权利人滥用标准化所带来的垄断优势。"每一个 FRAND 承诺都能够被认为是一项契约义务，是一个可以被实施的承诺，即专利权人所作的不收取垄断价格的承诺。"[1]但是，在许多专利权人看来，FRAND 承诺只是其专利进入标准的一座"桥梁"，一旦其专利借助于该"桥梁"成为标准必要专利之后，一些专利权人就会选择过河拆桥，将 FRAND 承诺视为一纸空文。从某种程度上而言，标准必要专利所具有的垄断力也是一种资源，这种资源是专利权人经过竞争将其他替代性专利技术排除之后所获得的，因此专利权人也往往会将这种资源的价值发挥到最大，其中最为重要的形式就是向标准实施者收取垄断价格。

显然，任何包含有垄断因素的许可费都是不符合 FRAND 原则的，都是专利权人对自己所作的 FRAND 承诺的严重违反。在确定 FRAND 许可费时，必须排除许可费构成中垄断因素所可能对应的部分。在标准制定以后，要排除垄断因素相对来讲十分困难，因为无法确定许可费中哪些部分是由垄断因素带来的。因此，最为理想的方式就是回溯到垄断形成之前，专利技术尚与其他替代性专利技术展开竞争的阶段，该阶段标准尚在制定的过程之中，各专利技术彼此之间正在展开激烈的竞争，以争取能够被 SSO 所采纳，该阶段的竞争是充分的，竞争所形成的价格自然也就不包含垄断因素，因而也是最为接近 FRAND 许可费标准的价格。

总之，基于标准制定的特殊性，即标准本身会产生垄断，会赋予被纳入标准的专利技术垄断力，这就决定了在 SEP 权利人与标准实施者之

---

[1]　Christopher R. Leslie, Monopolization through Patent Theft, 103 Geo. L. J. 47, p. 71 (2014) .

间的许可谈判中，SEP 权利人会利用自身的这种垄断优势而要求标准实施者接受包含有垄断因素的许可费。禁止和排除利用垄断力损害其他主体利益的行为是反垄断法宗旨的必然要求，而排除许可费确定中所存在的垄断因素则也是 FRAND 原则的基本要求。

## 二 以 SEP 的贡献度为依据

FRAND 许可费的确定应以 SEP 的贡献度为依据。SEP 的贡献度主要是指其自身的价值的外在化表现。正如商品的价格是由商品的价值所决定的，标准必要专利的价格也即专利许可费也应当是由其价值所决定。标准必要专利的价值则主要体现在两个方面：一方面是 SEP 对于标准的价值，如果没有这些 SEP，则标准可能根本就无法得以制定；另一方面是 SEP 对于标准实施者产品的价值，这实际上又主要是通过标准对标准实施者产品的价值予以间接体现的，如果标准对于标准实施者产品价值越大，则相应的包含在标准中的 SEP 对于产品的价值也越大，反之，则越小。FRAND 许可费的确定不能脱离这两方的价值考量，否则就是脱离价值的虚高或畸低，这对于标准实施者和 SEP 权利人而言都是不公平的。

1. FRAND 许可费的确定应考量 SEP 对于标准的价值贡献

标准实际上就是由技术方案所组成的，标准中的某项技术方案可能含有成千上万个专利，例如在 802. 11Wi – Fi 标准中就有 3000 多个必要专利的声索，在 H. 264 标准中至少有 2500 个必要专利。"一旦某专利权人的专利被纳入标准而成为 SEP，则该专利权人将在许可谈判中获得巨大的优势。SEP 权利人可以阻止竞争对手实施该标准，即便其 SEP 在标准中只占有非常小的部分。相应地，SEP 权利还可以要求标准实施者支付超竞争性的许可费，而这并非基于其专利技术的价值，而是基于整个标准的价值。"①专利权人在标准中的影响力，与其专利的数量或者说其专利在标准中所占的比重并没有直接的关系，而起决定性作用的是专利是否为标准所必要的，如果是非必要的专利，则这些专利数量再大，也没有数量较少甚至单一的必要专利的影响力大。由此可见，标准必要专利往往能

---

① Layne S. Keele, Holding Standards for Randsome: A Remedial Perspective on RAND Licensing Commitments, 64 U. Kan. L. Rev. 187, p. 189 (2015).

够起到"四两拨千斤"的效果，即便某一必要专利在标准所包含的所有必要专利中只占千分之一，这一必要专利的权利人同样可以阻止标准实施者实施该专利，即便标准实施者已经获得了其他百分之九十九的必要专利权人的许可。这就如同是铁索桥上的单个铁索一样，如果起承重作用的任何一个铁索断裂，都可能会导致整个铁索桥的崩塌，从这个角度来看每一个铁索起着决定整座桥安全与否的作用，但我们能认为每一个铁索的价值就相当于整座桥的价值吗？显然不能，因为尽管从质的角度看可能每一个铁索都决定这整座桥的安危，但从量的角度来看，整座桥可能是由成千上万个铁索所组成的，所以单个铁索的价值应当只占整座桥的千分之一或万分之一，这才应当是单个铁索在整座桥中所具有的真正价值。

因此，我们应当抑制单个SEP"四两拨千斤"的效果，而应当将SEP专利人在许可谈判中所具有的影响力压缩到与该SEP在整个标准中所占比重相符，换言之，应当考察具体SEP对于标准的贡献度。由于同样是SEP，有的SEP对于标准的技术贡献会比其他SEP更大，如果对此不加以区分的话，则对于那些高价值的SEP是不公平的，将无法体现其相对于其他SEP的技术优势与贡献。因此，在衡量SEP对于标准的价值时，最为理想的方式是做到"质的考量"与"量的考量"相结合，只有这样才能够真正确保客观、准确。但是，在成百上千个标准必要专利中确定每一个SEP的具体价值，不仅从实际的工作量角度来看可能是难以完成的，而且准确确定不同标准之间的相对价值也将是不可能的。因此在实践中，除非特定SEP权利人能够提出确凿的、令人信服的证据，以证明其SEP相对于其他SEP所具有的价值优势，否则一般情形下就只能依据SEP在所有SEP中所占的数量比重来予以确定，这也是一种次优的选择。

2. FRAND许可费的确定应考量SEP对标准实施者产品的价值贡献

标准实施者所生产的产品，虽然使用了专利权人的SEP，但是SEP必然只是产品的一部分，而不可能是产品的全部。因此，专利权人所能够向标准实施者所收取的许可费，应当以SEP对于产品的价值贡献为依据进行计算，价值贡献越大，则收取的专利费相应就越高，反之就只能收取较低的许可费。SEP对于标准实施者产品的价值贡献是通过标准的实施来予以实现的，标准实施者不可能不实施标准而单独使用SEP，因此

SEP 的价值贡献又可以转换为标准对标准实施者产品的价值贡献。

尽管是否实施某一标准完全是自愿的，但实践中某些标准的实施在客观上却是强制性的，因为如果企业不实施这些标准的话，则其所生产的产品将无法与其他产品相兼容，或者将不具有基本的产品功能。例如 Wi－Fi 标准就是如此，对于智能手机等电子产品而言，如果不具有 Wi－Fi 功能的话，在市场上将没有任何竞争力可言，尽管 Wi－Fi 标准可能在产品整体中只占据了非常小的部分。"由于实施这些标准是在市场展开竞争所必需的，因此 SEP 权利人就能够从标准实施者那里索取超过 SEP 实际经济价值的许可费。"①

由于 SEP 对标准实施者产品的价值贡献是与标准本身密切相关的，前文就 SEP 对标准的价值贡献已有所论述，因此我们可以从 SEP 和标准这两个方面来分析 SEP 对标准实施者产品的价值贡献。具体而言可以分为以下四种情形：

| | SEP 对标准的价值贡献 | 标准对标准实施者产品的价值贡献 | SEP 对标准实施者产品的价值贡献 |
|---|---|---|---|
| (1) | 小 | 小 | 小 |
| (2) | 小 | 大 | 小 |
| (3) | 大 | 小 | 小 |
| (4) | 大 | 大 | 大 |

第（1）种情形，SEP 不仅对标准的价值贡献小，而且标准本身对标准实施者产品的价值贡献也较小，此时 SEP 对于标准实施者产品的价值贡献自然也就很小了。例如，在微软诉摩托罗拉一案中，法院就认定摩托罗拉的专利对于 H. 264 标准的技术贡献非常小，而且 H. 264 标准对于微软的产品的贡献度也非常小。②基于此，摩托罗拉在 H. 264 标准中所拥有的 SEP 对于微软的产品就仅具有非常小的价值贡献。

---

① Kassandra Maldonado, Breaching RAND and Reaching for Reasonable: Microsoft v. Motorola and Standard-Essential Patent Litigation, 29 Berkeley Tech. L. J. 419, p. 428 (2014).

② Microsoft Corp. v. Motorola, Inc., No. C10 – 1823JLR, 2013 WL 2111217, (W. D. Wash. Apr. 25, 2013).

第（2）种情形，SEP 对标准的价值贡献度小，但标准对标准实施者产品的价值贡献则较大，尽管如此，我们认为 SEP 对于标准实施者产品的价值贡献也较小，因为标准的技术贡献大并不代表是 SEP 的技术贡献大。例如，虽然标准对产品的贡献达到了 30%，但 SEP 只占了标准中的很小一部分，假设贡献了 2%，此时 SEP 对产品的价值贡献也只有 $30\% \times 2\% = 0.6\%$。标准对产品的价值贡献大是由于其他标准中所包含的其他必要专利的价值贡献，而非此处我们所假设的 SEP。

第（3）种情形，SEP 对标准的价值贡献度大，但标准对标准实施者产品的价值贡献度小，此时，SEP 对于标准实施者产品的价值贡献度仍然较小。例如，虽然某 SEP 对标准具有非常大的价值贡献，但是由于该标准本身已经比较落后，有其他更为先进的标准或者有其他竞争力更强的替代性标准，此时由于标准本身对于标准实施者产品的价值贡献已经较小了，SEP 对标准较大的价值贡献度也自然就难以转化为对标准实施者产品的较大价值贡献。

第（4）种情形，SEP 对标准的价值贡献度大，而且标准对于标准实施者产品的价值贡献度也很大，此时 SEP 对于标准实施者产品的价值贡献度也将很大。此种情形也就是"关键标准中的关键专利技术"，这自然对于标准实施者的产品就具有很大的价值。

总之，在确定 FRAND 许可费时，也应当在 SEP 权利人与标准实施者之间进行"换位思考"。一方面，SEP 权利人应当从标准实施者的角度来体谅较高的许可费也会给标准实施者带来较大的成本压力；另一方面，标准实施者也应当从 SEP 权利人的角度来认识合理的许可费是对 SEP 权利人发明创造的补偿和激励。但鉴于在具体的许可费谈判中，SEP 权利人往往处于优势的地位，因此更需要 SEP 权利人进行上述的"换位思考"。在确定许可费时，不能仅仅因为 SEP 权利人认为其所拥有的 SEP 具有很高的价值，就因而认定标准实施者应当支付较高的许可费，因为 SEP 的价值虽然很高，但对于标准实施者的产品而言可能根本就不具有多大的价值。此时我们就不能脱离 SEP 对标准实施者产品的价值，而纯粹从孤立的 SEP 价值自身出发来确定标准实施者所应当支付的许可费，而是应当具体考察 SEP 对于标准实施者产品的价值贡献，以此作为确定 FRAND 许可费的重要依据之一。

### 三 确保 SEP 权利人的正当利益

FRAND 许可费的确定应当确保 SEP 权利人的正当利益。虽然一般而言在 SEP 权利人与标准实施者二者的关系中，SEP 权利人拥有垄断地位进而能够向标准实施者提出垄断高价，因此 SEP 权利人的行为通常更受到关注，对 SEP 权利人予以必要限制固然无可厚非，但我们不能因此就形成一种先入为主的偏见，即认为 SEP 权利人是强势主体，对其行为必须予以高度警惕，而标准实施者是弱势主体，对其应当给予必要的同情。换言之，对于 SEP 权利人的正当利益也必须予以充分的保护，这种保护不能因为 SEP 权利人具有的强势地位而有所弱化。SEP 权利人滥用垄断势力索取高额许可费的行为应被禁止，但获得能够体现其 SEP 真实价值的许可费也是 SEP 权利人的正当权利。

如果说 FRAND 中的"无歧视"是仅针对 SEP 权利人所提出的要求的话，那么"公平"和"合理"——虽然主要是针对 SEP 权利人，但也——不仅仅是针对 SEP 权利人，也是针对标准实施者所提出的要求。标准实施者可以反对 SEP 权利人所提出的不符合"公平""合理"要求的许可费，同样，SEP 权利人对于标准实施者所提出的不符合"公平""合理"要求的许可费也有权予以拒绝。"FRAND 许可费要做到'公平和合理'，确定许可费时就必须既考虑那些寻求获得专利技术的主体的利益，也要考虑如果技术失败、未能纳入标准的风险，以及未能查明并从侵权行为获得赔偿的风险。"[①]如果专利权人的合法权益无法得到保障的话，那么很有可能导致在标准制定的过程中，许多专利权人将选择退出，而不是积极参加标准的制定。这要么会导致标准无法制定，要么会导致标准只能纳入一些落后的专利技术，从而无法保证标准的先进性。无论何种情形，最终都会损害标准实施者、消费者以及整个社会的利益。从某种程度上来说，不保障 SEP 权利人的合理利益，甚至可能比个案中单个标准实施者的合理利益没有受到保护，所造成的不利影响要更大。因为不保护 SEP 权利人合理利益导致标准无法制定或制定落后的标准，这不仅会损害单个标准实施者的利益，而且也会

---

① Daryl Lim, Standard Essential Patents, Trolls, and the Smartphone Wars: Triangulating the End Game, 119 Penn St. L. Rev. 1, p. 42 (2014).

损害其他数量众多的、不特定的潜在标准实施者的利益。当然，这并不意味着 SEP 权利人的合理利益要比单个标准实施者的合理利益更重要，而旨在说明，SEP 权利人合理利益的保护也必须受到高度重视。

标准化过程应该是一个"多赢"的结果，无论是标准制定组织、专利权人、标准实施者，还是消费者和社会都应从标准化过程中获益。对于任何主体，只要其对标准化的过程做出过或多或少的贡献，那么，都应当享受到标准化所带来的好处。作为标准制定的主导者，标准制定组织在标准制定过程中发挥着组织、协调和引领的作用，而其自身也从标准制定中获得了好处，SSO 所制定的标准如果能够在更广的范围内被采纳和实施，那么这将大大提高 SSO 自身的影响力，这又将吸引更多的专利权人加入 SSO，从而形成一种良性循环。"标准制定组织将从不断增加的会员数量获益，因为更多的会员就意味着会有更多的技术提交给 SSO，这就意味着 SSO 在标准制定的过程中能够具有更大的可能获得同等功能但不那么昂贵的替代性技术。"[1]对于标准实施者而言，其从标准化过程中能够获益自然无须赘言，实施标准才能使其产品与其他产品相兼容，否则，其生产的产品在市场上将不会被接受。消费者同样能够从标准化中获得好处，试想如果没有统一的 USB 接口标准，消费者可能要购买多个能够兼容不同接口标准的 U 盘，消费者将因此而遭受巨大的不便。

作为标准制定重要参与者的专利权人，其也应享受标准化所带来的好处。目前无论是理论界还是实务界都形成了一种共识，那就是专利权人所能够获得的许可费，只能是其专利自身的价值，而不能包括标准所带来的附加价值，因此 FRAND 许可费的确定应当以标准制定前各专利技术之间竞争所形成的价格为依据。这样确定的 FRAND 许可费确实能够避免专利权人享受标准所带来的附加利益，但问题在于，标准化给专利权人所带来的价值具体体现在什么方面，难道仅仅是纳入标准之后许可范围更广吗？完全禁止专利权人享受标准化给其专利费带来的增值不免过于武断，我们认为只要将这种增值控制在一定范围之内，让 SEP 权利人也能够更直观地从许可费方面享受到标准化所带来的好处，这也并没有

---

① Kraig A. Jakobsen, Revisiting Standard-Setting Organizations' Patent Policies, 3 Nw. J. Tech. & Intell. Prop. 43, p. 46 (2004).

违反 FRAND 原则的要求。

## 四 避免在类似标准实施者间差别过大

FRAND 许可费不应在类似标准实施者间差别过大。FRAND 承诺中的"非歧视"相比于"公平""合理"而言，含义要相对明确。所谓非歧视的要求，就是 SEP 权利人对于情况类似的标准实施者，应当确保许可条件大致相同，不能有明显的差别，这既体现在许可费方面不能有明显的差别，也体现在不得对某些标准实施者进行许可而对另外一些则拒绝许可。简言之，要确保许可的普遍可获得性，以及许可费的相对公平性。

在实践中，根据 SEP 权利人是否也依据标准从事生产，可以分为两种情形：第一，SEP 权利人不依据标准从事生产，而只是纯粹进行专利许可；第二，SEP 权利人自己也依据标准从事生产，并且向其他依据标准从事生产的标准实施者进行 SEP 许可。在这两种情形中，由于 SEP 权利人的角色不同，因此其从事歧视性行为的动机也不同。在第一种情形中，由于 SEP 权利人与标准实施者之间没有直接的竞争关系，因此一般而言 SEP 权利人并不会有在不同标准实施者之间实行歧视的明显动机，实行歧视性行为并不会给 SEP 权利人带来实质性的利益。然而，在第二种情形中，SEP 权利人则具有很强的动机对其他标准实施者进行歧视对待了，因为通过上游的歧视性待遇能够增加下游其他竞争者的成本，从而增强 SEP 权利人在下游市场上的竞争优势。"在某些案例中，当专利权人利用专利在下游市场上从事生产，而其竞争者也需要使用该专利时，这些案例就能为证明许可费歧视的存在提供潜在有效的理由。专利权人会利用市场势力在许可中进行歧视，以达到阻碍其竞争对手、支持自己在下游市场上的销售的目的，这会在下游依据标准从事生产的商品或服务市场上产生或增强市场势力。"①总之，当 SEP 权利人在专利许可的过程中从事歧视性行为时，实质上就是 SEP 权利人利用自己在上游专利许可市场上的优势，不当地影响下游市场的竞争，是 SEP 权利人将其在上游市场的垄断优势"传导"到了下游市场的一种表现。

① Daniel G. Swanson, William J. Baumol, Reasonable and Nondiscriminatory (RAND) Royalties, Standards Selection, and Control of Market Power, 73 Antitrust L. J. 1, p. 26 (2005).

　　判断许可费是否存在歧视，要比判断许可费是否公平、合理更为容易，因为通过对比，是否存在歧视将显现无遗。"非歧视性的许可费是指对所有情况类似的被许可人给予相同的许可条款，以确保实施标准的产品市场的公平竞争。"①对于专利权人是否在不同标准实施者之间实施了歧视性行为，只需要确定标准实施者情况是否类似，以及许可条款尤其是许可费是否大致相同，就能予以判断，因此相对来讲更容易和直观。有学者甚至主张，应当将 FRAND 关注的重点从"公平"和"合理"转向"非歧视"。"从历史上来看，FRAND 承诺之下的许可是否公平和合理要比是否是歧视性的，所受到的关注要更多。尽管如此，没有 SSO、法院或实施机构就什么是公平和合理的许可条款作出过具有操作性和能够被广泛接受的定义。应当将对 FRAND 中通常含糊的'公平和合理'的重视，转移到对'非歧视'——如果能够清晰界定的话将能够对预防专利劫持等发挥重要作用——的重视上来。"②

　　非歧视本身就是 FRAND 原则的重要组成部分，也是 SEP 权利人所承担的重要义务之一。SEP 权利人通过在不同标准实施者之间进行歧视性许可，会直接影响下游依据标准从事生产的商品市场的竞争，使得那些受到歧视性对待的标准实施者处于不利的竞争地位，而那些获得正常许可条件的标准实施者的竞争力则将得以提升。这种竞争状况的分化并不是由于标准实施者之间直接竞争的结果，而是上游的 SEP 权利人间接影响的。尤其是当 SEP 权利人也在下游依据标准从事相关生产时，其在上游从事这种歧视性许可的意愿就会更强，对下游市场竞争造成的损害也将更大。

## 第三节　目前 FRAND 许可费确定方法及评析

　　FRAND 许可费如何确定是标准必要专利纠纷中最为核心的问题，无论是理论界还是实务界都对于如何确定符合 FRAND 原则的许可费作出了

---

　　① Janusz Ordover, Allan Shampine, Implementing the FRAND Commitment, 14 - OCT Antitrust Source 1, pp. 1 - 2 (2014).

　　② Richard J. Gilbert, Deal or No Deal? Licensing Negotiations in Standard-Setting Organizations, 77 Antitrust L. J. 855, pp. 858 - 859 (2011).

各种探索，也提出许多具有借鉴意义的方法。这些方法都努力探寻能够体现专利权人 SEP 真实价值的许可费率，避免 SEP 权利人将其所拥有的垄断力体现在许可费中，同时，又使得 SEP 权利人能够从其专利许可中获得合理的补偿。但是，这些方法也都存在各自的问题。总体来看，目前主要存在以下几种确定 FRAND 许可费的方法。

## 一　事前确定的方法（Ex Ante Method）

事前确定方法强调重点考察标准制定以前，最终被选定的专利技术（也即后来的 SEP）与其他替代性技术解决方案之间竞争所形成的许可费率，主张以该许可费率作为确定某一特定许可费是否符合 FRAND 原则的基准。

事前确定方法的具体实施是通过类似于拍卖过程来完成的，也即类似于由 SSO 组织拍卖的程序，由各专利权人通过竞争以最终获得竞拍标的——能够将专利纳入标准的机会。彼此相互竞争的专利权人（也即上游的潜在 SEP 权利人）提出许可费报价，由下游的标准实施者根据专利权人的报价来具体选择将哪一种专利技术纳入标准。由于各专利权人都面临着来自对方的竞争压力，因此都不敢提出过高的许可费，否则将被其他专利技术所击败而无法被纳入标准，也就自然无法成为标准必要专利了。在这种竞争的情形之下，各专利权人所提出的许可费报价才是不包含垄断因素的报价，是竞争所形成的许可费，可以说该水平的许可费是最符合 FRAND 原则的。事实上，许多经济学家都赞成通过事前的这种方法来确定 FRAND 许可费[1]，而且也被美国联邦贸易委员会（FTC）所认可。FTC 在其报告中就指出："根据专利技术在被纳入标准之前的事前价值（the ex ante value）来界定 RAND 许可费，对于消费者从众多可能被纳入标准的专利技术之间的竞争中获益是必要的，标准制定之时也即这种竞争消除之时。"[2]

---

[1]　See Daniel G. Swanson, William J. Baumol, Reasonable and Nondiscriminatory (RAND) Royalties, Standards Selection, and Control of Market Power, 73 Antitrust L. J. 1, pp. 15 – 20 (2005).

[2]　See Federal Trade Commission, the Evolving IP Marketplace: Aligning Patent Notice and Remedies with Competition, p. 194 (2011), available at https: //www. ftc. gov/sites/default/files/documents/reports/evolving-ip-marketplace-aligning-patent-notice-and-remedies-competition-report-federal-trade/110307patentreport. pdf, last visited on 2018. 09. 28.

通常而言，通过竞争所形成的价格相比于滥用垄断地位所形成的价格，对于相对人而言要更为公平、合理，因为竞争的过程类似于一个"过滤器"，可以过滤掉不合理利益的诉求；也类似于一个"平衡器"，通过竞争者之间的"内耗"，削弱作为竞争者一方的整体力量，这样就能够改变作为弱势一方的相对人的不利境地。如果不发挥竞争的作用，那么许可费的确定就是以标准制定以后 SEP 权利人与标准实施者之间的谈判来进行了，而如此形成的许可费往往会由于 SEP 权利人的垄断优势而对标准实施者极为不利，自然也就不符合 FRAND 原则。将许可费的确定提前到标准制定以前，可以发挥不同的潜在 SEP 之间竞争所能够产生的优势。在该阶段，就不仅仅是标准制定后 SEP 权利人与标准实施者之间的简单关系了，从某种意义上说，那些潜在被纳入标准但最终未被纳入标准的专利技术的所有权人，实际上是站在了标准实施者一方，只不过是先于标准实施者而对最终的 SEP 权利人所能够提出的许可费进行了事前的约束。

不可否认，通过事前的方法来确定许可费确实可能是最符合 FRAND 原则的，但是该方法自身也存在诸多问题。首先，该方法实际上是要求在标准制定的过程中就一并解决许可费的确定问题，但这在实践中存在很大的困难，因为在各个阶段有各阶段的主要任务，在标准制定的阶段，其主要任务就是完成标准的制定，尽管专利许可费的确定在我们看来很重要，但这主要是事后也即标准制定完成以后所呈现出来的主要矛盾。如果我们要求 SSO 在标准制定的过程中就事先确定 FRAND 许可费，这可能大大超出 SSO 的能力范围，甚至严重影响标准制定的过程。"许多大企业同时参与了一百多个 SSO，每一个 SSO 又在制定多个（有时是几十个）标准。虽然企业可能有数千个工程师能够参与标准的制定，但是企业的法律部门几乎不可能与此相匹配。大量的律师将被要求就所有的专利许可事项展开谈判，这会增加标准化技术的成本，使得标准制定过程停滞不前。"[①]事实上这也是为什么 SSO 选择通过要求专利权人作出 FRAND 承诺从而将确定 FRAND 许可费这样棘手的问题留到标准制定完成以后再解

---

[①]　Jorge L. Contreras, Fixing FRAND: A Pseudo-Pool Approach to Standards-Based Patent Licensing, 79 Antitrust L. J. 47, p. 60 (2013).

决的重要原因。

其次，事前确定的方法也会抑制专利权人参与标准制定的积极性。因为如果专利权人在其专利被纳入标准以后所能够收取的许可费，仍然是标准制定前竞争市场上所形成的许可费，那么标准化对于专利权人具有何种价值？如果标准化本身不能为专利权人带来许可费上的任何改变的话，那么作为追求自身利益最大化的目的的专利权人，则很有可能选择不加入标准化过程中去。在此需要特别指出的是，将专利纳入标准虽然能够扩大专利的实施范围，但是这并不是专利权人最为看重的，因为即便不借助于标准，专利权也能够在一定范围内得以实施；专利权人之所以愿意将专利纳入标准，是因为标准化会排除其他专利技术的竞争，借助标准化能够进一步强化专利权的垄断性，而这种垄断性的"优势"将集中体现在超出竞争水平的高额许可费方面。事前确定的方法将使得专利权人借助于标准化所获得的这种垄断优势失去了"用武之地"，这种方法尽管有助于消除许可费中的垄断因素，但在客观上也将使得标准无法吸引许多专利权人加入其中。"如果当专利权人预见自己的专利技术将要比最终可能被纳入标准的专利技术更优时，那么专利权人将迟疑是否将专利技术纳入标准之中，这可以使得他们在标准制定以后的谈判中获得更优的价格。"①

## 二　仲裁的方法

有学者认为，确定 FRAND 许可费的诉讼方式会随着 FRAND 的含糊和遗漏的变动而变动，因此诉讼并不是确定 FRAND 许可费的最好方式，而是建议通过仲裁的方法来确定具体的 FRAND 许可费。莱姆利和夏皮罗教授建议 SSO 明确规定关于 FRAND 许可费的纠纷应当通过有约束力的仲裁予以解决，并将这种仲裁称之为"棒球式仲裁"（baseball-style arbitration）。②所谓棒球仲裁，这一概念起源于美国职业棒球大联盟（Major

---

① Daryl Lim, Standard Essential Patents, Trolls, and the Smartphone Wars: Triangulating the End Game, 119 Penn St. L. Rev. 1, p. 41 (2014).

② Mark A. Lemley, Carl Shapiro, A Simple Approach to Setting Reasonable Royalties for Standard-Essential Patents, 28 Berkeley Tech. L. J. 1135, pp. 1144－1152 (2013).

League Baseball），当一个俱乐部和运动员无法就具体的薪金数额达成一致时，他们可以向一个独任的仲裁员提出各自的报价，然后由该独任仲裁员从这两个报价中选取其中的一个。①在 FRAND 许可费的确定中，"棒球式仲裁"是指 SEP 权利人与标准实施者双方都向仲裁人提出证据与主张，然后再提交各自所建议的许可费数额。仲裁员必须从双方所提交的许可费建议中确定一个，而不能由仲裁员自己另外提出不同的许可费。从逻辑上来讲，这种仲裁程序能够促使双方都作出合理的许可费提议，因为如果一方所建议的许可费过高（或者过低），那么这将是一种冒险，他很有可能输掉所有。从这种意义上来说，FRAND 争议很适合运用"棒球式仲裁"来予以解决，因为争议的核心问题就是双方各自所建议的许可费究竟哪一个更符合合理许可费要求。

可见，莱姆利和夏皮罗教授所提出的方案的关键就是要促使专利权人参与到仲裁程序中，而非通过提起诉讼来解决合理许可费问题。因此，在莱姆利和夏皮罗教授看来，专利权人作出 FRAND 承诺，实际上就放弃了诉权，不再寻求通过法院来实施其标准必要专利，转而支持仲裁程序，与任何愿意参与仲裁的标准实施者通过仲裁程序解决许可费纠纷。② 这种方法实际上就是限制专利权人的诉权，而约束其只能选择仲裁程序，当然，对专利权人诉权的限制并非绝对的。

依据莱姆利和夏皮罗教授的方法，如果 SEP 权利人与标准实施者无法就许可条款达成一致的话，只要标准实施者作出了互惠的 FRAND 承诺，并同意参加具有约束力的仲裁，也即标准实施者是一个积极的被许可人（willing licensee），那么 SEP 权利人就负有参加具有约束力的仲裁程序的义务，同意通过仲裁来确定 FRAND 许可费。但是，如果 SEP 权利人同意参加仲裁，但标准实施者拒绝作出互惠的承诺或者拒绝参与仲裁的话，那么专利权人所作出的不通过向法院提起诉讼来实施其 SEP 的承诺就将失效。

---

① See Daniel D. Droog, Baseball Arbitration of Commercial & Construction Disputes（Part Ⅰ）, available at：http：//www. shipleysnell. com/baseball-arbitration-of-commercial-construction-disputes-part-i/, last visited on 2018. 09. 28.

② See Mark A. Lemley, Carl Shapiro, A Simple Approach to Setting Reasonable Royalties for Standard-Essential Patents, 28 Berkeley Tech. L. J. 1135, p. 1138（2013）.

　　"棒球式"仲裁方式的最大价值在于，通过这种仲裁方式，可以最大限度地促使 SEP 权利人和标准实施者都进入一种"破釜沉舟"的境况之中，在该境况之下，SEP 权利人与标准实施者都只有仲裁这样一种方式可以确定 FRAND 许可费，从而打消了双方希望通过旷日持久的诉讼来解决纠纷的念头，因为在诉讼中双方能够有更多时间、更大的回旋余地去争取自己的利益。在"棒球式"的仲裁中，双方都只能向仲裁人提出一次报价，然后由仲裁人在这两个报价中最终确定何种报价是最为符合 FRAND 原则的。所以可以说，对于双方而言这种仲裁方式既主动又被动。之所以主动，是因为双方都能够提出许可费报价，而且最终的许可费也是在这两个报价中确定的；之所以被动，是因为在最终确定之前，任何一方所提出的报价都只有 50% 的可能被选定。这种主动与被动兼存的境况，使得任何一方都不敢怀有侥幸的心理尽可能地提出不合理的高价或低价，因为这种不合理的报价极有可能促使仲裁人选择对方的报价，在这种博弈之中，很有可能出现的结果就是——也正如该方法所期望达到的那样——双方都将本着客观的原则提出尽可能符合 FRAND 原则的报价。

　　但是，该方法也存在固有的问题。在该方法运行良好的情况下，也即能够促使专利权人和标准实施者本着善意的原则提出报价的话，则双方的报价可能都是符合 FRAND 原则的。然而，这具有一定的偶然性，这要求双方都是理性的，不谋求通过不合理的报价从对方攫取额外的利益。换言之，"棒球式"仲裁方法是否能够发挥功能具有不确定性，如果将 FRAND 许可费寄托于这种本身就不确定的方法之上，将是具有巨大风险的。在实际的博弈中，SEP 权利人与标准实施者可能都会存在冒险心理，提出不合理的高价或低价，在此种情形之下，仲裁人无论选择何种报价都将是不符合 FRAND 原则的。另外，将 FRAND 原则许可费如此重要的问题完全由仲裁员来予以确定，也具有不合理之处；完全排除 SEP 权利人寻求法院实施的方式，约束其只能选择仲裁方式，这也具有较大的争议。

### 三　假定专利池的方法

　　专利池许可是专利许可中的一种重要方式，无论是对于加入专利池的专利权人还是对于谋求获得许可的潜在被许可人而言，这种方式都具有较大的价值。但是，建立一个专利池所需要进行的前期时间和金钱的投资可能是十分巨大的，从而使得 SSO 难以完成。鉴于此，孔特雷拉斯教授提出了假定专利池的方法（pseudo-pool approach）来确定 FRAND 许可费。① 具体而言，该方法包括以下几个方面的内容：

第一，SEP 的申报及 FRAND 承诺的作出。专利权人应当依据善意原则向 SSO 申报其所拥有的必要专利，并且作出依据 FRAND 条款向所有标准实施者进行许可的承诺。

第二，总许可费的确定。确定总许可费是假定专利池方法的核心。SSO 应当在标准制定完成以后确定该标准总的许可费。总许可费也应当是合理的，在确定总许可费时，应当考虑标准化产品总的市场、行业历史上的许可费率、代表性产品的价格范围等因素。如果 SSO 不愿意自己确定总许可费的话，那么其可以授权一个中立的外部机构来予以确定，例如仲裁小组或者中立专家，其成员可以由美国仲裁协会或世界知识产权组织所任命。总许可费应当在所有的标准必要专利权利人之间进行分配。最终所确定的总许可费应当在标准制定完成以后在 SSO 的网站上予以公布。

第三，SEP 的许可。每一个 SEP 所有权人都被要求与所有感兴趣的标准实施者就许可条款和条件展开谈判。假定专利池的一个重要特征就是即便标准实施者只与众多 SEP 权利人中的一个达成了许可协议，那么该标准实施者也应当缴纳总许可费，这样规定的目的是鼓励标准实施者寻求许可，因为许可费并不会增加。同样，只有当 SEP 权利人向标准实施者进行了许可，该 SEP 权利人才能够从标准实施者所支付的总许可费中获得相应的份额，这样规定的目的在于鼓励 SEP 权利人进行许可，否则将不能从总许可费中获得相应的份额。

第四，总许可费的分配。每一个 SEP 权利人都能够依据其在标准中所拥有的必要专利的数量，从总许可费中获得相应的份额。总许可费的分配可以仅依据简单的数字比例（也即各 SEP 专利权人所拥有的 SEP 数

---

① See Jorge L. Contreras, Fixing FRAND：A Pseudo-Pool Approach to Standards-Based Patent Licensing, 79 Antitrust L. J. 47, pp. 78 – 84 (2013).

量与标准中总的 SEP 数量之比）来确定。当然，最为理想的方法是根据各 SEP 的价值来确定，但这将会导致持久的谈判和争议。因此，总体上来看，尽管依据简单的数字比例的方法可能并不精确，但至少能够以更具效率和可管理的方式提供一种"大致的正义"（"rough justice"）。

第五，过度申报的惩罚。假定专利池方法依赖于专利权人向 SSO 进行必要专利的申报，如果专利权人在标准中所拥有的必要专利越多，则从总许可费中可以获得的份额也相应越多。但是，存在这样一种风险，那就是专利权人可能作虚假申报，进行过度申报。为了防止这种风险，需要对进行过度申报的专利权人进行惩罚，而且这种惩罚力度要比其预期从过度申报中获得的利益更大，以确保惩罚制度的威慑力。

第六，允许独立的许可。正如绝大多数专利池一样，假定专利池方法也允许 SEP 权利人在专利池外进行许可。之所以这样规定，是因为标准实施者可能既希望从专利所有人那里获得 SEP 许可，也希望获得非 SEP 许可。但是，专利权人仍然负有在假定专利池框架下许可其 SEP 的义务；而且，所有的 SEP 所有权人，无论其是否也在假定专利池外进行许可，都负有该义务。

第七，选择退出。对于那些并不希望通过假定专利池制度来许可其 SEP 的专利权人，可以选择作出具有约束力的保证，即不对那些实施标准的企业提起诉讼，以代替进行 FRAND 许可。对于这些选择退出假定专利池的专利权人所持有的 SEP，将不再计入总许可费分配之中。如果选择退出的专利权人之后又希望依据 FRAND 原则许可其 SEP 的话（也即选择加入），那么专利权人必须向 SSO 提出撤销其之前所作出的保证的书面通知。

通过专利池的方法来确定 SEP 权利人所能够获得的 FRAND 许可费，确实是一种可行的方案。例如在微软诉摩托罗拉一案中，法院在确定摩托罗拉 SEP 所应获得的许可费时，就采纳了微软的建议，依据 MPEG LA H. 264 专利池计算摩托罗拉在 H. 264 标准中所拥有的必要专利的许可费。[①]具体而言，假定专利池的方法具有以下价值：（1）可以减少许可谈

---

① Microsoft Corp. v. Motorola, Inc., No. C10 - 1823JLR, 2013 WL 2111217, （W. D. Wash. Apr. 25, 2013）.

判的成本。通过专利池统一对外进行许可，避免了专利权人与标准实施者一对一谈判所带来的巨大成本，这无论是对于专利权人还是对于标准实施者而言都是有利的，并且也更有利于标准的实施。（2）能够避免专利费堆积的问题。SSO 或者其授权的机构事先确定标准中所包含的所有必要专利总的许可费，然后再根据各专利权人在所有 SEP 中所拥有的份额来向其分配相应的许可费，这样就能够避免专利权人在单独的许可中利用其所拥有的垄断优势索取过高的许可费。

但是，假定专利池方法也存在诸多不足，主要表现在以下几个方面：（1）总许可费的确定方面存在较大的困难。如何确定总许可费是假定专利池方法能否发挥效果的关键，如果总许可费无法确定，则更无须提FRAND 原则的实现了。事实上，要确定标准中所包含的所有 SEP 的总的许可费在实践中是十分困难的，许多 SSO 都明确规定自己不会介入具体的许可事项，即便其能够委托其他中立机构来予以确定，例如仲裁小组或中立专家，这些主体往往难以获得标准中所包含的所有 SEP 的信息，因而也就难以从总体上对所有 SEP 的总许可费进行确定了，即便能够确定，其所确定的总许可费是否真正符合 FRAND 原则也是值得怀疑的。（2）假定专利池方法可能会加重标准实施者的负担。既然是假定的专利池，也就意味着并没有真正建立专利池，这样虽然能够节约成本，但是这种"假定"本身也具有诸多"副作用"，向 SSO 进行必要专利的申报，就意味着一旦被确认为是必要专利，则专利权人就能够从总许可费中获得相应的部分。但其实许多 SEP 权利人都愿意向标准实施者进行免费许可，假定专利池的方法可能会使得这些 SEP 权利人放弃免费许可，从而能够从总许可费中获得相应的部分。如此一来，假定专利池方法反而会增加标准实施者的负担。

### 四 "实施专利的最小可销售元件"的方法

在 In re Innovatio 案中①，法院在确定 FRAND 许可费时使用了"实施专利的最小可销售元件"的方法。在该案中，Innovatio 起诉了无数个电

---

① See In re Innovatio IP Ventures, LLC Patent Litigation, Case No. 11 C9308, 2013 WL 5593609,（N. D. Ill. Oct. 3, 2013）.

子产品生产商、咖啡店、酒店、餐厅、超市等使用了 Wi – Fi 技术的用户，认为这些用户使用 Wi – Fi 标准侵犯了 Innovatio 所拥有的 23 项必要专利。与微软诉摩托罗拉案不同，该案没有合适的许可费可以进行比较，因此，Holderman 法官采用了一种 "自上而下"（"top down"）的方法（也即 "实施专利的最小可销售元件" 的方法），该方法重点关注的是标准产品销售的利润。

法院认为，FRAND 许可费应当反映的是专利的技术价值，而不是标准化所带来的劫持价值，法院通过 "自上而下" 的方法来避免专利费堆积的问题。依据 "自上而下" 的方法，芯片制造商的利润来源于 Wi – Fi 芯片的平均价格，也即实施 Wi – Fi 标准的最小组成部分。"实施专利的最小可销售元件" 这种方法，可以避免对 SEP 权利人进行过度的补偿，因为标准实施者的产品并不是所有部分都会侵犯 SEP 权利人的权利。例如，Wi – Fi 芯片只是笔记本电脑的组成部分之一，如果笔记本生产商未获得专利许可而实施 Wi – Fi 标准，那么只是笔记本电脑中的 Wi – Fi 标准侵犯了专利权，而不能认为整个笔记本电脑都侵犯了专利权。因此，FRAND 许可费的计算就应当以标准实施者产品中使用了标准的最小可销售元件为基础，而不能以整个标准产品为基础。

事实上，上述计算 FRAND 许可费的方法已经被一些标准制定组织所采纳。2015 年，IEEE 在对自己的知识产权政策进行修订时，就合理许可费如何进行确定，IEEE 提出了一些需要考虑的因素，其中之一就是要考虑 "必要专利的价值，对于实施该必要专利所生产的最小可销售合标产品的价值贡献度。"[①]

"实施专利的最小可销售元件" 的方法对于确定 FRAND 许可费具有重要的价值，该方法实际上解决的是许可费的计价基础问题，究竟是以整个标准产品还是以产品中实施了专利的最小可销售元件作为计价基础，该方法选择了后者。例如飞机上的娱乐系统必然需要使用 H. 264 的视频标准，作为 H. 264 标准的必要专利所有人，如果向生产飞机的波音公司

---

① IEEE：IEEE-SA Standards Board Bylaws, available at http：//standards. ieee. org/develop/policies/bylaws/sb_bylaws. pdf, last visited on：2018. 09. 27. 也可参见前文关于 IEEE 许可政策的分析部分。

收取许可费，显然不能以整架飞机的价格作为计价基础来收取许可费，否则将是极为荒唐的，因为娱乐系统只是飞机非常小的一部分，相比于飞机发动机等而言，娱乐系统可以说没有发挥任何关键的作用。如果按整架飞机作为计价基础，则实际上是专利权人向那些根本没有使用 H. 264 必要专利的部件如发动机也"征收"了专利费。因此，"实施专利的最小可销售元件"能够有效解决这一问题。

但是，该方法也存在自身的问题。例如在 In re Innovatio 案中，运用该方法则需要确定芯片生产商从每一个芯片销售中所获得的平均利润，以此作为确定 FRAND 许可费的依据，换言之，许可费只能是该平均利润中的一部分。此外还要确定 SEP 对于标准所具有的平均价值。有学者认为，这些数值的确定在现实中都是极为困难的。"要求对 SEP 在标准中所具有的平均价值进行确定，这使人联想到一个关于经济学家的老笑话，经济学家被困在一个孤岛上，对于被冲上岸的食物罐头，经济学家在没有工具能够打开罐头的情况下，经济学家的建议就是：'首先假设有一个罐头开启器。'显然，SEP 对于芯片的价值是无法直接观察得到的。如果要假定能够确定，那实际上就相当于是假定一个罐头开启器，这是在回答关键问题时提出了一个假定的答案。"①"实施专利的最小可销售元件"这一方法在理论上确实能够实现依据 SEP 对标准产品的实际贡献来确定相应许可费，但在实践中准确计算 SEP 对最小可销售元件的价值是十分困难的。换言之，该方法将受制于其在实践中的可操作性而使得其价值难以真正发挥。

### 五　Georgia-Pacific 十五要素分析法及改进

在 1970 年 Georgia-Pacific 案中，法院提出了确定许可费需要考虑的十五要素。但这十五个要素只是普通专利侵权案件中需要考虑的因素，对于标准必要专利这种特殊的专利的许可并不完全适用。因此，为了适应 FRAND 承诺的要求，在微软诉摩托罗拉一案中，法院对 Georgia-Pacific 十

---

① See J. Gregory Sidak, Apportionment, FRAND Royalties, and Comparable Licenses after Ericsson v. D-Link, 2016 U. Ill. L. Rev. 1809, p. 1825 (2016).

五要素中的其中一些要素进行了修订。鉴于 Georgia-Pacific 十五要素①是如此的重要，因此我们将先对这十五要素进行逐一分析，然后再对法院所做的修订展开探讨。

1. Georgia-Pacific 十五要素

第 1 要素："专利权人许可本案中的专利所曾获得的许可费，以证明或试图证明某一既定的许可费。"这实际上是以专利权人同一专利在过去的许可中所收取的许可费为参照，从纵向方面来看对于同一专利，专利权人在不同的许可中收取的许可费是否大致相同。

第 2 要素："被许可人为了使用与本案专利类似的其他专利所支付的许可费用。"如果说第 1 要素是从纵向方面来对同一专利在不同案件中的许可进行对比的话，那么第 2 要素就是从横向方面来对本案专利与其他类似专利进行对比，这种横向的对比也是判断本案中专利许可费率是否合理的一个参照。

第 3 要素："许可的性质与范围，是独占许可（exclusive license）还是非独占许可（non-exclusive license）；或者在地域范围、销售对象等条款方面是否有限制。"这主要是从许可本身来进行区分。例如在独占许可下，则"被许可人以外的任何人，包括专利权人本人，都不得实施该项专利"②，被许可人所享有的权利就要比非独占许可下更大，支付更高的许可费显然就是合理的。

第 4 要素："许可人所制定的旨在维护其专利垄断的政策和营销计划，例如通过不许可他人使用其发明，或者依据能够保护其专利垄断的特殊条件进行许可。"这一要素要求法院在确定合理许可费时，需要考虑许可人维持其专利垄断的决心。如果许可人只是为了维护其垄断地位，从而提出的许可条件也是前所未有的话，那么法院就可以认定这种许可将永远不可能达成。③

第 5 要素："许可人与被许可人之间的商业关系，例如彼此之间是否

① See Georgia-Pacific Corp. v. U. S. Plywood Corp. , 318 F. Supp. 1116, p. 1120（S. D. N. Y. 1970）.

② 吴汉东：《知识产权法》，法律出版社 2014 年版，第 193 页。

③ See Kevin Bendix, Copyright Damages: Incorporating Reasonable Royalty from Patent Law, 27 Berkeley Tech. L. J. 527, p. 556（2012）.

在同一地域范围内、同一行业内具有竞争关系；或者彼此之间是否是发明人与推广者的关系。"这一要素对于确定合理许可费也很重要。例如，如果许可人将专利许可给竞争者，这可能会蚕食许可人的销售量，并导致价格下降，这都会减少许可人预期的利润。因此，许可人在与横向竞争对手的许可谈判，相比于与非竞争对手的谈判而言，前者情形下许可人愿意接受的最低许可价格将会更高。[①]

第6因素："销售专利产品对于促进被许可人其他产品销售的效果；发明对于促进许可人其他非专利产品销售的既存价值；以及这种衍生销售（derivative sales）或陪护销售（convoyed sales）的程度。"所谓陪护销售，是指："涉案专利只涉及一个大的商品的一个部件时，该商品的其他非专利部件的销售，比如CPU是计算机的专利技术，一台计算机中除了CPU之外的部件销售即为陪护销售。""衍生销售是指与专利产品一起销售的非专利产品销售，比如复印纸可以成为专利产品复印机的衍生销售。"[②]第6因素实际上提出在计算合理许可费时，可以考虑专利产品对于其他非专利产品的销售所具有的价值。"许多法院也认为，将那些在销售专利产品时通常也会同时销售的其他非专利产品的销售考虑进来，对于计算合理的许可费是公平的。"[③]例如，如果被许可人销售专利产品对于其销售其他非专利产品具有很大的促进作用，相较于不具有很大的促进作用而言，在前一情形下收取高于后一情形的许可费，自然也就是合理的。

第7要素："专利的有效期及许可期限。"专利的有效期对合理许可费的确定具有重要影响。在我国发明专利权的期限为二十年，例如专利有效期还剩下19年和只剩下1年，显然对于许可费的谈判的影响是不同的：在前者情形下，专利权人将拥有很强的议价能力，而在后者情形下，结果则截然相反。另外，许可期限也具有重要影响。对于被许可人而言，

---

① See J. Gregory Sidak, Bargaining Power and Patent Damages, 19 Stan. Tech. L. Rev. 1, p. 18 (2015).

② 和育东：《专利侵权赔偿中的技术分摊难题——从美国废除专利侵权"非法获利"赔偿说起》，《法律科学》2009年第3期。

③ See Karen D. McDaniel, Gregory M. Ansems, Damages in the Post-Rite-Hite Era: Convoyed Sales Illustrate the Dichotomy in Current Damages Law, 78 J. Pat. & Trademark Off. Soc'y 461, p. 479 (1996).

通常许可期限越长对其越有利，因为其不仅可以避免许可费波动所带来的风险，也可以"一劳永逸"地避免与许可人多次谈判所带来的麻烦。"一般而言，被许可人放弃使用一个较长许可期限的专利与放弃使用一个较短许可期限的专利相比，其预期的成本将更大。因此，当许可双方就一个较长期限的许可展开谈判时，被许可人具有更大的意愿寻求获得许可。"①

第8要素："依据专利生产的产品的既有利润；专利产品的商业成功；以及专利产品当前的知名度。"这实际上是考察在谈判时专利在市场的既有表现，如果依据该专利生产的产品具有较高的利润率，具有较高的知名度，则说明该专利在实践中的应用很成功。这对于潜在的寻求许可的被许可人而言，该专利就具有较大的吸引力。

第9要素："专利技术相比于旧有的、为达到相同目的而使用的技术、设备（如果有的话）而言，所具有效用和优势。"该因素实际上是考察专利技术相对于其他替代性技术所具有的优势。如果这种优势越大，则潜在的被许可人就不得不寻求获得这种许可，被许可人在谈判中的议价能力就较弱；如果这种优势很小，则潜在的被许可人可能就选择其他的替代性技术，而无须寻求获得许可，其他并不"逊色"的替代技术的存在，能够增强被许可人在谈判中的议价能力。

第10要素："发明专利的性质；许可人利用该专利技术而拥有和制造的商业产品的特征；以及使用该发明的人从中获得的利益。"该要素关注的是专利技术对于现有的产品或研发新产品是否有所推动。一般而言，如果专利技术对于现有产品仅有很小的推动作用的话，那么在专利权人与潜在被许可人之间的谈判中，该专利技术就不能成为要求获得高额许可费的筹码。②换言之，该要素关注的主要是专利技术本身对于推动产品改进和研发的贡献度。

第11要素："侵权人利用该发明的程度；以及能够检验这种利用价

---

① See J. Gregory Sidak, Bargaining Power and Patent Damages, 19 Stan. Tech. L. Rev. 1, p. 19 (2015).

② See Steven J. Shapiro, Pitfalls in Determining the Reasonable Royalty in Patent Cases, 17 – OCT J. Legal Econ. 75, p. 81 (2010).

值的任何证据。""一般来说，如果一项发明经常被使用，那么该发明相较于那些很少被使用的发明而言就更具价值。"[1]由此推之，如果侵权人利用该发明的程度越高，说明该专利技术对于侵权人就越重要。因此在专利许可谈判中，潜在被许可人（侵权人）愿意支付的许可费就越高。

第 12 要素："在允许使用该发明或类似发明的特定商业领域或类似商业领域内，通常（customary）情况下的利润或销售价格。""该要素要求进行客观的许可调查，探寻相关特定行业内的通常情况（customary policies）。"[2]事实上，Georgia-Pacific 的 15 个要素中，第 1、2 和 12 要素都涉及了比较：第 1 要素要求与本专利过去的许可费进行比较，第 2 要素要求与本专利类似的其他技术的许可费进行比较，而此处的第 12 要素，则要求与"通常情况"——而非那些不具有代表性的情况——下的利润和销售价格进行比较。正如有学者指出：如果合理许可费谈判的焦点就是模拟一个自愿的买方（willing buyer）和一个自愿的卖方（willing seller）将达成什么样的许可费率，那么还有什么证据比买方与卖方在过去事实上已经达成的许可费率更好呢？[3]因此考察一般情况下行业的利润及销售价格是必要的。

第 13 要素："利润的实现应归因于发明的部分，而非其他非专利的因素、生产过程、商业风险、或者由侵权人所增添的重要特征或改进。"被许可人的利润可归因于发明专利的部分越大，则在谈判中被许可人愿意支付和应该支付的许可费就应当更高，只有这样才能体现发明专利对被许可人的价值。

第 14 要素："合格专家的意见证言。"在确定合理许可费时，专家的意见始终是不能忽视的一个因素。领域内的专家对于什么是合理许可费的观点与意见，可以为法院提供重要的参考。

第 15 要素："如果许可人（如专利权人）和被许可人（如侵权人）

---

[1]　See W. Lesser, the 8% Solution—or How Good are the Damage Calculation Economics by the Federal Circuit in Lucent v. Microsoft? 9 J. Marshall Rev. Intell. Prop. L. 797, p. 812 (2010).

[2]　See Nathaniel C. Love, Nominal Reasonable Royalties for Patent Infringement, 75 U. Chi. L. Rev. 1749, p. 1755 (2008).

[3]　See Daralyn J. Durie, Mark A. Lemley, A Structured Approach to Calculating Reasonable Royalties, 14 Lewis & Clark L. Rev. 627, p. 641 (2010).

双方都能够理性并自愿达成协议，那么在此情形下双方（在侵权发生之时）就许可费所可能达成的数额；也即，一个谨慎的被许可人——作为一个商业提议，希望能够获得许可，进而生产并销售包含了发明专利的产品——所愿意支付，并且在支付之后还能够获得合理的利润的许可费数额，而且该数额也能够为一个谨慎的、愿意进行许可的专利权人所接受。"如果许可人和被许可人都能够本着善意的原则，同时兼顾对方的基本利益诉求，那么在如此情形下所进行的许可费谈判，往往都能够达成令双方满意的结果。甚至可以说，如果双方都真正能够按照第十五要素进行谈判，那么前面十四个要素的分析都无须展开，因为前面十四个要素都是在双方就许可费存在较大争议时，法院在确定许可费时可以考虑的因素。"从本质上讲，这一要素是对通过前面十四个要素的分析所描述的假设性谈判的一个终结（conclusion）。"①

2. Microsoft 案对 Georgia-Pacific 要素的调整

Georgia-Pacific15 要素在许多案例中都得到了广泛的接受与采纳，许多法院在通过假设谈判方法来确定合理许可费时，通常都会援引 Georgia-Pacific 案以及该案所提出的 15 要素。当然，这 15 个要素并不是全部都必须援引，法院拥有很大的自由裁量权来决定这 15 个要素中的哪些要素是与特定的案件相关的，对于那些不相关的要素自然可以不予以考虑。

Georgia-Pacific15 要素主要是普通专利纠纷案件中合理许可费如何确定需要考虑的因素，正如前文所述，标准必要专利（SEP）与普通专利不同，是一种特殊的专利。因此，对于因 SEP 所引发的专利纠纷以及 SEP 合理许可费的确定，就不能完全适用 Georgia-Pacific 所提出的 15 要素来进行分析。正因为如此，在 Microsoft 诉 Motorola 案中，法院对 Georgia-Pacific15 要素进行了调整，以适应 RAND 承诺的目的。其具体调整如下：

第 1 要素的调整。Georgia-Pacific 第 1 要素主要是对专利权人曾经收取的许可费进行审查。在微软案中法院认为，在 RAND 的背景下，这种特定专利的许可费必须与 RAND 许可的情况类似。换言之，为了证明某一 SEP 的既定许可费率，所选取的曾经的许可费率必须也是在 RAND 义

①　See David Drews, Determining an Appropriate Royalty Rate for Reasonable Royalty Trademark Damages, 49 les Nouvelles 150, p. 155 (2014).

务下的谈判或类似谈判下达成的。因此,在双方都清楚知悉 RAND 义务的情形下达成的许可协议,以及专利池,都应当与 SEP 假定性谈判相关。微软案所作的调整,实际上就是要求所选取的参照物,即该 SEP 过去的许可费,也必须是在 RAND 义务下达成的,只有这样才具有可比性。

第 4 要素的调整。Georgia-Pacific 第 4 要素主要考虑的是专利权人是否制定了旨在维护其专利垄断的政策。然而,Georgia-Pacific 第 4 要素在 RAND 背景之下是不能适用的,因为 SEP 权利人已经做出了 RAND 承诺,因此,不能再通过不许可专利来维持其专利垄断。事实上,RAND 承诺要求 SEP 权利人必须向所有实施标准的人依据 RAND 条款许可 SEP。

第 5 要素的调整。Georgia-Pacific 第 5 要素审查专利权人与被许可人之间的商业关系,例如他们彼此之间是否具有竞争关系。Georgia-Pacific 第 5 要素如同第 4 要素一样,在 RAND 背景之下也是不能适用的。这是因为 SEP 权利人一旦做出了 RAND 承诺,则专利权人就不能在许可协议条款中歧视其他竞争者,专利权人负有向所有标准实施者依据合理条款进行许可的义务。

第 6 要素和第 8 要素的调整。Georgia-Pacific 第 6 要素和第 8 要素侧重于审查发明专利对专利权人和被许可人双方销售,以及对被许可人衍生销售、陪护销售的重要性。在微软案中法院指出,虽然这两个要素在 RAND 背景下都与合理许可费的确定有关,但是对于这两个要素需要重点关注的是它们关于专利技术本身的价值,而不是专利技术被纳入标准之后的附加价值的分析。依据第 6 要素和第 8 要素,合理许可费不应当将标准本身给被许可人所创造的价值也考虑进来,而只应当考虑专利对于标准技术能力的贡献,以及这些相关的技术能力对于标准实施者及其产品的贡献。之所以如此,是因为除了专利技术对标准的价值以外,标准自身也具有很大的价值,RAND 承诺的存在可以确保 SEP 权利人不能提出超过他贡献的回报。

第 7 要素的调整。Georgia-Pacific 第 7 要素关注的是专利的有效期以及许可期限。在微软案中,法院认为在一个因 SEP 而引发的合理许可费争议中,第 7 要素可以大大简化,因为依据 RAND 承诺,许可的期限等于专利的有效期。在许多情形下,第 7 要素对于判断什么是 RAND 承诺下的合理许可费影响不大。

第 9 要素的调整。Georgia-Pacific 第 9 要素考察的是专利技术相对于旧有的技术而言所具有的效用与优势。在微软案中，法院认为通过该要素，RAND 承诺下的假定谈判中的各方，将考虑在标准制定和实施前，那些本可能取代专利技术而被纳入标准的替代性技术。

第 10 要素和第 11 要素的调整。Georgia-Pacific 第 10 要素关注的是发明专利的特征及其给使用该发明专利的人所带来的利益。同样的，第 11 要素审查的是侵权人使用该发明专利的程度以及侵权人由此而获得的利益。在微软案中，法院认为在 RAND 背景下，这两个要素将假定性谈判关注的焦点集中在专利对于标准技术能力的贡献，以及这些相关技术能力对于标准实施者及其产品的贡献。同样的，在这种分析中，将专利技术的价值与专利技术纳入标准产生的附加价值予以区分是很重要的。尽管如此，关于专利对于专利权人和实施者所具有的利益和价值的证据，与专利对于标准的贡献以及标准对实施者的贡献是相关的。

第 12 要素的调整。Georgia-Pacific 第 12 要素考察的是使用发明专利或类似发明的特定商业领域中，通常所具有的利润或销售价格。在微软案中，法院认为该要素必须透过包含有 RAND 承诺的商业活动之棱来予以审视。换言之，在某一商业领域中，非 RAND 承诺专利的通常许可费，不能作为比较的基础。第 12 要素必须考察 RAND 承诺专利商业许可的通常实践。

第 13 要素的调整。Georgia-Pacific 第 13 要素关注的是可归因于发明专利而非一些非专利因素的可实现利润。在微软案中，法院认为在 RAND 背景之下，尤为关键的是考虑专利技术本身的贡献，而非专利因被纳入标准之后的价值，后者是将标准本身的价值不正当地奖励给了 SEP 权利人。将标准自身的任何价值奖励给 SEP 权利人，将构成劫持或套牢价值（hold-up value），并且与 RAND 承诺背后的目的相悖。

第 15 要素的调整。Georgia-Pacific 第 15 要素关注的是如果专利权人和被许可人都能够本着理性和自愿的原则，那么他们所能够协商达成的许可费数额。在微软案中，法院指出，SEP 权利人与标准实施者在努力达成许可协议的过程中，都会考虑 RAND 承诺及其目的。为了达成许可协议，SEP 权利人负有依据 RAND 条款许可的义务，必须遵守 RAND 承诺的目的，即推动标准广泛得以采纳、避免专利劫持和专利费堆积。

　　为了确定 SEP 的合理许可费，罗巴特法官在微软诉摩托罗拉案中对 Georgia-Pacific 案所提出的 15 个要素进行了上述调整，以适应 RAND 背景之下的 SEP 许可需求。这种调整能够适应不同于普通专利的 SEP 的特殊要求，能够有效解决专利劫持和专利费堆积等问题。

　　3. Georgia-Pacific 要素与 Microsoft 要素[①]对比

　　为了更加清楚地展现 Georgia-Pacific 要素与调整后适应 RAND 许可费确定要求的 Microsoft 要素之间的区别，特在下表中予以展示。由于在微软案中，法院并没有对其所作的调整进行总结，因此我们将对法院所作的调整进行提炼，并将其调整的核心内容在下表中予以罗列。[②]

| 要素 | Georgia-Pacific 要素 | 为适应 RAND 背景所作的调整 |
| --- | --- | --- |
| 第 1 要素 | 专利权人许可本案中的专利所曾获得的许可费，以证明或试图证明某一既定的许可费。 | 曾经获得的许可费必须也是在 RAND 义务下的谈判或类似谈判下达成的。 |
| 第 2 要素 | 被许可人为了使用与本案专利类似的其他专利所支付的许可费用。 | 未作调整。 |
| 第 3 要素 | 许可的性质与范围，是独占许可还是非独占许可；或者在地域范围、销售对象等条款方面是否有限制。 | 未作调整。 |
| 第 4 要素 | 许可人所制定的旨在维护其专利垄断的政策和营销计划，例如通过不许可他人使用其发明，或者依据能够保护其专利垄断的特殊条件进行许可。 | 不再适用。<br>因为 SEP 权利人已经作出了 RAND 承诺，因此不能再通过不许可专利来维持其专利垄断；SEP 权利人必须向所有实施标准人依据 RAND 条款进行许可。 |

---

　　[①] 我们将法院在微软诉摩托罗拉案中对 Georgia-Pacific 要素所做的调整称之为"Microsoft 要素"。

　　[②] 国外也有学者对 Georgia-Pacific 要素及微软案中法院对其所作的调整进行了归纳、比较。See Kassandra Maldonado, Breaching RAND Reaching for Reasonable: Microsoft v. Motorola and Standard-Essential Patent Litigation, 29 Berkeley Tech. L. J. 419, p. 444 (2014)。

续表

| 要素 | Georgia-Pacific 要素 | 为适应 RAND 背景所作的调整 |
|---|---|---|
| 第 5 要素 | 许可人与被许可人之间的商业关系，例如彼此之间是否在同一地域范围内、同一行业内具有竞争关系；或者彼此之间是否是发明人与推广者的关系。 | 不再适用。<br>因为 SEP 权利人一旦做出了 RAND 承诺，则专利权人就不能在许可协议条款中歧视其他竞争者，专利权人负有向所有标准实施者依据合理条款进行许可的义务。 |
| 第 6 要素 | 销售专利产品对于促进被许可人其他产品销售的效果；发明对于促进许可人其他非专利产品销售的既存价值；以及这种衍生销售或陪护销售的程度。 | 合理许可费不应当将标准本身给被许可人所创造的价值也考虑进来，而只应当考虑专利对于标准技术能力的贡献，以及这些相关的技术能力对于标准实施者及其产品的贡献。 |
| 第 7 要素 | 专利的有效期及许可期限。 | 该因素对决定 RAND 许可费作用较小。<br>因为依据 RAND 承诺，许可期限等于专利的有效期。 |
| 第 8 要素 | 依据专利生产的产品的既有利润；专利产品的商业成功；以及专利产品当前的知名度。 | 与第 6 要素的调整类似。<br>合理许可费不应当将标准本身给被许可人所创造的价值也考虑进来，而只应当考虑专利对于标准技术能力的贡献，以及这些相关的技术能力对于标准实施者及其产品的贡献。 |
| 第 9 要素 | 专利技术相比于旧有的、为达到相同的目的而使用的技术、设备（如果有的话）而言，所具有效用和优势。 | 考虑在标准制定和实施前，那些本可能取代专利技术而被纳入标准的替代性技术。 |
| 第 10 要素 | 发明专利的性质；许可人利用该专利技术而拥有和制造的商业产品的特征；以及使用该发明的人从中获得的利益。 | 关注专利对于标准技术能力的贡献。将专利技术的价值与专利技术纳入标准产生的附加价值予以区分。 |
| 第 11 要素 | 侵权人利用该发明的程度；以及能够检验这种利用价值的任何证据。 | 与第 10 要素的调整类似。<br>关注专利对于标准技术能力的贡献，以及这些相关技术能力对于标准实施者及其产品的贡献。将专利技术的价值与专利技术纳入标准产生的附加价值予以区分。 |

| 要素 | Georgia-Pacific 要素 | 为适应 RAND 背景所作的调整 |
|---|---|---|
| 第 12 要素 | 在允许使用该发明或类似发明的特定商业领域或类似商业领域内，通常（customary）情况下的利润或销售价格。 | 该要素必须透过包含 RAND 承诺的商业活动之棱来予以审视。在某一商业领域中，非 RAND 承诺专利的通常许可费，不能作为比较的基础。 |
| 第 13 要素 | 利润的实现应归因于发明的部分，而非其他非专利的因素、生产过程、商业风险，或者由侵权人所增添的重要特征或改进。 | 考虑专利技术本身的贡献，而非专利因被纳入标准之后的价值。 |
| 第 14 要素 | 合格专家的意见证言。 | 未作调整。 |
| 第 15 要素 | 如果许可人（如专利权人）和被许可人（如侵权人）双方都能够理性并自愿达成协议，那么在此情形下双方（在侵权发生之时）就许可费所可能达成的数额；也即，一个谨慎的被许可人——作为一个商业提议，希望能够获得许可，进而生产并销售包含了发明专利的产品——所愿意支付、并且在支付之后还能够获得合理的利润的许可费数额，而且该数额也能够为一个谨慎的、愿意进行许可的专利权人所接受。 | 考虑 RAND 承诺及其目的。SEP 权利人负有依据 RAND 条款许可的义务，必须遵守 RAND 承诺的目的，即推动标准广泛得以采纳、避免专利劫持和专利费堆积。 |

4. 对 Georgia-Pacific 要素及改进方法的评析

Georgia-Pacific 要素以及法院对其所进行的改进，对于确定 FRAND 许可费能够提供重要的参考，例如，在计算 FRAND 许可费时，应当考虑 SEP 对于标准技术的贡献，以及标准技术对于标准产品的贡献；计算当前的 FRAND 许可费应当与历史上的许可费进行对比；应避免专利劫持以及专利费堆积问题；等等。这些原则与 FRAND 原则在本质上是一致的，但是，尽管 Georgia-Pacific 提出了十五个要素，即便修订后的要素也包括十余个，这些要素大多仍然很抽象；虽然相较于 FRAND 原则要相对具体一些，但对于确定具体的 FRAND 许可费仍然没有实质性的帮助。"利用 Georgia-Pacific 要素进行的分析是如此的复杂，以至于法院都承认'任何合理许可费的分析都必然涉及近似和不确定性的元素'。而且，联邦巡回法院也注意到，利用 Georgia-Pacific 要素分析来确定合理许可费存在困难，因为这需要'魔术师的天赋，而法官是不具有的'。这些要素并没有对如何计算损害赔偿提供任何明确的指导，因为并没有标准的方法来适用这些因素或指明优先适用那些因素。"[①]

　　Georgia-Pacific 十五要素是专利纠纷中如何确定专利许可费需要考虑的因素，虽然在微软诉摩托罗拉一案中法院依据 FRAND 承诺的要求进行了相应的改进，但总体而言仍然没有提出如何确定 FRAND 许可费的方法。总体来看，改进后的 Georgia-Pacific 要素存在以下问题：

　　第一，各要素的规定仍然相对抽象，可以说只是提供了一种确定 FRAND 许可费的思路，这并不能为许可费的确定提供任何实质性的指导。例如，虽然"实施专利的最小可销售元件"这一方法在实践中可能很难具有可操作性，但至少该种方法提出了一种明确的确定 FRAND 许可费的方法，即应当以"实施专利的最小可销售元件"作为计价基础，而不是整个标准产品。改进后的 Gerogia-Pacific 要素并没有提出任何类似的具体方法。

　　第二，改进后的 Gerogia-Pacific 要素尤为强调的就是在计算合理许可费时，应当仅仅考虑 SEP 对于标准技术的贡献能力，以及标准对于标准实施者产品的价值，例如在第 6、8、10、11、13 要素中都有所体现，这也从一个侧面反映出改进后的要素许多都还存有重复，使得改进后的 Georgia-Pacific 要素在体系上并不十分严谨。

　　第三，相较于 Georgia-Pacific 十五要素，改进后的 Georgia-Pacific 要素删去了第 4、5 要素，因此仍有 13 要素。从表面上看，似乎提出的要素越多越有助于为法官在确定合理许可费时提供指导，但实则可能达到相反的效果，法官可能被众多的要素弄得"头晕目眩"，无法确认究竟应重点从哪些因素入手进行分析。"十五要素的测试可能会使得情况变得更糟，因为对这些要素进行考虑将使得陪审团的负担过重，而这些要素本

---

　　① See Merritt J. Hasbrouck, Protecting the Gates of Reasonable Royalty: A Damages Framework for Patent Infringement Cases, 11 J. Marshall Rev. Intell. Prop. L. 192, p. 200 (2011).

身可能是不相关的、重叠的,甚至矛盾的。而且,由于陪审团依据这样一个复杂的、多因素的测试而得出的结论是一个事实问题,因此几乎完全不受地区法院或上诉法院法官的审查。由于具有十五个要素,因此律师会认为,某些要素的组合事实上能够支持专家(或陪审团)所提出的任何数值的许可费。只要陪审团有权确定损害的数额,原告将继续具有谋求获得高额赔偿的动机,过度损害赔偿的问题也将持续存在。"①

总之,改进后的 Georgia-Pacific 要素尽管为法官确定 FRAND 许可费提供了从数量上来看较为全面的考虑因素,但是,这些因素本身存在重叠甚至矛盾,这可能非但没有为确定 FRAND 许可费提供便利和指导,反而使得法院等需要确定 FRAND 许可费的相关主体深陷繁杂的 Georgia-Pacific 要素之中,从而难以真正依据这些要素本身来确定 FRAND 许可费。Georgia-Pacific 要素及其改进,严格说来并不能被称作确定 FRAND 许可费的方法,而只是确定许可费时所应当考虑的一些因素,充其量只是相比于 FRAND 原则本身而言稍显具体的一些指导性原则,在确定 FRAND 许可费方面并不能发挥实质性的方法论功能。

## 第四节  FRAND 许可费确定的个案考察

### ——微软诉摩托罗拉案

**一  案件的基本事实②**

该案涉及两个标准,即 IEEE 所制定的 Wi – Fi 标准(也称作"802.11 标准")和 ITU 所制定的视频编码技术标准(也称作"H.264 标准")。这两个标准都包含了摩托罗拉的专利,因此摩托罗拉同时拥有802.11 标准必要专利(SEP)和 H.264 标准必要专利。

2010 年 10 月 21 日,摩托罗拉向微软发出一封信件,允诺许可802.11 标准必要专利。摩托罗拉提出其认为是合理的许可费,即微软最

---

① Daralyn J. Durie, Mark A. Lemley, A Structured Approach to Calculating Reasonable Royalties, 14 Lewis & Clark L. Rev. 627, pp. 628 – 629 (2010).

② 关于该案的具体案情,如无特殊说明,均来自 Microsoft Corp. v. Motorola, Inc., No. C10 – 1823JLR, 2013 WL 2111217, (W. D. Wash. Apr. 25, 2013)。

终产品价格的 2.25% 。在该信件中摩托罗拉指出，专利许可费是依据微软的每一个最终产品（例如每个 Xbox 360 游戏机）而不是组件软件（例如 Windows 移动软件）来计算的。

2010 年 10 月 29 日，摩托罗拉又向微软发出了一封类似的信件，允诺根据相同的条款向微软许可 H.264 标准必要专利，而且许可费同样是最终产品价格的 2.25% 。摩托罗拉指出，专利许可费是依据微软的最终产品（例如每一个 Xbox 360 游戏机，每一个个人电脑或笔记本电脑，每一部智能手机等）的价格而不是组件软件（例如 Xbox360 系统软件、Windows 7 软件、Windows Phone 7 软件等）来计算的。

在微软收到摩托罗拉信件的 11 天之后，也即 2010 年 11 月 9 日，微软向法院提起诉讼，指控摩托罗拉违反了其向 IEEE 和 ITU 所作出的 RAND 承诺。

法院在对 ITU 和 IEEE 的知识产权政策进行分析之后，认为这两个 SSO 的知识产权政策主要集中在技术问题，而没有对 RAND 许可条款和条件进行描述、解释或控制。[①] ITU 和 IEEE 都拒绝对什么是 RAND 条款和条件作出界定。尽管如此，法院认为 FRAND 承诺的主要价值在于避免专利劫持（patent-holdup）与专利费堆积（royalty stacking）的问题。所谓专利劫持，就是在标准制定之前不同的替代技术之间具有竞争，但一旦某一技术被纳入标准之后，这种竞争就不再存在了；如此一来，被纳入标准的专利技术所有人就能够提出远高于其专利价值本身的许可费，并能试图获得标准本身的价值。专利劫持的威胁会随着标准应用范围的不断扩大而增加。专利劫持将使得那些已经付出一定沉没成本的企业将不得不接受专利权人的高额报价；专利劫持将威胁标准的推广，并损害标准的制定；专利劫持还会最终损害消费者的利益，因为生产商会将专利劫持的成本转嫁给消费者。所谓专利费堆积，是指标准实施者实施同一标准而向许多不同 SEP 的权利人支付了总额过高的专利许可费，从而产生了许可费堆积的情况。例如一台个人电脑中就包含了 90 种不同的正式标准，以及超过 100 种不同的非正

---

① 需要说明的是，在此案审理时，IEEE 尚没有修订其知识产权政策，IEEE 2015 年修订前的知识产权政策和其他许多 SSO 知识产权政策一样，并没有对 RAND 许可费的计算等问题作出具体规定。相关具体介绍可参见前文 IEEE 许可政策部分。

式交互性操作标准。在专利费堆积的极端情况下，标准实施者所要支付的许可费甚至可能超过产品的价格；一般情况下也往往会挤占标准实施者的全部利润空间。而 FRAND 承诺解决专利费堆积的问题，就是要确保实施某一标准所需要支付的累计专利费总额是合理的。同时，法院也认识到，FRAND 承诺除了解决专利劫持和专利费堆积的问题以外，还要确保专利许可费能够反映出必要专利的价值和专利权人的贡献。

法院认为，摩托罗拉要求按微软最终产品价格的 2.25% 收取许可费会引发专利费重叠的问题。在 802.11 标准中，至少有 92 个实体拥有必要专利，如果这 92 个实体都像摩托罗拉那样收取许可费，那么实施 802.11 标准的累计许可费将超过 Xbox 产品的价格，然而 802.11 标准功能却只是 Xbox 产品功能的一部分，并且摩托罗拉所拥有的标准必要专利对于 802.11 标准仅具有非常小的贡献。类似的，在 H.264 标准中，至少有 52 家实体都拥有必要专利，如果每一家实体都像摩托罗拉那样主张许可费，那么实施 H.264 标准的累计许可费将达到微软产品价格的 35.36%—43.68%。而且，H.264 标准的功能也只是微软产品功能的一部分，摩托罗拉在 H.264 标准中的必要专利对于 H.264 标准以及微软的产品而言也并不重要。在考虑摩托罗拉的专利对于标准的价值，以及标准功能对于微软产品的价值之后，法院最终确定摩托罗拉可以分别就其 H.264 标准必要专利和 802.11 标准必要专利向微软收取 0.555 美分/个和 3.471 美分/个的许可费，这要远远低于摩托罗拉所提出的依据微软最终产品价格的 2.25% 所确定的许可费，二者之间相差数百倍。

## 二　微软与摩托罗拉各自建议的 FRAND 许可费计算方法

FRAND 承诺要实现利益的平衡。"兼听则明，偏信则暗"，法院同时听取了微软和摩托罗拉关于如何计算 FRAND 许可费的方法。

### 1. 微软的方法——增量价值法

微软认为，FRAND 许可费应当是专利技术被纳入标准之前的专利技术本身的价值。那么，如何来计算这种专利技术的价值呢？微软提出应当将最终纳入标准的专利技术与纳入标准前的那些替代技术进行比较，看纳入标准的专利技术相对于替代技术而言具有何种增值的价值。举例言之，纳入标准的专利技术（SEP）自身的价值——排除标准所带来的价值——是100，纳入标准前其他替代技术的价值是90，则相对于这些替代技术而言，SEP增量的价值是10，则SEP的价值就应当是10。法院承认，专利技术对于标准具有增值贡献，通过对此进行事前检查（ex ante examination）有助于确定RAND许可费。不过，法院也指出，微软的这种方法具有许多缺陷。

第一个缺陷就是，微软的方法在现实世界缺乏可运用性。无论是IEEE还是ITU都没有提出必须依据增量价值的方法（incremental value approach）来确定FRAND许可费。而且，IEEE和ITU都没有要求在标准制定的过程中必须对FRAND条款进行事前披露（ex ante disclosure）。事实上，许多SSO（包括IEEE）都不支持多边的事前谈判，因为这些SSO担心这种事前的谈判可能会违反反垄断法。

第二个缺陷就是，微软所提出的方法由法院来实施并不可行（impracticability）。在实践中，凡是涉及计算专利技术之于标准的增量贡献的方法都是很难实施的。对于一个包含了多种专利的标准来说，计算增量价值是十分困难的，因为如果将某专利技术从标准中剔除出来而将另一专利技术纳入进去，意味着也必须作出其他的一些改变，标准的运行是多维度的，不同的人会有不同的价值评判。

2. 摩托罗拉的方法——假设双边谈判

摩托罗拉提出，可以模拟一种假设双边谈判（hypothetical bilateral negotiation）来确定FRAND条款和条件。法院认为这种方法可以在现实生活中寻找到根据。根据在法庭上的证据来看，FRAND许可协议通常都是通过SEP所有权人和标准实施者之间的双边谈判而最终达成的。就连微软也承认，以FRAND为基础知识产权政策提供了一个灵活的框架，使得专利许可的双边谈判成为可能。另外，法院在运用假设双边谈判方法方面也具有经验。长期以来，法院在专利侵权的案件中都会运用Georgia-Pacific框架来确定合理的专利许可费。最后，法院认为在什么是符合FRAND原则的许可费率争论的背景下，由司法模拟一个假设双边谈判，从逻辑上来看将会形成一个在双方看来都是合理的许可费率。

不过，法院也指出，在FRAND原则下所进行的假设双边谈判与专利侵权案件中典型的Georgia-Pacific分析必然存在区别。原因有二：第一，SEP权利人负有必须依据FRAND原则许可其专利的义务；然而，未作出

FRAND 承诺的专利权人则对其专利具有垄断权，可以选择不许可其专利。第二，假设双边谈判不会存在于真空之中，标准实施者内心清楚，他必须从许多 SEP 权利人那里获得许可，然后才能够实施标准。法院最后提出一个问题，即在假设双边谈判中，SEP 权利人和标准实施者会考虑哪些因素。

### 三　法院采纳的经调整的 Georgia-Pacific 要素方法

法院采纳了摩托罗拉提出的假设双边谈判的方法，关于在谈判中，法院重点关注了 SEP 权利人和标准实施者在谈判中需要考虑的因素。对此，法院沿用了 Georgia-Pacific 案中所提出的十五要素分析法，不过，为了适应标准必要专利 FRAND 许可的要求，法院对这十五个要素进行了部分修订。关于 Georgia-Pacific 要素以及法院所作的修订的内容，请详见前文的相关部分。

调整后的"Microsoft 要素"主要关注的是 SEP 对于标准的贡献度，以及标准和 SEP 对于所生成产品价值的贡献度。调整后的第 6、8、10、11 和 13 要素都强调要考察 SEP 对于标准的贡献，而不能把专利因纳入标准而带来的附加价值也包括进来。[1] 这也是在 RAND 背景下确定合理许可费的关键之所在，而确定合理的许可费，就必须要通过对调整后的要素进行分析，排除专利劫持和专利费堆积的问题。

法院认为，解决专利劫持问题，就必须考察专利技术对于标准技术能力的贡献，以及这些标准的技术能力对于标准实施者及其产品价值的贡献。因此，如果一个专利对于某标准而言是极为重要、处于核心地位的话，那么该专利要求获得相较于那些并不是如此重要的专利更高的许可费就是合理的。不过，同样需要注意的是，虽然某一"必要"专利对于标准是必需的，该具体 SEP 对于标准的某一部分具有极高的价值，但如果标准实施者并没有使用标准中的该部分，那么对于标准实施者而言该具体的 SEP 就没有多大的价值。

至于专利费堆积问题，法院认为专利权人与被许可人应当从整体

---

[1] See Kassandra Maldonado, Breaching RAND Reaching for Reasonable: Microsoft v. Motorola and Standard-Essential Patent Litigation, 29 Berkeley Tech. L. J. 419, pp. 445 – 446 (2014).

上来考虑专利许可，也就是说，应当考虑其他的 SEP 权利人，以及这些其他的 SEP 权利人根据其 SEP 对标准的重要性、对标准实施者的产品的重要性，而可能向标准实施者提出的许可费。某一具体的 SEP 权利人不能只顾自己 SEP 的许可，不能忽视标准实施者所面临的来自其他 SEP 权利人的许可要求，应当在整体的 SEP 中确定自己 SEP 许可费的合理份额。

另外，法院也明确指出，RAND 承诺下的合理许可费的确定，也应促进有价值的标准的制定，RAND 承诺必须保证有价值的知识产权的所有人能够获得合理的许可费。换言之，RAND 许可费的确定并不是单方面地保护标准实施者的利益而打压专利权人的利益，也必须保护 SEP 权利人的合理利益。

在对确定 RAND 许可费应当考虑的因素即对 Georgia-Pacific 要素进行调整之后，法院又重新回到了本案中来，具体探讨摩托罗拉的 802. 11 标准和 H. 264 标准必要专利的许可费计算。首先，法院分析了这两个 SEP 对于其各自所在标准以及对于微软产品的重要性，然后在此基础之上确定摩托罗拉 SEP 的具体许可费率。

微软诉摩托罗拉一案涉及两个标准，即 H. 264 标准和 802. 11 标准。摩托罗拉在这两个标准中拥有大量的必要专利，而微软的许多产品也实施了这两个标准，因此也就必须实施摩托罗拉的标准必要专利。双方的争议主要集中在专利许可费的确定上，作为专利权人，摩托罗拉自然希望许可费率越高越好，而作为标准实施者，微软则希望实施标准、使用专利的成本越低越好。法院在确定合理许可费时，遵照调整后的 Georgia-Pacific 要素进行分析，其主要思路为：确定摩托罗拉 SEP 在标准中的价值，以及 SEP 对于微软产品的价值，以此作为判断摩托罗拉应当向微软收取的 RAND 许可费的标准。下面，我们也将分别对摩托罗拉在 H. 264 标准中的必要专利合理许可费和在 802. 11 标准中的必要专利合理许可费如何确定展开分析。

#### 四　摩托罗拉 H. 264 标准必要专利的价值分析

摩托罗拉在 H. 264 标准中所拥有的必要专利究竟具有多大的价值，这是判断微软在实施 H. 264 标准而使用摩托罗拉的标准必要专利应支付多少许可费的重要客观标准。具体而言，可以从摩托罗拉专利对于 H. 264 标准的价值以及对于微软产品的价值这两个方面来进行分析。

在 H. 264 标准中，摩托罗拉拥有一系列的必要专利。H. 264 标准是一项视频编码（video coding）标准，也被称为 MPEG – 4 Part 10，或者高级视频编码（Advanced Video Coding，AVC）。H. 264 是目前使用最为广泛的视频编码格式。ISO/TEC 和 ITU 这两个 SSO 联合起来共同制定了 H. 264 标准。ISO/TEC 下的 MPEG（Motion Picture Experts Group）小组和 ITU 下的 VCEG（Video Coding Experts Group）小组共同负责制定视频压缩标准。MPEG 小组和 VCEG 小组联合成立了 JVT（Joint Video Team），JVT 最终在 2003 年 5 月完成了 H. 264 标准的制定。

在 H. 264 标准的制定过程中，共有 170 多个实体提交了超过 2300 份文件。其中最大的技术贡献者是 Telenor 集团，Telenor 为 H. 264 标准贡献了许多核心的创新。此外，H. 264 标准还包含了来自全世界至少 2500 个必要专利。在摩托罗拉参与 H. 264 标准制定之前，其他许多公司包括 Telenor、Nokia 等和一些研究机构就已经参与到了该标准的制定中。2001 年 12 月 JVT 召开第一次会议时，摩托罗拉提出了初步建议。摩托罗拉一共提交了 25 项建议，其中 18 项是与隔行扫描视频（interlaced video）有关，7 项与小波编码（wavelet coding）有关。不过，JVT 并没有采纳摩托罗拉的 7 项小波编码建议，而是采纳了与隔行视频有关的建议。因此，在 H. 264 标准中，摩托罗拉的贡献也就仅与隔行视频有关。

1. 摩托罗拉 SEP 对于 H. 264 标准的价值

在摩托罗拉 17 项被 JVT 采纳的专利技术中，有 16 项是在美国申请的专利。这 16 项专利及国外同行专利就是 H. 264 标准的必要专利。这 16 项专利分属于 6 个不同的专利族①（patent families）。为了更为具体地理

---

① 所谓专利族，是指由至少一个共同优先权联系的一组专利文献。例如 US 4588244 专利是 ITT 公司于 1985 年 1 月 14 日在美国申请的专利，除了在美国申请以外，ITT 公司还就该专利技术于 1985 年 11 月 30 日在日本申请了专利（JP 61 – 198582A），1986 年 1 月 3 日在英国申请了专利（GB2169759A），1986 年 1 月 7 日在加拿大申请了专利（CA1231408A1），1986 年 1 月 13 日在法国申请了专利（FR2576156A），这些专利就同属于同一专利族。参见国家知识产权局《专利文献与信息检索》，知识产权出版社 2013 年版，第 23 页。

解摩托罗拉的这 16 项标准必要专利，我们有必要将这 16 个 SEP 及其所属的专利族予以列明，见下表。①

| 专利族（patent families） | 摩托罗拉所拥有的 SEP（在美国申请） |
| --- | --- |
| 1. Krause 族 | 5235419（Ex. 270） |
| 2. Wu 族 | 5376968（Ex. 283） |
| 3. Eifrig 族 | 6005980（Ex. 268） |
| 4. MBAFF 族 | 6980596（Ex. 271） |
| | 7310374（Ex. 272） |
| | 7310375（Ex. 273） |
| | 7310376（Ex. 274） |
| | 7310377（Ex. 275） |
| | 7421025（Ex. 276） |
| | 7477690（Ex. 277） |
| | 7817718（Ex. 278） |
| 5. PAFF 族 | 7769087（Ex. 281） |
| | 7660353（Ex. 280） |
| | 7839931（Ex. 282） |
| 6. Scan 族 | 7162094（Ex. 266） |
| | 6987888（Ex. 265） |

　　法院详细论述了上述 6 个专利族对于 H. 264 标准的价值。其中，在 Krause 族中，摩托罗拉拥有的是在美国申请的 "5235419 专利"（以下简称 "419 专利"）。"419 专利" 公开了自适应视频压缩技术，它利用多个运动补偿器以更有效地在复杂运动情况下对视频数据进行编码。Krause 族对于 H. 264 标准具有重要的技术价值，它使得视频编码器能够更加有效地进行编码。摩托罗拉宣称，至少有一项 "419 专利" 主张在 H. 264 标准中得以实施，而且，"419 专利" 贡献了 H. 264 标准 50% 的编码收益（coding gain）。"419 专利" 于 2011 年 10 月失效，而恰好在此一年以前

---

　　① 表格信息来源：Microsoft Corp. v. Motorola, Inc., No. C10 - 1823JLR, 2013 WL 2111217, (W. D. Wash. Apr. 25, 2013)。

即 2010 年 10 月，摩托罗拉向微软发出了一封信，表明自己愿意许可 H. 264 标准中的必要专利。但是，微软并没有提供充足的证据证明 "419 专利"相对较旧的专利并已失去了其在 H. 264 标准中的重要性。微软宣称 JVT 本可以采用 "419 专利"的替代性技术，但微软却并没有证明这些替代性的技术将如何能够完全取代 "419 专利"，或者它们将如何能够影响 H. 264 标准。而在法院看来，摩托罗拉却提供了充足的证据以证明为什么 Krause 族专利在功能上要比微软提出的任何替代性技术都更为优越。法院还分别分析了剩余五个专利族中摩托罗拉的专利对于 H. 264 标准的价值。"尽管法院认为摩托罗拉的每一项专利对于 H. 264 标准都是必要的，但是这些专利大多与隔行扫描视频（interlaced video）技术有关，而该技术并不是实施 H. 264 标准的每一部分都必要的。因此，法院得出结论认为这些专利对于 H. 264 标准并没有十分大的贡献。"①

2. 摩托罗拉 H. 264 标准必要专利对于微软产品的价值

调整后的 Georgia-Pacific 要素要求不仅要审查专利权人 SEP 对于标准的价值，还要审查其对于标准实施者的产品的价值。即便专利权人的 SEP 对于标准具有很大的价值，但如果标准实施者的产品并没有使用或只在很小的程度上使用了标准所包含的专利权人的专利，则该专利对于标准实施者的产品而言也就不具有很大的价值。因此，考察 SEP 对于标准实施者的产品的价值贡献，也是确定合理许可费的重要前提。

摩托罗拉提出，微软的 Windows、Xbox、Silverlight、Zune、Lync 和 Skype 等产品实施了 H. 264 标准。为了确定摩托罗拉 SEP 对于微软这些产品的价值，就必须逐一分析摩托罗拉 SEP 对每一产品的整体性功能的重要性。由于在 H. 264 标准中，摩托罗拉所拥有的标准必要专利绝大多数都与隔行扫描视频（interlaced video）技术有关，因此分析摩托罗拉 SEP 对于微软产品的价值，实际上就可以转化为分析隔行扫描视频技术对微软产品的价值。换言之，如果微软的上述产品有很多运用了隔行扫描视频技术，则表明摩托罗拉 SEP 对微软的产品具有很高的价值；反之，则价值较小。

①　See John Paul, Brian Kacedon, Recent U. S. Court Decisions and Developments Affecting Licensing, 48 les Nouvelles 207, p. 208（2013）.

法院在经过审查之后，认为隔行扫描视频技术在市场中已经不再被普遍应用了，也几乎没有什么证据能够证明微软产品的用户经常会遇到隔行扫描视频。不仅微软的许多产品都不支持隔行扫描视频，而且摩托罗拉的母公司谷歌的产品如 YouTube、安卓操作系统也都不支持隔行扫描视频。摩托罗拉也只是提出 H. 264 标准对微软的产品在一般意义上所具有的重要性，而未能证明摩托罗拉在 H. 264 标准中所拥有的 SEP 对于微软产品的重要性。这实际上反映了摩托罗拉期望不正当地获得 H. 264 标准本身的价值，而不是摩托罗拉自身专利技术的经济价值。而依据调整后的 Georgia-Pacific 要素，RAND 许可费必须反映专利技术本身的价值，而不是专利技术被纳入标准而带来的附加价值。鉴于摩托罗拉提出编码工具中的隔行扫描视频对于微软很重要，因为它可以确保微软的产品能够无缝隙地播放用户所遇到的任何视频，因此，法院逐一分析了使用了摩托罗拉 H. 264 标准必要专利的微软产品。

（1）Windows 产品

Windows 是微软公司开发的操作系统。视频的编码（encoding）与解码（decoding）只是 Windows 软件产品的一小部分，而且 Windows 也支持 H. 264 以外的其他许多视频压缩标准。Windows 上的绝大多数视频都来自互联网网站，而 H. 264 的隔行扫描视频在这些网站上则很少见。法院最后得出结论认为，摩托罗拉的 H. 264 标准必要专利对于微软的 Windows 产品的整体性功能仅有很小的重要性（minor importance）。Windows 操作系统拥有许多完全与任何视频播放无关的巨大功能。只有当 Windows 用户选择播放隔行扫描视频，Windows 才会使用到摩托罗拉的 H. 264 标准必要专利，而且，隔行扫描视频即便不使用摩托罗拉的 H. 264 标准必要专利也能进行播放，只不过仅仅慢了 5%—8%。另外，"Windows 是一个软件产品，而摩托罗拉的 H. 264 标准必要专利仅限于硬件上的实施，因此 Windows 不能从摩托罗拉的任何 H. 264 标准必要专利中获益。"[1]总之，尽管 H. 264 标准对于 Windows 具有价值，但摩托罗拉拥有的 H. 264 标准必要专利所覆盖的隔行扫描视频技术对于 Windows 却仅具有十分小的

---

[1] See Mark A. Mc Carty, Federal Court Sets RAND Rate for Portfolio of Standards-Essential Patents, 25 No. 11 Intell. Prop. & Tech. L. J. 23, p. 27 (2013).

价值。

（2）Xbox 产品

Xbox 是微软开发的一款家庭电视游戏机，既支持单机游戏，也可以通过 Xbox live 服务器支持联网的多人游戏。Xbox 并不包含 H. 264 视频内容。Xbox live 不支持隔行扫描视频（interlaced video），而且通过 Xbox live 获取的第三方视频来源如 Hulu、Netflix 也不使用 H. 264 标准，而是使用另外一种不同的视频压缩标准 VC – 1。

Xbox 也可以用来播放 DVD，但 DVD 使用的是 MPEG – 2 而非 H. 264 标准。不过，微软为 Xbox 增加的网页浏览器可以解码隔行扫描视频，但前提是 Xbox 的用户遇到了隔行扫描视频。

在对 Xbox 产品进行审查之后，法院认为摩托罗拉的 H. 264 标准必要专利对于微软 Xbox 产品的整体性功能仅具有很小的重要性（minor importance）。虽然 Xbox 能够播放视频，但这些视频很多都是逐行扫描视频（progressive video）格式。Xbox live 在当时也不支持隔行扫描视频，而是逐行扫描视频。尽管摩托罗拉也曾提出，AT & T 公司的一些 U – verse 产品内容是隔行扫描视频的，而且在安装特殊的软件后 Xbox 能够接收 U – verse 的内容，但是法院指出，这种特殊的软件已经无法再获得，而且仅有 1 万—1.1 万名用户曾经安装过此种软件，而 Xbox 产品总的用户数是 3500 万，因此与总用户数相比，利用 Xbox 播放隔行扫描视频的用户就十分少。这也说明摩托罗拉的标准必要专利对于 Xbox 产品的价值很小。

此外，法院还考察了微软的其他产品，认为这些产品要么不包含 H. 264 解码器（如 Windows Phone 7），要么就不支持隔行扫描视频（如微软的 Silverlight、Zune、Lync、Skype）。

综上我们可以看出，摩托罗拉在 H. 264 标准中所拥有的必要专利主要覆盖的是隔行扫描视频（interlaced video），但是微软的大多数产品都不支持隔行扫描视频。即便是 Windows 和 Xbox 可能会播放隔行扫描视频，那也是极少用户主动选择播放，在绝大多数情况下都不会涉及隔行扫描视频。当我们逐一分析摩托罗拉的标准必要专利对微软每一种产品的贡献之后，就能够从量上对二者之间的关系有更为精准的认识，而不再是在抽象层面去理解摩托罗拉标准必要专利对于微软产品的价值，因为在后一情形之下，抽象层面的理解往往是模糊的，会无限放大这种价值。这种被无限放大的价值主要部分是来源于标准自身，而非专利技术本身，这实际上就使得标准必要专利权利人不当攫取了标准的价值，最终由标准实施者来向标准必要专利权利人支付超出专利价值的许可费，这对于标准实施者而言是不公平的。

### 五　摩托罗拉 802.11 标准必要专利的价值分析

802.11 标准通常也被称作"Wi－Fi"标准，是一项无线通信标准。无线通信是指不通过线缆而通常是使用无线电频率来传输信息。无线联网（wireless networking）是指使用无线链路将一台设备如笔记本电脑——在 802.11 标准中称之为"站点"——与接入点（access point）进行连接的过程。当接入点连接到调制解调器时，"站点"就可以访问互联网了。无线网络不同于蜂窝网络，蜂窝网络主要是为了在更长的距离上将许多移动用户与基站进行连接。例如智能手机用户既可以通过手机自带的蜂窝系统连接互联网，也可以通过手机的 Wi－Fi 功能连接互联网。

802.11 标准在当今的互联网时代具有十分重要的作用，许多移动智能终端如智能手机、平板电脑、笔记本电脑等都越来越依赖 802.11 标准来连接互联网。从这一点来说，包含在 802.11 标准中的 SEP 自然也就具有很大的价值了。但事实远非如此简单，正如博物馆中每一件文物都具有不同的价值一样，802.11 标准中所包含的各种 SEP 的价值也差别很大。因此，我们不能因为 802.11 标准很重要就认为该标准中的必要专利都具有很大的价值；也不能因为这些专利都具有共同的 802.11 标准必要专利这一"外衣"，就认为它们具有类似的价值。判断 802.11 标准中具体必要专利的价值，应当依据该必要专利的贡献度。正如前文分析摩托罗拉在 H.264 标准中的必要专利价值从两个方面来进行考察，在分析 802.11 标准必要专利时亦可从必要专利对 802.11 标准的贡献以及必要专利对微软产品的贡献两个方面来展开分析。

1. 802.11 标准

Wi－Fi 标准是由 IEEE 制定的，IEEE 当时专门成立了 802.11 工作组以制定无线局域网标准。802.11 工作组经过七年的研发，最终于 1997 年发布了第一版本的 802.11 标准。随后，工作组又从各方面不断改进原始标准，以追求更高的速度（802.11a，802.11b，802.11g），提升安全性

（802.11i），改善服务质量（802.11e）以及增大通量（802.11n）。超过1000 家公司参与了 802.11 标准的制定。802.11 标准主要涉及的是一些众所周知的技术而非创新发明的实施。因此，802.11 标准所采用的大多数是公共领域内的技术，而非专利技术。这些公共领域内的技术是由公司、政府机构、研究机构长期的研发中形成的，这些技术都构成了 802.11 标准的核心要素，例如数据调制（data modulation）、差错控制编码（error control coding）、多址接入方式（multiple access methods）、直接序列扩频（direct sequence spread spectrum）以及正交频分复用（orthogonal frequency division multiplexing）。自 2005 年 802.11 标准开始在家庭中使用起，就被越来越多的用户所接受。如今，802.11 标准是运用作为广泛的无线网通信标准。

要精确了解摩托罗拉专利对于 802.11 标准的贡献，首先需要对802.11 标准本身有清晰的认识。一般来说，可以将 802.11 标准的功能分为三种，即核心启动功能（core enabling features）、高级功能（advanced features）和外围功能（peripheral features）。核心启动功能是组建任何802.11 兼容设备都必需的功能，高级功能是在某些特定的设备上需要的功能，而外围功能则是指在技术领域内尚未被证实、在将来是否具有技术价值尚不确定的功能。因此，如果专利技术覆盖的是核心启动功能，则相对于那些覆盖高级功能或外围功能的专利而言，前者显然具有更大的价值，对于 802.11 标准而言也更为重要。

核心启动功能。802.11 标准包含四种核心启动功能，即网络安装（network setup）、信道访问管理（channel access management）、数据调制（data modulation）和安全加密（security and encryption）。任何用户，如果希望通过 802.11 标准来实现通信，则首先必须通过网络安装程序建立一个网络连接，然后获得通信信道，借助于通信信道来发送或接收信息。对于通过信道发送和接收的信息，接收机必须了解传输的信息是如何形成的，这样接收机才能够解读其所接收的信息。因此，在两个通信单元之间同步和调制信号就十分必要。最后，安全对于 802.11 通信也很重要，因为无线网通信能够被第三方窃听和截获。为解决这一问题，用户可以利用密匙对信息进行加密。此外，确保用户所接收的信息不是由冒充者发送的也很重要，这就要求通过某种程序使接收者能够确认发送者是否是其所期待的。

高级功能。802.11 标准中的高级功能只对某些设备而非对所有设备都重要。例如电池供电设备通常就需要使用电源管理专利，这些功能目前都不是 802.11 标准所强制要求的，但在 802.11 今后的版本中可能成为强制性的。

外围功能。802.11 标准的某些功能是外围的，而且是建立在那些尚未被证实的技术之上，这些技术在未来对标准是否具有价值还不确定。

802.11 标准中包含了许多专利，其中有一些专利是必要专利，也就是说这些专利对于 802.11 标准是必要的，在 IEEE 制定该标准时，没有其他在商业上和技术上都可行的、非侵权的替代方案。但是，并没有正式的程序来确定某专利对于 802.11 标准是否必要。不过，公司可以向 IEEE 宣称它们拥有的专利是必要专利。自 1994 年以来，有 92 家公司已经在保证书（Letter of Assurance，LOA）中确认超过 350 项专利以及 30 项专利申请对于 802.11 标准是必要的。另外，公司也可以向 IEEE 提交"全面的"（blanket）保证书，这种全面的保证书没有确定具体的专利。通过全面的保证书，SEP 权利人承诺许可不确定的专利（unspecified patents）或正在申请的专利（pendign applications）。因此，如果算上这种全面的保证书许可方式的话，有 59 家公司发出了这种全面的保证书，这些公司包括无线通信领域内的一些行业领导者如 Atheros、Broadcom、Qualcomm、Research in Motion 和 Intel。如果将这些公司也算上的话，那么在 802.11 标准中就可能包含有数千个必要专利。

2. 摩托罗拉 SEP 对 802.11 标准的价值

摩托罗拉声称其拥有 24 项标准对于 802.11 标准是必要的，但摩托罗拉并没有提供任何有力证据来予以证实，换言之，摩托罗拉无法证明它所宣称的必要专利事实上覆盖了 802.11 标准的某些部分。因此，法院并没有支持摩托罗拉关于拥有 24 项 802.11 标准必要专利的主张。这使得摩托罗拉所宣称的 SEP 对 802.11 标准的重要性大大降低。

此外，法院还指出，判断摩托罗拉专利对 802.11 标准是否具有价值，还可以从标准制定时是否存在其他替代性技术来进行衡量，如果存在可行的替代性技术，则摩托罗拉的专利对于标准所具有的重要性就要大大降低。不过，摩托罗拉和微软就是否存在可行的替代性技术，以及采纳这些替代性技术是否会降低标准的性能方面存在很大的争议。但是双方都未能提出充分的证据以证明自己的观点。

总之，摩托罗拉虽然主张自己在 802.11 标准中拥有 24 项标准必要专利，但是摩托罗拉却并没有提出充分的证据予以证明。一般来说作为专利权人，其自身必然对自己所拥有的 SEP 涵盖了标准的那些部分，在哪些方面对标准具有重要的价值等，这些问题要比其他人更为清楚，因此也更能够提出证据予以证明。但在此案中，摩托罗拉却无法对自己的主张进行证明，这大大减损了其所主张的 SEP 对 802.11 标准所可能具有的价值，"这降低了它们（SEP）的价值，因为这不太可能让人相信微软曾实际使用了这些 SEP"①。因此，关于摩托罗拉 SEP 对于 802.11 标准的价值，难以做出肯定性的、对摩托罗拉有利的判断。

3. 摩托罗拉 SEP 对微软产品的价值

摩托罗拉仅分析了其专利对于微软 Xbox 产品的价值，而且也没有提出证据证明微软的其他产品也使用了摩托罗拉的专利，因此在分析摩托罗拉 SEP 对微软产品的重要性时，就只需要考察摩托罗拉 SEP 对于 Xbox 产品究竟具有何种价值，以此作为判断微软因使用摩托罗拉 802.11 标准中的必要专利而所应当支付的合理许可费。

2010 年，微软推出了新一款的 Xbox 即 Xbox 360S。该款产品引入了 Wi-Fi 功能。摩托罗拉声称 Xbox 使用了其所拥有的 24 项 SEP 中的 11 项，那么，分析摩托罗拉 SEP 对微软产品的重要性，就可以具体化为分析摩托罗拉这 11 项 SEP 对于微软 Xbox 产品的重要性了。摩托罗拉所声称的这 11 项 SEP 覆盖了 802.11 标准的全部核心启动功能，即网络安装、信道访问管理、数据调制和安全加密。具体如下表所示②：

| 802.11 标准核心启动功能 | 摩托罗拉拥有的专利（在美国申请） |
| --- | --- |
| 1. 网络安装（Network Setup） | 6069896（Ex. 171）（简称"896 专利"，下同） |
| | 6331972（Ex. 177）（"972 专利"） |

---

① See William H. Page, Judging Monopolistic Pricing: F/RAND and Antitrust Injury, 22 Tex. Intell. Prop. L. J. 181, p. 197（2014）.

② 表格信息来源：Microsoft Corp. v. Motorola, Inc., No. C10 - 1823JLR, 2013 WL 2111217, （W. D. Wash. Apr. 25, 2013）.

| 802.11 标准核心启动功能 | 摩托罗拉拥有的专利（在美国申请） |
|---|---|
| 2. 信道访问管理（Channel Access Management） | 5142533（Ex. 148）（"533 专利"） |
| 3.1 数据调制（802.11a，802.11g，802.11n）〔Data Modulation（802.11a/g/n）〕 | 5272724（Ex. 151）（"724 专利"） |
| | 5519730（Ex. 164）（"730 专利"） |
| 3.2 数据调制（802.11b，802.11g）〔Data Modulation（802.11b/g）〕 | 5329547（Ex. 156）（"547 专利"） |
| | 6473449（Ex. 180）（"449 专利"） |
| | 5822359（Ex. 170）（"359 专利"） |
| 4. 安全（Security） | 5357571（Ex. 157）（"571 专利"） |
| | 5467398（Ex. 161）（"398 专利"） |
| | 5689563（Ex. 169）（"563 专利"） |

法院在对摩托罗拉涉及网络安装和信道访问管理的 SEP 也即第"896专利""972 专利"和"533 专利"展开分析后，得出结论认为这三个专利对于 802.11 标准只具有非常小的贡献（very little contribution），至于微软的 Xbox 产品在使用 802.11 标准时是否一定要求获得"896 专利""972专利"和"533 专利"的许可，也存在很大的争议。

关于摩托罗拉涉及数据调制的 SEP，可以分为两大类：第一类是与802.11a、802.11g 和 802.11n 有关的，包括"724 专利"和"730 专利"；第二类是与 802.11b 和 802.11g 有关的，包括"547 专利""449 专利"和"359 专利"。不过，法院在审查之后认为，能够证明"724 专利""730 专利"对 802.11 标准具有重要性的证据十分有限，而且这两个专利对于数据调制的技术贡献非常小（very minimal technical contribution）。"547 专利""449 专利"和"359 专利"对于 802.11 标准核心功能的贡献也非常小（very little contribution），而且这些专利也仅与 802.11b 和802.11g 这两个版本的标准有关，但这两个版本标准的运用已经不普及了，这使得它们对 Xbox 的价值也很有限。

摩托罗拉涉及 802.11 标准安全功能的专利包括"571 专利""398 专利"和"563 专利"，法院经过分析认为这三项专利对于 802.11 标准安全和加密部分仅贡献了非常少的技术。而且，Xbox 某些特定的功能如玩游戏方面，就是由微软——而不是由 802.11 标准——提供安全和加密保障的。不过，在其他的一些操作中，例如通过 Xbox 浏览互联网内容时，Xbox 确实使用了 802.11 标准的安全与加密功能。不过，正如前所述，摩托罗拉的 SEP 对 802.11 标准的安全与加密功能只有非常小的贡献，因此从这个方面来看，摩托罗拉的这三项专利对于 Xbox 产品的重要性也是十分有限的。

综上所述，尽管摩托罗拉宣称微软的 Xbox 产品使用了自己所拥有的 11 项 802.11 标准必要专利，但当逐一分析每一项专利所可能对 Xbox 产品具有的价值之后，法院发现这些专利对 Xbox 产品仅具有十分有限的重要性。"摩托罗拉在 802.11 标准中所拥有的必要专利对于微软而言价值有限，因为这些专利技术在功能上具有局限性，而且它们对于 802.11 标准以及 Xbox 产品是否具有重要性存在不确定性。"[1]

### 六　摩托罗拉标准必要专利 RAND 许可费的确定

标准必要专利纠纷最为核心的还是具体 RAND 许可费的确定，这直接关系到争议双方最为核心的利益。可以说，Georgia-Pacific 要素的调整，对摩托罗拉标准必要专利价值的分析，都是为确定 RAND 许可费服务的。是否能够准确确定 RAND 许可费，将直接决定双方之间的争议能否真正得以解决。

1. 摩托罗拉计算 RAND 许可费方法的审视

摩托罗拉主张，微软为了获得摩托罗拉在 H.264 标准和 802.11 标准中的必要专利，应当依据微软 Windows 产品和 Xbox 产品净销售价格的 2.25% 向摩托罗拉支付许可费，每年支付的上限在 1 亿美元至 1.25 亿美元。为了支持自己的主张，摩托罗拉根据 Georgia-Pacific 第 1 要素[2]援引了自己之前向其他被许可人所收取的许可费：即在 2011 年与 VTech 达成的许可协议，2010 年与 Research in Motion（RIM）达成的交叉许可协议，

---

[1] See William H. Page, Judging Monopolistic Pricing: F/RAND and Antitrust Injury, 22 Tex. Intell. Prop. L. J. 181, p. 197 (2014).

[2] Georgia-Pacific 第 1 要素要求在确定许可费时，需要参照专利权人在过去的专利许可中所收取的许可费情况。具体分析详见前文关于 Georgia-Pacific 要素分析的部分。

以及当时尚未被摩托罗拉收购的 Symbol 公司与其他企业所达成的许可协议。法院分别对这三份许可协议的参照价值进行了分析。

首先，就摩托罗拉与 VTech 达成的许可协议来看，摩托罗拉认为 VTech 所侵犯自己的 6 项专利，实际上都不是标准必要专利，这些专利都没有依据 RAND 义务进行许可的要求。因此摩托罗拉与 VTech 所达成的许可协议就不能成为摩托罗拉与微软谈判确定 RAND 许可费的一个参照。

其次，摩托罗拉与 RIM 达成了交叉许可协议，但是，摩托罗拉不仅向 RIM 许可其在 802.11 标准和 H.264 标准中的必要专利，还包括一些手机专利，无线通信领域中的一些非必要专利。在同一个许可协议中，许可了多种专利，这样就难以确定 802.11 标准必要专利和 H.264 标准必要专利的比重，也无法查明 RIM 究竟为使用 802.11 标准必要专利和 H.264 标准必要专利而支付了多少许可费。因此，摩托罗拉与 RIM 达成的交叉许可协议也不能成为确定摩托罗拉向微软许可 SEP 的参照。

最后，Symbol 在被摩托罗拉收购以前与第三方达成了许可协议，当摩托罗拉收购 Symbol 以后，Symbol 就成为摩托罗拉的一个子公司，子公司之前所从事的许可自然能够成为母公司当前从事许可的参照。不过，法院发现 Symbol 许可的专利在 2010 年 10 月摩托罗拉向微软发出第一封许可要约的时候就已经失效了，因此在摩托罗拉与微软的谈判中自然就不会再予以考虑。而且，法院发现 Symbol 拥有的另一专利对于 802.11 标准的数据调制和直接序列扩频功能只具有非常小的技术贡献。鉴于此，法院认为 Symbol 与第三方达成的许可协议所确定的许可费与摩托罗拉向微软所要求的许可费并不相符，因此也不具有参考意义。

总之，法院并没有支持摩托罗拉要求以其以前的许可协议作为确定摩托罗拉与微软许可费参照的主张。由此可以看出，在涉及标准必要专利的 RAND 许可费确定时，原始的 Georgia-Pacific 第 1 要素——正如摩托罗拉所主张的那样——是无法适用的。因为能够作为参照的、以前许可协议所确定的许可费，也必须是 RAND 许可费，否则普通专利的许可费与标准必要专利的 RAND 许可费之间将不具有可比性。由此也可以看出法院对 Georgia-Pacific 要素在 RAND 背景下进行调整的必要性。

摩托罗拉要求按 Xbox 价格的 2.25% 向微软收取使用摩托罗拉 802.11 标准必要专利的许可费，这引发了专利费重叠的关注。在 802.11 标准中，至少有 92 个实体拥有必要专利。如果这 92 个实体都像摩托罗拉那样收取许可费，那么实施 802.11 标准的累计许可费将超过 Xbox 产品的价格，然而 802.11 标准功能却只是 Xbox 产品功能的一个部分。摩托罗拉提出的许可费会导致非常明显的专利费堆积问题，违背了 RAND 承诺的中心原则——促进标准的广泛应用，因此摩托罗拉向微软索取的许可费必然不是一个 RAND 许可费。另外，摩托罗拉的许可行为导致的专利费堆积问题在本案中之所以如此受到关注，还在于摩托罗拉所拥有的标准必要专利对于 802.11 标准仅具有非常小的贡献。

对于摩托罗拉的 H.264 标准必要专利而言，也存在类似的专利费堆积问题。摩托罗拉也要求按照终端产品价格的 2.25% 向微软收取许可费。在 H.264 标准中，至少有 52 家实体都拥有必要专利。如果每一家实体都像摩托罗拉那样主张许可费，那么实施 H.264 标准的累计许可费将达到微软产品价格的 35.36%—43.68%，而同样的，H.264 标准的功能也只是微软产品功能的一个部分。尤其是，摩托罗拉在 H.264 标准中的必要专利几乎全部涉及隔行扫描视频（interlaced video），而这一功能对于微软的产品而言并不重要。因此，摩托罗拉对其 H.264 标准中的必要专利收取的许可费也是违背 RAND 原则的。

基于上述理由，摩托罗拉所建议的确定其 H.264 标准和 802.11 标准必要专利的方法并没有被采纳。摩托罗拉在 H.264 标准和 802.11 标准中所拥有的必要专利不仅对这两个标准而言并不重要，而且对于依据这两个标准制造的微软的产品来说亦不具有重要性，但摩托罗拉却提出了会产生严重专利费堆积问题的许可费率，违背了 RAND 原则的要求。

2. 微软计算 RAND 许可费方法的审视

微软主张，RAND 许可费的计算应该参照 MPEG LA H.264 专利池（patent pool）和 Via 802.11 专利池所收取的许可费。微软认为这两个专利池所收取的许可费与摩托罗拉、微软在本案中的许可情形具有可比较性。

一般而言，专利池是由两个及以上的 SEP 权利人或管理主体创设的，由专利池作为一个整体代表该专利池内的所有权利人向第三方进行许可，或者专利池内的专利权人互相许可。专利池具有其自身的价值，有利于专利技术的推广应用，可以显著降低专利许可中的交易成本，减少专利纠纷、降低诉讼成本等①。专利池的参与是自愿的，而且专利池通常都独立于标准制定组织。专利池通常都会根据每一专利在专利池中所占的比重来分配收取的许可费，但不会考虑每一个专利的技术、特点、重要性或者对标准的贡献。

微软声称，确定摩托罗拉在 H. 264 标准中的必要专利的 RAND 许可费时，现实中最为相似的比较对象就是 MPEG LA H. 264 专利池。该专利池在 H. 264 标准制定完成以后不久就成立了。微软、摩托罗拉以及其他一些公司参与了该专利池的建立。事实上，在 MPEG LA H. 264 专利池建立过程中还有其他一些替代性的方案，这些方案可能会取代 H. 264 标准。鉴于此，MPEG LA H. 264 专利池的筹建者包括微软和摩托罗拉都试图在确定专利池的许可费方面寻求一种平衡：既要足够高，从而能够激励大量的专利权人将他们所拥有的专利纳入专利池；又要足够低，从而能够确保潜在的被许可人会实施 H. 264 标准，而不是其他的替代性方案。

MPEG LA H. 264 专利池拥有的标准必要专利大约有 275 项来自美国，而来自其他国家的则超过 2400 项。26 名专利权人贡献了这些 SEP，它们包括一些领先的技术公司，如 Apple、Cisco、Ericsson、Microsoft 等。同时还有超过 1100 名被许可人也加入到了 MPEG LA H. 264 专利池之中。根据专利池协议，如果被许可人的产品中包含有 H. 264 的编解码器（codec），那么专利池将依据以下方案向其收取许可费：

（1）生产的产品在 10 万个以内的，免收专利费；

（2）生产的产品在 10 万个至 500 万个之间的，按 0. 20 美元/个收取专利费；

（3）生产的产品在 500 万个以上的，按 0. 1 美元/个收取许可费。

除了按使用量来计算许可费以外，专利池还规定了许可费的年度上限（annual caps），具体而言，当时对以下三个年度作出了具体规定：

（1）2005 年至 2006 年：350 万美元；

（2）2007 年至 2008 年：425 万美元；

（3）2009 年至 2010 年：500 万美元。

微软主张可以依据 MPEG LA H. 264 专利池的许可费政策来计算摩托

---

① 参见詹映《专利池管理与诉讼》，知识产权出版社 2013 年版，第 3 页。

罗拉向微软许可 H.264 标准必要专利应当收取的许可费,但是摩托罗拉提出了反对意见,认为通过专利池收取的许可费并不是 RAND 许可费,理由如下。

第一,通过专利池收取的许可费通常都要比通过双边私人谈判确定的许可费低。通过专利池收取的许可费之所以低,主要原因是绝大多数专利池的主要目标并不是追求许可收入的最大化,而是尽可能地吸引被许可人加入,最大限度地保障被许可人的经营自由。

第二,专利池的"专利计数使用费分配框架"(patent-counting royalty allocation structure)并不考虑具体 SEP 对标准或标准实施者产品的重要性。在该框架之下,某一个对标准很重要、经常被使用的 SEP,与某一个不太重要、很少被使用的 SEP,都将获得相同的许可费。这会导致那些价值更高的 SEP 无法获得与其价值相符的许可费。

第三,通过专利池收取许可费,并没有使用"增量价值方法"(incremental value approach)。也就是说,专利池并不会确定该池内的 SEP 相对于标准制定前其他替代技术的增量价值,向专利池内的每一个专利都分配同样的许可费,并不符合 RAND 原则。而且,如果将专利池许可费认定为 RAND 许可费的话,那么许多高价值 SEP 的权利人可能将不再积极参与标准的制定。

第四,专利池内 SEP 权利人其实获得了两方面的利益:一是来自专利池所分配的许可费;二是其能够不受限制地使用专利池内的其他专利。因此,如果某公司既在某标准中拥有必要专利,同时也依据该标准从事生产并需要使用该标准中的其他必要专利,那么即便其不能从专利池获得与其所拥有必要专利价值相符的许可费,该公司也很有可能会选择加入该专利池。因为对于这些公司而言,使用专利池中其他 SEP 所能够给其带来的价值,要远远高于自身 SEP 许可费的价值。事实上,微软之所以参加 MPEG LA H.264 专利池,其主要目的也不是从专利池获得 SEP 许可费。因此,确定专利池模式下的 RAND 许可费,就既要考虑专利池所收取的许可费,也要考虑专利池内专利权人利用其他专利权人 SEP 所带来的价值。

从摩托罗拉提出的上述四点理由来看,MPEG LA H.264 专利池收取的许可费确实不是 RAND 许可费,但是,法院认为在特定的情形下,专利池所确定的许可费是与 RAND 原则相符的。

首先，RAND 许可费的水平应当与 SSO 推动标准广泛得以采纳的目标相一致。如果许可费过高，影响了标准的推广，则这种水平的许可费显然不是 RAND 许可费。就 MPEG LA H. 264 专利池来看，其所确定的许可费确实起到了推动 H. 264 标准推广的作用。该专利池包含了来自 26 个许可人的 2400 多个 SEP，这些许可人很多都是行业内的领导者，该专利池还包括了超过 1100 个被许可人。这些数据都表明，该专利池所确定的许可费推动了标准的推广，从这一点来看，专利池所确定的许可费是符合 RAND 原则的。

其次，RAND 许可费水平应当能够确保标准的先进性，也即标准能够包含有价值的技术。正如上文所述，在 MPEG LA H. 264 专利池建立的过程中，微软、摩托罗拉和其他公司就致力于在确定专利池许可费方面寻求一种平衡，不至于使得许可费过低，因为这样会导致有价值专利权的权利人拒绝将专利纳入标准，这会大大降低标准的先进性。但至少从 MPEG LA H. 264 专利池来看，其所确定的许可费并没有降低 H. 264 标准的先进性，相反还吸纳了许多先进的技术。从这一方面来看，专利池所确定的许可费也是符合 RAND 原则的。

总之，MPEG LA H. 264 专利池所确定的许可费与 RAND 义务的两项基本内容相符，即 SSO 能够将先进的技术纳入标准，以保证标准的价值；确保标准能够被广泛采纳。因此，MPEG LA H. 264 专利池所确定的许可费是 RAND 许可费，能够作为摩托罗拉向微软许可 SEP 专利时确定 RAND 许可费的参照。

为了确定摩托罗拉在 H. 264 标准中拥有的必要专利的 RAND 许可费，法院考察了如果摩托罗拉和其他所有可证实的 H. 264 专利所有者都加入 MPEG LA H. 264 专利池，摩托罗拉将能够获得多少标准必要专利许可费。不过，摩托罗拉因其必要专利而从专利池获得的许可费，只是其作为 MPEG LA H. 264 专利池会员所能够享有的价值的一部分，剩余部分的价值则是摩托罗拉能够使用专利池中所包含的大量的专利技术（可称之为"会员价值"）。虽然没有直接的证据能够证明这种"会员价值"的具体数值，但是法院采用了一种间接的方式来予以确定。微软曾指出，微软向 MPEG LA H. 264 专利池所支付的许可费是专利池支付给微软许可费的两倍。法院据此认为，在微软看来，这种"会员价值"至少是它从专利池那里所获取的许可费的两倍。法院类推摩托罗拉所享有的"会员价值"也是其从专利池获得的许可费的两倍。因此，摩托罗拉 H.264 标准必要专利的 RAND 许可费就由两部分组成：

RAND 许可费 = 专利池支付给摩托罗拉的必要专利许可费 + "会员价值"

而"会员价值" = 专利池支付给摩托罗拉的必要专利许可费 × 2

所以，RAND 许可费 = 专利池支付给摩托罗拉的必要专利许可费 + 专利池支付给摩托罗拉的必要专利许可费 × 2

由于之前确定微软向摩托罗拉支付的许可费是 0.185 美分/个，因此摩托罗拉在 H.264 标准中所拥有的必要专利的 RAND 许可费就应该是：0.185 美分/个 + 0.185 美分/个 × 2 = 0.555 美分/个。

不过，RAND 许可费应该是在一个合理的范围（range）之内，以上确定的数额只是 RAND 许可费的一个下限，因此，还需要确定 RAND 许可费的上限。法院强调在确定 RAND 许可费上限时，必须防止专利费堆积的问题。法院认为，MPEG LA H.264 专利池最高的许可费为 1.5 美元/个，那么该专利费就应当在所有的 SEP 所有人之间进行分配。由于摩托罗拉的 SEP 在 MPEG LA H.264 专利池中所占的比例仅为 3.642%，因此摩托罗拉 SEP 的许可费也就应当只是这 1.5 美元的 3.642%，也即 5.463 美分/个。同时考虑到前述的"会员价值"，则 RAND 许可费的上限即为 5.463 美分/个 + 5.463 美分/个 × 2 = 16.389 美分/个。

因此，摩托罗拉在 H.264 标准中所拥有的必要专利的许可费范围即是：0.555 美分/个至 16.389 美分/个。但由于摩托罗拉的 SEP 对于 H.264 标准并不具有明显的价值，因此法院决定适用该 RAND 许可费范围的最低值，也即摩托罗拉向微软收取的许可费为 0.555 美分/个。

法院适用了类似的方法来确定摩托罗拉在 802.11 标准中的必要专利的 RAND 许可费范围。微软主张参照 Via Licensing 802.11 专利池来确定摩托罗拉 802.11 标准必要专利的 RAND 许可费，并认为每个产品的许可费范围应当在 3 美分至 6.5 美分之间，而 5 美分/个则是最符合 RAND 原则的许可费。

Via Licensing 802.11 专利池是在 1997 年 802.11 标准制定完成以后 6

年至 8 年也即 2003 年至 2005 年间建立的。与其他专利池如 MPEG LA H. 264 专利池相比，Via Licensing 802. 11 专利池的参与度要明显不足，在该专利池中仅有 5 名许可人，35 项来自全世界的标准必要专利，11 名被许可人。尽管 Via Licensing 802. 11 专利池也存在很多问题，但法院最终还是将其作为确定 RAND 许可费的一个参照。

Via Licensing 802. 11 专利池的许可费率也是与产品的年产量相关，具体如下：

| 年产量（个） | 许可费（美元/个） |
| --- | --- |
| 0—50 万 | 0. 55 |
| 50 万—100 万 | 0. 50 |
| 100 万—500 万 | 0. 45 |
| 500 万—1000 万 | 0. 30 |
| 1000 万—2000 万 | 0. 20 |
| 2000 万—4000 万 | 0. 10 |
| >4000 万 | 0. 05 |

法院确定，如果 802. 11 标准的所有必要专利都纳入了 Via Licensing 802. 11 专利池，摩托罗拉能够获取 Via Licensing 802. 11 专利池许可费的 10. 19% 份额。而在 2011 年，微软使用 802. 11 标准制造了 1. 4263 千万个产品，依据上表，对应的许可费应该是 0. 20 美元/个。因此，微软应向 Via Licensing 802. 11 专利池支付 285. 26 万美元的许可费。则摩托罗拉能够从 Via Licensing 802. 11 专利池获取的专利费为：285. 26 万美元 × 10. 19% = 29. 068 万美元。据此，微软应当为其生产的每一个产品向摩托罗拉支付 2. 038 美分的许可费。同样，摩托罗拉所应当获得的许可费还应当包括"会员价值"，也即专利池应当向其支付的许可费的两倍。综上所述，摩托罗拉在 802. 11 标准中拥有的必要专利的总许可费就应当是 2. 038 美分 + 2. 038 美分×2 = 6. 114 美分/个。

除了参照 Via Licensing 802. 11 专利池的许可费以外，微软还建议参照第三方公司 Marvell 半导体公司所支付的许可费。法院发现为了生产符合 802.11 标准的半导体芯片，Marvell 需要支付芯片价格 1% 的专利许可费，而每个芯片的价格为 3 美元至 4 美元，所以 Marvell 应当支付的许可费就是 3 美分/个至 4 美分/个。

另外，一个名叫 InteCap 的咨询公司也提出了一个许可模型。这也可能成为确定 RAND 许可费的一个有效参照。法院对 InteCap 所提出的许可模型也进行了分析。依据 InteCap 的模型，生产包含有 802.11 芯片的产品，应当支付的专利许可费应当是产品价格的 0.1%，微软 Xbox 产品的价格在 200 美元至 400 美元之间，因此依据该模型的计算，微软应支付的许可费应当是 20 美分/个至 40 美分/个。但是，法院指出 InteCap 模型高估了摩托罗拉必要专利对 802.11 标准的重要性，InteCap 认为摩托罗拉对 802.11 标准的价值是 25%，但正如之前所分析的，摩托罗拉的必要专利对于 802.11 标准的贡献是非常小的，法院认为准确的数值应当是 1%。因此，微软应当支付的许可费就是 0.8 美分/个至 1.6 美分/个。

在上述三种参照方案中，究竟应该选择哪一种作为确定微软向摩托罗拉支付 RAND 许可费的标准？法院认为，相对于摩托罗拉最初提出的 6 美元/个至 8 美元/个，上述三种方案所确定的许可费彼此之间都比较接近，这也表明 RAND 许可费应当在上述三个方案所确定的范围之内，因此，RAND 许可费应当是上述三个方案所确定的数值的平均数，平均的方法在商业谈判中也很常见。

但是，在运用平均方法时也存在一个问题，即在 InteCap 方案中，其只提供了 RAND 许可费的范围：0.8 美分至 1.6 美分。不过，InteCap 方案中许可费计算的基础是微软的最终产品即 Xbox 的价格，如果 0.8 美分的许可费对于售价为 200 美元的 Xbox 而言是合理的，那么对于售价为 400 美元的 Xbox，许可费也应当是 0.8 美分，因为 400 美元的 Xbox 是以同样的方式（in the same manner）使用专利技术。因此，法院确定 InteCap 方案下的 RAND 许可费应当是 0.8 美分。此外，在 Marvell 方案中，RAND 许可费的范围是 3 美分/个至 4 美分/个，法院认为也应当在该范围内取平均数即 3.5 美分/个。

综上所述，通过对上述三种方案所确定的许可费进行平均，其数值为（6.114 + 3.5 + 0.8）/3 = 3.471。因此，微软 Xbox 产品使用摩托罗拉在 802. 11 中所拥有的必要专利，应向摩托罗拉支付的 RAND 许可费应当为 3. 471 美分/个。

# 第五节　FRAND 许可费确定方法的建议

由于 FRAND 许可费的确定是标准必要专利纠纷中的核心问题，因此无论是理论界还是实务界都展开了激烈的讨论，其中也提出了许多具有建设性意义的 FRAND 许可费确定方法。有些方法很具体，例如假定专利池的方法、"实施专利的最小可销售元件"方法，而有的方法则仍然相对抽象，例如改进后的 Georgia-Pacific 十五要素分析方法，尽管需要考虑的要素很多，但实际上大多数要素仍然只是一种原则性的表述。事实上，上述这些方法都具有一个共同点，即认为 SEP 权利人不能享受标准化所带来的价值增值利益。我们对此持有异议，而且也正是从此入手，提出我们关于如何确定 FRAND 许可费的方法。我们所提出的方法侧重于既让 SEP 权利人享受在目前主流观点看来不应当享受的增值利益，同时又通过一定的制度设计对 SEP 权利人形成制约，使其不得不主动提出符合 FRAND 原则的许可费报价。

## 一　SEP 权利人能否享有标准化带来的价值增值

对于标准必要专利而言，标准化的过程是专利实现华丽蜕变的一次良机，标准化使得专利原本具有的垄断性进一步增强，通过标准化的选择，消除了原本尚具有竞争关系的不同专利之间的竞争。正是由于这种被强化的垄断地位，使得 SEP 权利人敢于向标准实施者收取在外界看来违背 FRAND 原则的许可费。在确定符合 FRAND 原则的专利许可费标准时，各界都普遍认为应当以该专利在被纳入进标准之前，彼此相互竞争的专利通过竞争所形成的市场价作为定价标准，如若 SEP 权利人索取的许可费高于该水平，则将被认定是违背其作出的 FRAND 承诺，从而是一种滥用垄断力的表现。

1. 标准必要专利价格确认的司法实践及实施效果

有学者建议在相关立法或司法解释中规定"标准必要专利权人不得拒绝许可，且其执行的许可费率不得高于该专利被纳入标准之前有替代技术与之相竞争时的许可费率"。①波斯纳法官也认为，计算 FRAND 许可费首先需要确定专利被纳入进标准之前被许可人获得专利许可的成本，指出 FRAND 原则的目的主要在于将专利权人的许可费限定在专利本身的价值上，而排出因专利被纳入进标准之后所产生的附加值。②有学者认为，"专利技术纳入技术标准之后，技术标准会增强专利的垄断性，进而使专利权人获得超越其专利权之外的利益，而这一部分利益是由标准这种公共产品带来的，而不是由专利权人的贡献产生的，所以，专利权人不应当享有这部分利益。"③由此可见，许多学者都倾向于认为，SEP 权利人不能享有因其专利被纳入进标准而带来的价值增值，而仅仅能够就其自身专利的价值为基准来收取专利许可费。

在司法实践中，上述理论也得到了体现。例如在微软诉摩托罗拉一案中，对于如何计算标准必要专利许可费这一问题，微软提出需要考虑专利在被纳入进标准之后的价值增值（incremental value），但罗巴特法官则指出，在确定 RAND 许可费时，需要比较标准必要专利与其他那些可能为标准制定组织纳入标准之中的替代性专利之间的价值，认为这是需要考虑的一个因素。④在华为诉 IDC 一案中，一审法院和二审法院都认为："标准必要专利权利人不应当从标准本身中获得利润，其贡献在于创新技术而不是其专利的标准化。"⑤

在这种共识之下，确定符合 FRAND 原则的专利许可费就转化成了确定标准必要专利在纳入进标准之前的竞争市场上所形成的价格，只要确定了该价格，就可以以该价格作为 SEP 权利人所能够收取的专利许可费。详言之，依据有的学者的建议，"如果专利权人或者技术标准的实施者能

① 罗娇：《论标准必要专利诉讼的"公平、合理、无歧视"许可——内涵、费率与适用》，《法学家》2015 年第 3 期。

② 参见 Anne Layne-Farrar, Koren W. Wong-Ervin《计算"公平、合理、无歧视"专利许可费损失办法》，崔毅等译，《竞争政策研究》2015 年第 11 期。

③ 张平：《涉及技术标准 FRAND 专利许可使用费率的计算》，《人民司法》2014 年第 4 期。

④ Microsoft v. Motorola: A Potential Roadmap for Determining RAND Royalty Rates-See more at: http://www.srr.com/article/microsoft-v-motorola-potential-roadmap-determining-rand-royalty-rates # st-hash.2BkWdqOo.dpuf.

⑤ 李扬、刘影：《FRAND 标准必要专利许可使用费的计算》，《科技与法律》2014 年第 5 期。

够举证证明在技术标准通过之前该专利技术的许可实施记录，则在该专利技术被纳入进技术标准之后，专利权人从技术标准的实施者处能够获得的专利许可使用费的数额应该不超过在技术标准通过以前同等条件下其所能获得许可使用费的数额。如果在技术标准通过之前该专利技术没有许可实施的记录，则可以参考与其最接近技术的许可条件予以确定许可使用费的数额。"①这看起来似乎是一个完美的解决方案，因为这至少为FRAND这样宽泛模糊的标准找寻到了一个看似客观的标尺，即在纳入进标准之前如果有许可的实践，则以之前已存在的许可为标准进行许可，这是业已存在的、有记录的，因而是不可能被杜撰的；如果之前没有许可，则以当时与该专利技术最为接近的其他专利的许可为参照，这也是客观存在的。如此看来，专利在被纳入标准之前的许可费都可以通过要么是纵向的追根溯源查找许可记录，要么是横向的比较来予以客观确定的。

但事实上，上述看似客观的标准实际无法发挥多大的价值。一方面，专利权人之前已有的许可记录可能会因商业秘密等方面的原因而无法公开获得②；另一方面，参考与其相类似的专利技术的许可条件，这可能会因没有类似的专利技术存在而不具有可行性，即便具有类似的专利技术，其彼此之间也必定会或多或少存在各种差异，以另外一种专利的许可条件作为另一种专利许可条件的参考尽管具有一定的合理性，但很有可能被机械地适用，从而不当抹杀了不同专利之间的差别，否定了不同专利之间的价值差异性。跳出目前理论界预设的前提，我们不妨反思这个问题，即专利权人希望通过标准化的过程来实现价值增值的诉求是否就一定是不合理的从而应被拒绝？

2. SEP权利人价值增值诉求的审视

虽然学术界和司法实践界普遍认同以标准必要专利纳入标准前的竞争市场价格来确定标准必要专利价格的观点，但在实践中几乎没有专利

---

① 张平：《涉及技术标准FRAND专利许可使用费率的计算》，《人民司法》2014年第4期。

② 例如在华为诉IDC一案中，广东省高级人民法院在终审判决书中就明确指出"本判决书中涉及商业秘密的内容予以涂黑隐去"。（2013）粤高法民三终字第306号。广东省高级人民法院在终审判决书中也指出"交互数字始终不愿在本案中提交相关专利许可使用合同、不愿意披露其对其他公司按许可费率收取……"

权人会自愿地去遵循这一理论，因为这无疑是有损于专利权人自身利益的。也就是说，理论界和实务界所提出的方案无法在事前得到遵守，而仅仅只能在事后的司法或行政执法程序中得以采纳。这种方案的提出无助于减少 SEP 许可费纠纷的发生，相反还会起到助长的作用，因为该方案实际上会拉大专利权人与被许可人之间关于专利许可费预期的差距。对于被许可人而言，有了该方案的"保障"，其可以大大降低自己所愿意支付的专利许可费，甚至要远远低于之前其所愿意支付的标准。专利许可费谈判就是一个双方互相让步的过程，因此，如果之前设定的标准越高，则在之后的谈判过程中让步的空间也就越大。举例言之，专利权人报价 100 万元，被许可人报价 40 万元，最后成交价为 60 万元，在该例中专利权人让步 40 万元，而被许可人让步 20 万元。再看一例，如果专利权人报价 200 万元，被许可人报价 20 万元，如果最后的成交价仍然是 60 万元，专利权人则让步 140 万元，这相较于例 1 显然是更能显示出专利权人的"诚意"。可以预见，随着被许可人所期望支付的专利许可费越来越低，专利权人所提出的其所欲收取的专利许可费标准却会越来越高，从而使得专利许可费的谈判又走入了"死胡同"。例如在美国的 N-Data 一案中，联邦贸易委员会与 N-Data 公司最终达成了和解协议。根据该协议，N-Data 公司可以向使用其专利技术的公司发出 1000 美元的许可费收费要约，如果受要约人在 120 天之内未作出承诺，则 N-Data 公司就可以发出高达 35000 美元的新要约。[①]这样，通过这种机制就迫使被许可人从一开始就接受 N-Data 公司提出的 1000 美元的要约。但该协议所确定的制度并无助于纠纷的解决，因为如果说 1000 美元在被许可人看来都属于过高的报价的话，那么非但没有降低却反而增长到 35000 美元的报价，则无异于"天价"。

　　由于理论界和实务界普遍否定专利权人享有标准化所带来的价值增值，因此将关注的焦点都集中在 SEP 权利人是否滥用了其通过标准化而获得的垄断力，从而向标准实施者收取过高的许可费。但不可忽视的一个问题是，相反的危险也同样存在，即 SEP 权利人会因此而无法得到足

---

　　①　参见赵启杉《与技术标准有关的专利许可声明对专利受让人约束力问题研究》，《电子知识产权》2010 年第 5 期。

够的补偿。SEP 权利人在获取专利的过程中也进行了大量的资金、技术的投入，这些实际上也都是一种"沉没成本"。正如 SEP 权利人可能会违背 FRAND 原则而收取不公平、不合理的专利许可费一样，标准实施者同样也具有巨大的动机去将专利许可费压得尽可能的低，以至于要远远低于依据 FRAND 原则而公平确定的许可费水平。①如此一来，SEP 权利人反倒有可能成为利益受损方，但这一点却未能引起足够的重视。

　　SEP 权利人之所以愿意将自己的专利纳入进标准之中，一方面是希望借助于标准的推广从而能够在更大的范围内进行许可；另一方面是希望借助于标准化而获取的垄断力向被许可方收取较之于竞争水平下更高的许可费。对于 SEP 权利人的上述两个诉求，第一个往往能够为人们所理解和接受，然而第二个诉求则被认为是绝对非合理的要求进而受到"痛斥"。环顾目前的绝大多数 FRAND 纠纷案件，不难发现其中的一个焦点就是 SEP 权利人滥用垄断力收取过高的专利许可费或者附加其他一些不合理的交易条件等。既然这一现象难以消除，那么我们不禁要思考，SEP 权利人之所以这样做是否是因为现有的制度"堵住了"其通过正常的途径来获取这种利益，从而只得采取私力的方式来实现自我"救济"？"一刀切"地认为 SEP 权利人不能在其专利纳入标准之后实现专利的增值，这是否真的具有合理性？标准化无论是对于标准制定组织，还是消费者、社会，都是具有巨大好处的，如果严格要求 SEP 权利人收取的许可费不能超过标准制定前其专利在竞争水平下的标准，那么标准化对于 SEP 权利人而言又具有何种价值呢，难道仅仅是借助于标准化扩大其专利许可的范围吗？而且对于某些核心的专利，标准的制定根本无法绕开，对于这些专利，如果专利权人仅能通过标准化获得扩大许可范围的好处，则专利的价值可能也无法得到最充分的体现。总之，我们应当正视那些被纳入进标准之中的专利所应当享有的合理的"溢价"，而不是一味地将专利权人超出竞争水平的合理加价视作垄断行为的表现。

　　我们不能机械地理解 FRAND 原则，从而将 SEP 权利人所能够收取的专利许可费限定在其专利纳入标准之前的市场价格。正如李克强总理曾

---

　　①　See Damien Geradin, the Meaning of "Fair and Reasonable" in the Context of Third-Party Determination of FRAND Terms, 21 Geo. Mason L. Rev. 919, p. 925.

讲"要让发展成果更多更好地惠及全体人民"①，标准化所创造的价值也应当让所有相关主体都能够感受到、享受到，更不能刻意地排斥特定主体。合理的"溢价"本身是符合 FRAND 原则的，只要其在合理的范围之内，而不能被"一刀切"地砍掉。

### 二　标准必要专利价值增值的实现及制衡

纸面上的专利只有通过具体的、切实可行的制度安排才能够使其真正得以实现，如何真正实现 SEP 权利人所享有的合理价值增值与争取该权利同样重要。同时，赋予专利权人的该权利也必须得到制约，否则借助于 SEP 权利人通过标准化而强化的垄断地位，其可能会被 SEP 权利人滥用到极致。

1. 标准必要专利价值增值的实现

与其断然拒绝 SEP 权利人实现专利价值增值的诉求而实际却收效甚微，还不如采取更为现实的做法，直接允许 SEP 权利人享有专利价值增值，只要将其主张的增值请求限定在一定范围之内，实现公开化、透明化，这总要比表面上反对而实际上却无法真正禁止的做法要好。

究竟由谁来确定专利价值增值的具体数额？是由法院、执法机构，标准制定组织，还是由专利许可双方在具体的谈判中予以协商？首先，如果由法院、执法机构来确定专利权价值增值的部分，则可能是一种非市场化的方式，无论是法院还是执法机构，它们对于专利在标准之中的价值以及所能够实现的价值增值的判断，可能都面临着专业性方面的挑战。而且，法院或执法机构一般都是在事后纠纷产生以后才介入的，我们提出赋予专利权人享有专利价值增值权利的目的之一就在于促使专利权人提出更加客观的专利许可费，以更好地与被许可人达成协议，避免纠纷的产生。如果由法院或执法机构事前介入来确定专利权人所能够享有的"溢价"，显然是与这一目的相悖的，而且其事实上也不可能为每一个专利许可谈判确定"溢价"的水平。

其次，是否能够由标准制定组织来确定专利价值增值的数额呢？标

---

① 《李克强在全国工会十六大作经济形势报告时指出：巩固经济稳中向好态势，让改革发展成果惠及全体人民》，《人民日报》2013 年 10 月 22 日第 1 版。

准制定组织作为制定标准的专门机构，其相对于其他主体而言必定对纳入进标准之中的各项专利所具有的价值有更好的了解。从专业的角度而言，由标准制定组织来确定专利价值增值的具体数额似乎是最为合适的。另外，现实中之所以会出现如此多的专利许可纠纷，也主要源于标准制定组织所引入的十分模糊的 FRAND 原则。"水至清则无鱼"。利益纷争往往产生于那些具有模糊性的地带，因为人人都可以从这些模糊性的地带中轻而易举地作出有利于自己利益的解释。既然从某种程度上来讲专利纠纷是由标准制定组织所引起的，那么，通过由标准制定组织确定专利价值增值的数额来解决纠纷也自然就具有了正当性。不过，在现实中这可能难以实现，因为绝大多数标准制定组织都在各自的知识产权政策中宣称不会介入到因 SEP 引发的许可纠纷的解决中去。因 FRAND 原则而引发的争议与纠纷，绝大多数标准制定组织都不会予以重点关注。"标准化组织的主要工作目标是制定和修改标准，大多数标准组织并不会配备专职法律工作人员处理专利纠纷，且受标准化制定修改周期的限制，标准化组织也不可能投入过多的时间去处理标准实施过程中出现的专利纠纷。"①因此，由标准制定组织确定专利价值的增值尽管从专业性方面来讲最为合适，但在现实中却不具有可行性。

最后，能否由专利权人与被许可人之间通过协商的方式来确定专利价值增值的具体数额呢？作为利益互相冲突的双方，专利权人收取的专利许可费越高，则意味着被许可人的负担越重；如果被许可人支付的专利许可费越低，则在专利权人看来其专利的价值实现的程度就越低。因此，双方都必然会本着从自身利益最大化的角度出发去提出对自己有利的主张。提出赋予专利权人享有专利权价值增值的目的，就主要在于解决专利权许可纠纷，专利权人与被许可人之间就专利许可纠纷都难以通过协商解决，又怎能期待他们就新引入的一个议题——而且可能在被许可人看来是无法接受的一个建议——协商出结果呢？

可见，上述三种方式都不具有可行性。我们认为，"解铃还须系铃人"，既然标准必要专利许可纠纷在很多情况下都是由专利权人提出过高

---

① 赵启杉：《论对标准化中专利行使行为的反垄断法调整》，《科技与法律》2013 年第 4 期。

的、违背FRAND承诺的报价所引起的，那么不妨由专利权人自己提出其认为合适的专利价值增值数额。这似乎是一个违背常理的做法，因为专利权人为了自身的利益可能——而且几乎是必然地——提出高额的专利价值增值，这将违背我们提出的通过赋予专利权人享有"溢价"的权利来促使其提出符合FRAND原则报价的初衷。不可否认，确实存在这种风险。至于如何化解这种风险在下文中将予以阐述，先不赘述。对于专利价值增值的具体数额，由专利权人自行斟酌后提出，可以参照其专利纳入进标准之前专利的市场价值，在此基础上上浮一定的比例来确定，当然，上浮的比例需要依据不同行业、专利的价值等因素来具体确定。这实际上是给予专利权人一定的自由，其实也是对专利权人的一种信任。

2. 专利价值增值的制约机制

赋予专利权人享有专利价值增值的权利，并允许其自行提出"溢价"的幅度，但如果没有相应的制衡机制，则显然是不可想象的。这种制约机制的价值目标应在于确保专利权人能够享受到合理的"溢价"，但也仅仅是合理的。如果超出合理的范围，则应当让专利权人承担相应的代价。超出的范围越大，专利权人所应承受的代价也应当越大；超出的范围越小，专利权人承受的代价也越小乃至完全免除。建立这种制约机制，旨在使专利权人为自己的漫天要价行为付出代价，要让其知道一旦自己的报价明显高于专利在标准中的真实价值时，其将要承担惩罚性的赔偿，从而促使其在提出报价前能够更加谨慎、严肃。

然而就目前而言，专利权人提出的专利许可费是多是少根本没有相应的制衡机制。专利权人提出明显不合理的超高报价也不用承担任何风险，相反还可以为之后的许可费谈判争取到更多的空间；其本着FRAND原则而提出报价的行为也不会受到奖励，反而还可能被被许可人进一步压缩。例如，假设某专利权人的SEP的价值是100万元，当其在专利许可谈判时提出110万元的报价与300万元的报价对其是没有多大影响的，当前的制度既不会因为专利权人提出符合FRAND原则、接近专利真实价值的行为而奖励他，也不会因为专利权人的漫天要价行为而付出代价，即便其报价1000万元甚至更多亦不会承担不利的后果。专利权人承担的唯一"损害"可能就是法院不会支持其主张，法院最终确定的许可费会与其主张之间存在鸿沟。在摩托罗拉诉微软一案中即是如此。法院最终确定微软每年向摩托罗拉支付的必要专利许可费为 180 万美元，而摩托罗拉公司之前向微软公司索取的许可费则高达 40 亿美元，前者仅为后者的 1/2000。[①]尚且不评判法院最终确定的许可费是否一定正确，但有一点是可以确定的，那就是摩托罗拉 40 亿美元的索价是明显不符合 FRAND 原则的，但其也并未因如此高的报价而承担任何不利后果。正因此，才使得越来越多的 SEP 权利人提出越来越离谱的报价，从而使得许可谈判纠纷陷入僵局，最终不得不占用有限的司法、行政资源来予以解决。

而本书提出的制衡机制，则可以很好地解决这一问题。这种制衡机制，主要需要考虑三个关键因素。一是 SEP 的真实、客观的价值。尽管这一价值的确定十分困难，本书在此难以阐明如何确定这一价值，但在现实中通常可以以法院、执法机构或权威的第三方机构所确定的价值为参考。尽管这些机构确定的数额也不一定准确，但本书不想在该问题上纠缠，否则就根本无法展开本书所重点关注的制衡机制。而且，在很多案件中可能根本无须最终通过司法或行政的途径来确定符合 FRAND 原则的许可费，之所以要确定该因素，主要是形成一种威慑机制，让专利权人清楚，一旦其提出的报价违背 FRAND 原则，则最终可以通过司法或行政等途径来予以确定。二是 SEP 权利人在许可谈判中的初始报价，即其首次向被许可人提出并希望从被许可人那里获取的专利许可费。之所以选择初始报价而不是其在之后的谈判中不断修订的报价，是为了使专利权人从一开始就能够进行慎重、诚意的报价，而不给其留下任何侥幸的余地。三是过高报价的"阶梯"惩罚性机制，也即根据 SEP 权利人初始报价（假设为 a）与最终通过司法或行政等途径确定的 SEP 价值（假设为 b）之间的差（即 a－b，假设为 c），来分级确定 SEP 权利人所应当承担的过高报价惩罚。例如，当 c 超过 100 万元时，专利权人应当承担 1% 的过高报价惩罚；当 c 超过 200 万元时，专利权人应当承担 2% 的过高报价惩罚；等等。[②] 当然，具体的数额的确定应当综合考虑既往的许可、行业特征等因素后科学确定。

---

[①] 参见王晓晔《标准必要专利反垄断诉讼问题研究》，《中国法学》2015 年第 6 期。

[②] 过高报价惩罚的计价基础应当为专利权人的初始报价即 a，因为一般而言 a 要显然高于 b，以较大的基数作为计价基础，对于专利权人也具有更大的威慑。

3. 立法建议

标准必要专利反垄断是司法机关及执法机构最近一两年重点关注的问题，相继颁布了相关的反垄断规章、指南及司法解释，为解决因滥用标准必要专利而引发的反垄断纠纷提供了依据。但是，无论是原国家工商总局制定的《关于禁止滥用知识产权排除、限制竞争行为的规定》，最高人民法院发布的《关于审理侵犯专利权纠纷案件应用法律若干问题的解释（二）》，还是国家发改委起草的《关于滥用知识产权的反垄断指南（征求意见稿）》，对于如何确定标准必要专利许可费并没有提供相对明确、具可操作性的标准，要么诉诸"公平、合理和无歧视原则"，要么列举一些本身仍然很模糊的建议考虑的因素。旨在细化标准必要专利反垄断制度的这些规章、指南及司法解释可能并没有真正达到其预期的目的，反而可能使原本就已经很复杂的问题因各机关"各自为政"式的规定而变得更为复杂。因此，本书建议在今后制定相关规章、指南及司法解释时，应当以更为务实的态度对标准必要专利反垄断纠纷中最为核心的问题的解决作出具可操作性的规定。根据本书的研究，我们认为在今后的相关规章、指南及司法解释中，应当明确承认标准必要专利权人享有一定的专利"溢价"，同时对其享有的该权利进行一定的限制，从而实现权利与义务的平衡，促使标准必要专利权人真正本着"能够合理实现专利价值、能够推动——至少不阻碍——标准的推广、能够使标准必要专利成为被许可人实现价值的助推器而不是负担"的原则和诚意提出标准必要专利许可费报价，这将在很大程度上预防纠纷的产生。具体而言，本书的立法建议为：

第 X 条：标准必要专利权人提出的许可费可以高于其专利被纳入标准之前类似技术通过竞争所形成的市场价，但必须限定在合理范围之内。

如果专利权人提出的报价明显高于其专利被纳入进标准之前的市场价，相关机构可根据其过高报价的具体额度对其做出相应的惩罚性处罚，相关利益主体可提起惩罚性赔偿。

### 三 结语

在确定 SEP 权利人在专利许可中所能收取的专利许可费时，理论界和实务界普遍认为权利人不能因为自己的专利被纳入进标准而获得额外的利益，也即不得享有标准化所带来的"溢价"。断然否定 SEP 权利人的这种权利的做法值得商榷，因为标准化对于标准制定组织、标准实施者（从与 SEP 权利人的关系看即被许可人）、消费者、社会等都具有不同程度的价值，作为标准化参与的重要主体，专利权人也应当能够从标准化中享受到应有的利益。尽管标准化可以使专利权人的专利能够借助于标准的推广而扩大其许可范围，从这个角度来看专利权人也确实享受到了标准化所带来的利益，但在专利权人与被许可人的具体谈判中，这种宽泛的利益就显得没有那样真实、触手可及了。要求专利权人将许可费定在其专利被纳入进标准之前的竞争水平之上，在专利权人看来就无法看到标准化给其在价格这一最为敏感和核心的因素方面带来的好处。既然制度上不承认专利的"溢价"，那专利权人就只能通过私力的手段来实现了，这也是为什么在现实中 SEP 权利人都提出在外界看来远远超出"公平""合理"范围之外的许可费要求的原因。

"堵不如疏"，与其拒绝承认 SEP 权利人专利权增值然而却收效甚微，还不如正视专利权人"溢价"的合理诉求，并将其限制在一定的范围之内，同时建立相应的过高报价惩罚机制，通过这种市场化的方式——而非行政压迫、道德劝导——来促使专利权人真正本着 FRAND 原则提出专利许可报价，并富有诚意地参与到专利许可的谈判中去。

# 第 五 章

# 标准必要专利背景下禁令问题研究

除了 FRAND 许可费纠纷这一核心争议以外，标准必要专利领域还存在另外一大纠纷，也即禁令问题。SEP 权利人是否可以享有普通专利权人申请禁令的权利，这是否会构成对 FRAND 承诺的违背，申请禁令是否是 SEP 专利权人滥用垄断力的一种表现，等等。这些问题都是解决标准必要专利纠纷所必须回答的。法院在禁令问题上所持的态度，将直接影响到 SEP 权利人尤其是标准实施者的利益，在某种程度上来说，禁令问题的解决所具有的意义，丝毫不亚于 FRAND 许可费的确定。

在 FRAND 背景之下，关于禁令问题的争议相较于围绕 FRAND 许可费所产生的争议而言，要简单得多，归结起来就是支持给予 SEP 权利人禁令与反对给予 SEP 权利人禁令。支持给予禁令的观点认为，如果限制禁令，那么标准实施者在被起诉之前可能都没有动机去支付许可费，而且，SSO 的知识产权政策也没有禁止禁令。而主张禁止禁令的观点则认为，顾名思义，SEP 的权利人应该是愿意进行许可，而不是排除许可，并享受标准化给其专利许可所带来的好处。如果禁止标准实施者实施标准，则其将面临高额的转换成本，另外，考虑到专利费堆积等问题，这进一步说明不应当给予禁令。[1]当然，还有一种观点介于上述两种观点之间，即认为应当在是否给予 SEP 权利人禁令方面做到平衡，既不绝对禁止，也不完全准许。这种观点又可以分为两种情形："一种是在极少的特定情况下发放禁令，它以不发为原则，采用列举的方式，列出可能发放禁令的情形。另外一种就是安全港方案，总体上保留禁令救济措施，除非被

---

[1] See Daryl Lim, Standard Essential Patents, Trolls, and the Smartphone Wars: Triangulating the End Game, 119 Penn. St. L. Rev. 1, pp. 55 – 56（2014）.

许可方满足一些足够证明善意的条件，才可能得到禁令豁免。"①

　　SEP 的禁令问题从根本上来说仍然是一个专利禁令的问题，只不过是一种特殊的专利。问题的关键在于 SEP 这种特殊专利是否足够特殊，以至于需要采取一种完全不同于普通专利禁令处理思路的新框架。在回答这一问题之前，我们需要首先对禁令的一般理论进行梳理，只有这样才能够为判断 SEP 禁令的特殊性提供参照。

# 第一节　禁令制度的一般理论②

　　禁令制度的价值在于其可以为权利人提供更为全面的保护，而不至于等到损害发生以后再启动追责和补偿程序，因为"迟到的正义即非正义"，权利人的利益可能根本无法从这种滞后的救济中得到完全弥补。禁令在知识产权领域中也得到了广泛的应用，下面我们将从知识产权尤其是专利权的角度对禁令的理论与实践发展展开探讨。

## 一　禁令的理论依据

　　禁令（injunction），是"法院签发的要求当事人做某事或某行为或者禁止其做某事或某行为的命令。它是一项衡平法上的救济措施。当普通法上对某种损害行为不能提供充分的救济时，便可寻求以禁令来作为补救。它主要用于防止将来某种损害行为的发生，而不是对已发生的损害给予补偿，或者是对不能以金钱来衡量或给予金钱损害赔偿并非恰当的解决方式的损害行为提供救济。"③当权利人的权利被侵犯，如果不及时制止侵权行为将给权利人造成不可挽回的损失的话，那么权利人应当享有及时制止侵权行为的权利，否则权利人的利益将无法得到全面的保障。

　　作为弥补普通法救济手段过于单一而在衡平法的发展过程中产生出来的禁令制度这一新的救济方式，对于保护权利人的合法权益具有重要

---

　　①　张雪红：《标准必要专利禁令救济政策之改革》，《电子知识产权》2013 年第 12 期。

　　②　需要说明的是，此处的禁令仅指知识产权领域内的禁令，而不包括环境保护、家庭暴力等领域内的禁令。

　　③　《元照英美法词典》，薛波主编，潘汉典总审订，北京大学出版社 2014 年版，第 696 页。

价值。虽然禁令制度产生于英美法系国家，但大陆法系国家在立法及司法实践中也普遍采纳了这种救济方式。禁令适用的范围很广，只要权利人可能因侵权行为而遭受即便通过事后的损害赔偿也无法弥补的损失，都可以通过禁令将侵权行为可能造成的损害冻结在萌芽状态，或避免其造成更大的损害。禁令在知识产权领域中的价值尤为明显。知识产权的客体是无形财产，这种无形性决定了知识产权人对其控制相对较弱，权利人无法通过有形占有和控制来进行有效的自我保护，传统的有形财产保护规则无法对无形财产形成有效保护。"知识产品，即知识产权的客体，具有非物质性的特点，其本身不可能自然占有和有形控制，因此需要法律对知识财产状态作出'纯粹法律的占有'的制度安排，给予逸出创造者控制的知识财产以特别的保护。"①我国在加入 WTO 以后，逐步在知识产权法的三大单行法中引入了禁令制度，例如我国现行《专利法》第 66 条对专利侵权禁令申请作了规定。②之所以在知识产权法中引入禁令制度，是有其深刻原因的，可以说也是由知识产权自身的特性所决定的。

首先，知识产权的无形性使得权利人对其控制力相对要弱，侵权行为能够更容易发生。"知识产权是一种无形财产权，它可以独立于载体而存在。这一特征决定了权利人很难通过占有的方式来保护自己的权利，因此与其他一些权利相比，它更容易遭受侵害，盗窃他人的作品远比从保险柜中盗取他人钱财容易。"③其次，知识产权复制的成本相较于权利生成的成本而言微乎其微，这就使得侵权人的复制成本很低，但是收益却能够很高，几何级数的传播速度会使得权利人的利益受损会随着侵权行为的持续而呈几何级数的增长，如果制止的时间越早，则这种损害也将呈几何级数递减。最后，知识产权对于现代经济的发展具有十分重要的作用，如果没有了知识产权这一内核，许多产业将只具有外壳，是难以得以持续发展的。如果知识产权无法得到有效保障，侵权行为肆行，则

---

① 吴汉东：《知识产权法价值的中国语境解读》，《中国法学》2013 年第 4 期。

② 我国《专利法》第 66 条第 1 款规定："专利权人或者利害关系人有证据证明他人正在实施或者即将实施侵犯专利权的行为，如不及时制止将会使其合法权益受到难以弥补的损害的，可以在起诉前向人民法院申请采取责令停止有关行为的措施。"

③ 胡充寒：《我国知识产权诉前禁令制度的现实考察及正当性构建》，《法学》2011 年第 10 期。

知识产权所有人将很有可能难以弥补自己的创新投入。从微观方面来看这只是损害了知识产权人的利益，但是从宏观方面来看，则很有可能损害整个行业的发展。总之，在知识产权领域引入禁令制度，提前对潜在侵权人的侵权行为予以制止，这对于加强知识产权所有人利益的保护具有重要的价值。

禁令，其字面含义就是禁止某种行为的命令，因此禁令申请人一般是希望通过禁令来达到及时禁止侵权人侵权行为的目的，主要是要求侵权人承担消极不作为而非积极作为的义务。"侵权行为法中也有所谓的'履行请求权'。然而和合同履行请求权不同，侵权行为法上的这一权利通常体现为不作为履行请求权（停止侵权行为请求权）而没有以采取一定的行为为标的的积极请求权（强制履行请求权）。"[1]由于权利人申请禁令时，法院尚没有对相关侵权事项作出最终裁决，而只是因为如果等到最终裁决作出时，这种救济已经无法挽回权利人所遭受的损失，因而需要提前对潜在侵权人的侵权行为予以禁止。但是，禁令毕竟是在法院最终裁决作出之前所发布的，这就存在这样一种可能，那就是禁令对专利权人的保护可能会超出必要的限度，对侵权人造成的损害可能要大于侵权人给权利人所造成的损害。为了避免这种情形的发生，就必须对申请禁令设定相应的条件，防止禁令为权利人提供过度的保护，从而确保禁令制度真正能够发挥避免不可挽回的损失的功能。

## 二 准予禁令的条件

禁令制度在保护知识产权所有人的利益方面具有重要价值，但是这并不意味着潜在侵权人就一定构成侵权而且必须停止生产有关涉嫌侵权的产品，因为禁令本身并没有对实体权利义务关系作出最终的认定，本质上仍然是诉讼程序制度。"诉前停止侵权行为的规定、证据保全的规定在性质上仍然是程序法规范，是由知识产权法所表达出来的诉讼程序规范，或者说是由知识产权法所确立的一项诉讼救济措施。其意义不仅体现在赋予专利权（商标权、著作权）人或者利害关系人一项新的制止侵

---

① ［德］克雷斯蒂安·冯·巴尔：《欧洲比较侵权行为法》（下），张新宝译，法律出版社2001年版，第166页。

权行为的权利或救济手段上，更重要的是它大大发展了现行知识产权诉讼制度。"①

一旦法院最终认定潜在侵权人并不构成侵权，则意味着之前所准予的禁令会给潜在侵权人的利益造成巨大损害，禁令的内容对于许多潜在侵权人而言可能是毁灭性的，因为依据禁令，潜在侵权人将不得继续从事生产。换言之，如果禁令后来被证明是错误的话，那么这对潜在侵权人所造成的损害，相比于潜在侵权人对知识产权所有人所造成的损害而言，可能会有过之而无不及。因此，应当依据严格的条件审查是否准予发布禁令，避免禁令可能的副作用对潜在的侵权人以及社会利益造成损害。各国都依据本国的情况发展出了各自的发布禁令的条件，下面我们将主要分析中国和美国的相关制度。

1. 美国 eBay 案所确定的准则

在美国著名的 eBay 案中②，最高法院再次重申了准予永久禁令需要满足的四个条件。eBay 是美国一家著名的互联网公司，主要提供在线拍卖交易，MercExchange 拥有在线拍卖的专利技术，MercExchange 寻求向 eBay 及其子公司 Half. com 许可其专利，但是双方并没有就许可事项达成一致。随后 MercExchange 针对 eBay 和 Half. com 向地区法院提起专利侵权诉讼。地区法院认定 eBay 和 Half. com 侵犯了 MercExchange 的专利权，但是拒绝发布永久性禁令。联邦巡回上诉法院认为，如果没有特殊情况，那么法院应当针对专利侵权人发布永久性禁令。最高法院认为，根据衡平法原则，原告寻求永久性禁令必须满足四要素测试，原告必须证明：（1）自己遭受到了不可弥补的损害；（2）法律所能够提供的救济，例如金钱赔偿，将无法完全弥补这种损失；（3）考虑到原告与被告之间利益的平衡，给予衡平法上的补救措施是必要的；（4）公共利益不会因为永久禁令而受到损害。

最高法院认为，美国专利法规定专利具有私人财产权的属性，包括禁止他人制造、使用、许可销售或者销售的权利。上诉法院认为这种权

---

① 肖建国：《论诉前停止侵权行为的法律性质——以诉前停止侵犯知识产权行为为中心的研究》，《法商研究》2002 年第 4 期。

② eBay Inc. v. MercExchange, L. L. C. , 547 U. S. 388（2006）.

利本身就包含永久禁令救济的内容。但最高法院认为，权利的创制与对违反该权利的救济是有区别的，专利法自身也表明禁令救济只有在与衡平法规则相一致的情形下才能够发布。最高法院反对这样一种规则，即知识产权被侵犯就能自动获得禁令。地区法院和上诉法院都未能依据传统的衡平法原则来处理永久禁令问题。

最高法院指出，虽然地区法院引用了传统的四要素分析方法，但对其进行了扩张解释。地区法院认为，"原告愿意许可其专利"以及"原告没有实施其专利的商业活动"，这两点足以说明，如果不准予禁令，专利权人也不会遭受不可弥补的损害。最高法院反对地区法院的观点，认为传统的衡平法原则不允许进行如此宽泛的理解。例如，一些专利权人，如大学研究者或者个人发明家，可能更愿意只进行专利的许可，而不是自己从事相关的专利产品生产。这些专利权人能够符合传统四要素分析方法所规定的情形，没有理由拒绝向他们发布禁令。最高法院认为地区法院的决定与衡平法规则不符。

最高法院指出，上诉法院在推翻地区法院的决定时，又走到了与传统四要素分析方法相反的方向。上诉法院提出了一个仅适用于专利纠纷的"一般规则"，即"只要存在侵权行为并且专利是有效的，就可以发布永久性禁令"，只有在极少数的情形下才能拒绝准予禁令。最高法院认为，正如地区法院错在绝对拒绝准予禁令救济，上诉法院则错在绝对地准予这种救济。

最高法院得出结论认为无论是地区法院还是上诉法院都未能正确地使用传统的四要素分析方法，因此推翻了上诉法院的判决，要求地区法院依据衡平法四要素进行审理。在是否应当准予永久性禁令救济方面，最高法院并没有给出明确的答案，而只提出在决定准予禁令或拒绝准予禁令时，仍然需要在传统的衡平法原则之内来进行。

总之，在 eBay 案中，最高法院重新强调了依据衡平法四要素分析方法来确定禁令救济的重要性，"eBay 案让禁令救济的适用回归衡平精神，它是法院采用禁令措施的重要拐点，并且在全球范围内产生广泛影响"①。

---

① 陈武：《权利不确定性与知识产权停止侵害请求权之限制》，《中外法学》2011 年第 2 期。

在决定是否给予知识产权所有人禁令救济时，既不能采取绝对支持的态度，否则将使得知识产权的垄断性得到进一步的强化，而知识产权的合理使用则会受到极大限制；也不能采取绝对反对的态度，否则知识产权所有人的权利又将无法得到有效保障。总之，应当本着利益平衡的原则在二者之间进行权衡。

2. 中国关于禁令的条件规定

依据我国《专利法》《著作权法》和《商标法》中关于禁令的相关规定，准予禁令主要须满足两个方面的条件：第一，知识产权正面临正在进行或即将进行的侵权行为的侵害；第二，如不及时制止侵权行为将使得知识产权人的合法权益遭受难以弥补的损害。

第一个条件强调的是知识产权正处于被侵害的不利境况之中，法律的救济不能只等到损害完成以后才提供，当权利人正遭受损害，甚至这种损害尚未真正开始，但只要有证据能够证明存在这种可能性，就应该提前进行法律救济，以避免侵害行为的发生。"如果法律仅赋予公民赔偿请求权而却不使其有机会制止即将发生的损害是很难让人接受的。如果一个国家不授与其法院在'损害尚未发生的期间内'基于当事人的申请提供法律保护措施的职权，这个国家就未尽法律保护的义务。"①因此，将救济适当提前对于有效保护权利人的合法权益是很有必要的。

第二个条件强调的是侵权行为对知识产权所造成的损害将是极为严重的，事后的补偿将无济于事。侵权行为持续的时间越长，对权利人所造成的损害也将越大，而提前的介入则可以使这种损害停留在"萌芽"状态，将侵权行为予以"冻结"，这样，通过禁令救济以及事后的救济就能确保权利人的损失得到充分的补偿，而不至于出现赢了诉讼但输了利益的情形。从利益的补偿方面来看，禁令救济可以防止损害的进一步扩大，这也是对知识产权所有人利益的最好补偿。

3. 中美关于禁令条件的比较分析

事实上，在美国 eBay 案中，最高法院所分析的禁令是永久性禁令（permanent injunctions），而中国知识产权单行法中所规定的禁令实际上是

①　［德］克雷斯蒂安·冯·巴尔：《欧洲比较侵权行为法》（下），张新宝译，法律出版社2001年版，第166页。

诉前禁令（preliminary injunctions）和临时性禁令（temporary injunctions），因此二者的条件必然存在不同。但是，美国最高法院在 Winter v. Natural Resources Defense Council 案中也强调，永久性禁令和诉前禁令可以进行相同的分析，只不过在申请诉前禁令时，原告必须证明其诉求具有成功的可能性。[1]相应地，法院也确认在申请诉前禁令时，应当满足以下四个方面的条件：（1）诉讼主张能获得成功的可能性；（2）如果不准予禁令，那么将会出现不可弥补的损害的可能性；（3）原告与被告之间损害的平衡；（4）禁令是否会影响公共利益。其中，第（2）个条件也即出现不可弥补的损害的证据是是否给予诉前禁令需要考虑的最重要的因素。[2]

可见，中美关于诉前禁令的条件的规定在本质上是相同的，即都强调权利人遭受到了侵权行为的损害，而且只有禁令才能够使得权利人避免不可弥补的损失。但是，美国禁令的条件中也强调了要在专利权人与潜在侵权人之间实现利益的平衡，以及要考虑禁令可能对公共利益所带来的影响，因此较之于中国的禁令条件要更为全面。

## 第二节　标准必要专利背景下禁令的特殊问题

标准必要专利也是专利的一种，只不过其是一种被纳入标准、标准制定所必须使用的专利，但这也决定了标准必要专利与普通专利之间的差别，这种差别对于标准必要专利权人申请禁令是否会产生影响？这是标准必要专利纠纷中的一个重要问题。标准必要专利的特殊性决定了不能完全依据禁令的一般条件来审视 SEP 的禁令问题，而必须在 FRAND 原则之下对该问题展开探讨。

### 一　FRAND 原则之下的 SEP 禁令问题

SEP 权利人向标准制定组织作出 FRAND 承诺，即表明其愿意遵循

---

[1]　Winter v. Natural Resources Defense Council, Inc, 555 U. S. 7, at 32 – 33 (2008).

[2]　See Erin V. Klewin, Reconciling Federal Circuit Choice of Law with eBay v. Mercexchange's Abrogation of the Presumption of Irreparable Harm in Copyright Preliminary Injunctions, 80 Fordham L. Rev. 2113, p. 2124 (2012).

FRAND 原则向标准实施者许可 SEP，那么 SEP 权利人能否申请禁令呢？对该问题的回答，要求我们不仅要考虑禁令申请的一般条件，而且在分析这些一般条件时必须融入 FRAND 原则的考量。因为 FRAND 原则对于 SEP 权利人而言其实是一种义务，SEP 权利人所享有的申请禁令的权利应当受到其所承担的 FRAND 承诺的义务的制约。事实上，无论是英美衡平法上关于禁令的条件规定，还是我国有关禁令的条件，其核心都是强调权利人将因侵权行为而遭受不可弥补的损害（irreparable injury），因而需要准予禁令以避免这种情况的发生。因此，我们在结合 FRAND 原则分析 SEP 权利人是否能够被准予禁令时，也主要分析 SEP 权利人在作出 FRAND 承诺的情况下是否会因侵权行为而遭受不可弥补的损害。

"不可弥补的损害这一规则有两种表述，即衡平法只在防止不可弥补的损害方面发挥作用，以及衡平法只会在普通法无法提供充分救济时才会发挥作用。但这两种表述是相同的，一种损害是不可弥补的，也就表明没有其他的救济能够予以修复。"①对于普通专利权人而言，能够证明自己将遭受不可弥补的损害是其能够获得禁令救济的最为重要的原因。"不可弥补"本身表明事后的金钱补偿是微不足道的，难以对权利人的损害给予充分的补偿。那么，SEP 权利人是否也会遭受到不可弥补的损害呢？这也将是决定其是否能够获得禁令救济时需要考虑的关键因素。

SEP 权利人所作的 FRAND 承诺，表明 SEP 权利人不仅要向所有实施标准的企业许可其 SEP，而且还必须是以 FRAND 条款和条件进行许可的。显而易见，不仅在理论上而且在实践中，任何实施标准的企业都不用担心自己无法获得 SEP 的许可，都必然能够依据标准从事相关的产品生产。SEP 权利人在其以向 SSO 作出 FRAND 承诺为交换条件以确保其专利能够被纳入标准时，就已经清楚地知道其已经放弃了拒绝许可其专利的权利，向任何标准实施者进行专利许可是 SEP 权利人所承担的一项义务。"美国联邦巡回上诉法院认为专利权的本质是排他权，初步禁令的价值基础在于保护专利权的排他性，并在随后的判例中解释道：'专利的期限是固定的，专利权的效力期间并不因为发生诉讼而顺延，特别是专利

---

① Douglas Laycock, the Death of the Irreparable Injury Rule, 103 Harv. L. Rev. 687, p. 694 (1990).

诉讼的时间比较长，因此时间流逝本身就对专利权人造成侵害，而且是无法弥补的。如果不能及时发出初步禁令，则侵权人能够在诉讼期间继续从事侵权活动这一事实本身就实际上鼓励了侵权'。"① SEP 权利人作出 FRAND 承诺实际上就表明其放弃了专利权绝对的排他性，充其量只剩下一种相对的排他性，即标准实施者实施 SEP 必须支付符合 FRAND 原则的许可费，但 SEP 权利人显然已经不能绝对地禁止标准实施者实施包含有 SEP 的标准。

对于普通专利的专利权人来说，其申请禁令是为了保护其专利的排他性，如果不申请禁令，其他人将通过侵权的方式实施其专利，这确实会给普通专利权人造成不可弥补的损害。但是，对于 SEP 权利人而言，其专利必然会随着标准的实施而被不特定的标准实施者所使用，SEP 权利人放弃了 SEP 的排他性。相应地，SEP 权利人就不会因为 SEP 不受控制的被实施而遭受到不可弥补的损失，SEP 权利人完全能够通过与标准实施者的许可谈判来获得相应的补偿。虽然 FRAND 原则通常而言更多的是对 SEP 权利人形成必要的限制，防止其滥用 SEP 所具有的垄断力而向标准实施者索取高额的许可费，因此 FRAND 原则更多的是保护标准实施者的利益，但是，从另外一个方面来看，FRAND 原则其实也能够对 SEP 权利人提供保护，确保其 SEP 能够获得"公平""合理"的许可费。这也说明 SEP 权利人完全能够从现有的法律中得到救济，其也不会遭受不可弥补的损失。

总之，FRAND 承诺的作出意味着 SEP 权利人愿意在标准实施的范围内许可其专利，在向标准实施者进行许可还是拒绝许可方面，SEP 权利人实际上已经没有选择权，因为 FRAND 承诺使得 SEP 权利负有必须进行许可的义务，因为此时不仅仅涉及专利的许可问题，更涉及标准能否得到实施的问题。FRAND 原则又可以确保 SEP 权利人在与标准实施者的许可谈判中能够获得"公平""合理"的补偿。这都表明 SEP 权利人并不会遭受不可弥补的损害。因此，我们认为在 FRAND 原则的背景之下，SEP 权利人并不享有申请禁令的权利，这种权利因 FRAND 承诺的作出而被放弃。

---

① 和育东：《美国专利侵权的禁令救济》，《环球法律评论》2009 年第 5 期。

### 二 FRAND 背景下禁令被滥用问题更严重

上文是从禁令的内部要求即申请禁令的条件，以及 FRAND 原则本身的内在要求出发展开分析，认为 FRAND 原则之下 SEP 权利人并不会遭受不可弥补的损失，相反能够得到"公平""合理"的补偿，因此 SEP 权利人不享有申请禁令的权利。事实上，从禁令的外部来看，SEP 权利人申请禁令的权利同样应当受到严重质疑，因为禁令申请往往会被 SEP 权利人所滥用，以迫使标准实施者支付高额的许可费，SEP 权利人能够借此获得垄断利润。救济性的权利一旦被滥用，就会损害到标准实施者的利益，这会严重违背禁令救济功能的本质要求，此时禁令救济非但不是对权利被侵害的弱势方的救济，相反，会成为进一步增强 SEP 权利人垄断力的工具。

在具体的 SEP 许可谈判过程中，如果双方无法就 FRAND 许可费达成一致，SEP 权利人向法院申请禁令往往会对标准实施者形成一种巨大的压力，这种压力会对原本就不平衡的 SEP 权利人与标准实施者之间的关系进一步失衡，使得标准实施者在谈判中的不利境地进一步恶化。换言之，申请禁令成为 SEP 权利人威胁标准实施者的一种方式，这是对禁令救济权利的一种滥用，而任何权利的滥用都不应当得到支持。"如果专利权人获得禁令，就意味着下游的生产商不得再生产相关产品，这对生产商极具威慑力。这种威胁会对许可谈判产生重大影响，尤其是当这种禁令所保护的专利仅仅是一个非常复杂、利润率高和被市场普遍所接受的产品中的非常小的部分时更是如此。当被告已经在涉嫌侵权的产品设计、生产、营销和销售方面进行了大量投资的情形下，禁令威胁往往会导致严重的专利劫持问题。"[①]

如果准予 SEP 权利人禁令，则该禁令将对 SEP 权利人形成全面的保护，但这种保护明显超出了必要的范围，因为 FRAND 承诺使得 SEP 权利人要相比于普通专利权人而言，在权利的主张方面要受到明显的限制。SEP 权利人并不会因为标准实施者的侵权行为而遭受不可弥补的损失，因

---

① Mark A. Lemley, Carl Shapiro, Patent Holdup and Royalty Stacking, 85 Tex. L. Rev. 1991, pp. 1992 – 1993 (2007).

此不能准予 SEP 权利人禁令；同样，不准予 SEP 权利人禁令申请，自然也不会给 SEP 权利人造成不可弥补的损失。但是，禁令却极有可能给标准实施者造成不可弥补的损失，标准实施者是基于对标准制定组织以及 SEP 权利人所作的 FRAND 承诺的信赖才依据标准从事相关的生产，这种信赖的关键内容就是标准实施者依据标准从事生产的行为不会被禁止。

正如在华为诉中兴一案中①，欧洲法院（Court of Justice of the European Union，CJEU）在判决中一方面指出原则上专利的使用者在进行任何使用之前都必须获得许可，但另一方面也指出，SEP 权利人不得在未通知涉嫌侵权人或者与涉嫌侵权人展开提前的协商的情况下，通过针对涉嫌侵权人提起禁令或者要求召回产品的诉讼，即便 SEP 已经被涉嫌侵权人使用（even if the SEP has already been used by the alleged infringer）。"这实际上也就意味着欧洲法院认可 SEP 可以在许可谈判完成以前被使用。"②如果 SEP 权利人试图通过申请禁令而制止涉嫌侵权人停止生产，则是对标准实施者基本信赖的打破，如此一来，标准的推广与实施将会因为标准实施者的忌惮而受到严重阻碍。

需要说明的是，我们并非认为标准实施者可以侵权，而是认为双方完全可以在 FRAND 原则之下通过协商解决相关的争议，SEP 权利人不能轻易地申请禁令，这种权利应当受到限制。SEP 权利人正当的权益、可能的损害完全能够在 FRAND 原则之下得到保护和补偿，禁令保护并不能比 FRAND 保护给 SEP 权利人提供更大的利益保障，SEP 权利人申请禁令的主要目的就在于借此强迫标准实施者接受更高的许可费要求，这是 SEP 权利人滥用禁令申请增强自身垄断优势的表现。

---

① Huawei Technologies Co. Ltd v. ZTE Corp. , ZTE Deutschland GmbH, Case C – 170/13, available at：http：//curia. europa. eu/juris/document/document. jsf；jsessionid = 9ea7d0f130d5addec53f90 a0432586eb843360792a37. e34KaxiLc3eQc40LaxqMbN4Pah0Re0？ text = &docid = 165911&pageIndex = 0&doclang = en&mode = lst&dir = &occ = first&part = 1&cid = 1344976，last visited on：2018. 10. 02.

② Stephan Barthelmess, Maurits Dolmans, Ricardo Zimbron, Enforcing Standard-Essential Patents—the European Court of Justices's Judgement in Huawei v. ZTE, 27 No. 12 Intell. Prop. & Tech. L. J. 12, p. 12（2015）.

### 三　FRAND 背景下禁令禁止可能的消极后果

FRAND 原则的本质要求，以及 SEP 权利人可能会滥用禁令迫使标准实施者接受不合理的许可条件，这决定了 SEP 权利人不能享有申请禁令的权利。但是，如果完全禁止 SEP 权利人申请禁令，则又可能会产生另外一种情形，即标准实施者会利用 SEP 权利人不能申请禁令这一"不利境地"，从而在许可谈判时故意拖延，或者故意提出一些对 SEP 权利人不利的条件。如此一来，SEP 权利人将受制于自己不能申请禁令这一情况，反而被标准实施者用以损害 SEP 权利人的利益，这同样是不公平的，也是违背不向 SEP 权利人发布禁令的本意的。因此，我们认为，尽管原则上不应向 SEP 权利人准予禁令，但这可能会被某些标准实施者所利用，从而使得谈判的天平向标准实施者一方倾斜，这就说明不能绝对禁止 SEP 权利人的禁令申请，而是应当留有一定的制度空间，这样既能够避免某些标准实施者利用绝对的禁令禁止所存在的漏洞，也能够保护 SEP 权利人的合法、正当的利益。

那么，在哪些情形下能够准予 SEP 权利人的禁令申请呢？我们认为，之所以要放弃绝对的禁令禁止，主要目的在于避免绝对的禁令禁止被某些标准实施者所利用。因此，SEP 权利人能够被准予禁令的条件，也就是有证据能够证明某些标准实施者正在试图利用绝对的禁令禁止损害 SEP 权利人合法、正当利益的情形，包括标准实施者没有进行 FRAND 许可谈判的意愿，在许可谈判中不当拖延，不当拒绝向 SEP 权利人进行专利的反向许可，等等。在一般情形下，我们更多关注的是 SEP 权利人不遵循 FRAND 承诺，这主要是因为 SEP 权利人的特殊地位，以及在实践中 SEP 权利人违反 FRAND 原则的情形往往更多，从而需要尤为强调 SEP 权利人必须遵循 FRAND 原则展开谈判。但实际上，遵循 FRAND 原则进行许可并不仅仅是 SEP 权利人的单方面义务，标准实施者也必须遵循 FRAND 原则展开谈判。因此，从原则上来讲，只要 SEP 权利人有充足的证据能够证明标准实施者未遵循 FRAND 原则与之展开许可谈判，那么 SEP 权利人就应该被准予禁令救济，从而对违反 FRAND 原则的标准实施者予以必要的威慑。

# 第三节　标准必要专利禁令的实践发展

在实践中，许多 SEP 权利人也向法院提起了禁令救济的申请，法院作出了相关的判决。标准制定组织也对 SEP 权利人是否能够申请禁令作出了规定。通过对目前实践中关于标准必要专利禁令的态度展开分析，有助于我们对该问题有更深刻的认识。

## 一　标准必要专利禁令的主要司法案例分析

### 1. 微软诉摩托罗拉案中的禁令问题

2011 年，微软认为摩托罗拉许可其 SEP 的报价违反了 FRAND 原则，因而向华盛顿西部地区的美国地方法院提起诉讼。[①]与此同时，摩托罗拉则在德国寻求获得禁令，以禁止微软在德国继续销售包括 Xbox 在内的侵权产品。2012 年 5 月，德国法院准予了摩托罗拉的禁令申请。微软向美国地方法院申请临时限制令（temporary restraining order）和预先禁令（preliminary injunction），以禁止摩托罗拉实施任何其所可能从德国法院获得的禁令救济，直到美国地方法院就相关 FRAND 事项作出裁决。

美国地方法院认为摩托罗拉与 IEEE、ITU 成立了具有约束力的合同，而微软则是该合同的第三方受益人，摩托罗拉必须向微软依据 FRAND 条款许可其所拥有的标准必要专利。地方法院还发布了禁诉禁令（antisuit injunction），禁止摩托罗拉实施任何其可能从德国法院获得的禁令救济。地方法院指出，禁诉禁令在地方法院能够确定禁令救济对于摩托罗拉是否为一个合适的救济措施之前，将一直有效。摩托罗拉就地方法院发布的禁诉禁令向第九巡回法院提起上诉。第九巡回法院认为，摩托罗拉向 ITU 承诺，将在世界范围内向不限定数量的申请者进行非歧视性的许可，允许申请者依据合理条款使用摩托罗拉在 ITU 标准中所拥有的必要专利。这种笼统的承诺至少暗含着一种保证，即专利权人将不会采取措施例如寻求禁令，以禁止潜在的使用者使用专利技术，相反，会提供与其所作出承诺一致的许可。第九巡回法院支持禁诉禁令，指出在确定微软基于

---

① 关于该案的具体案情，请参见前文相关部分的详细介绍。

合同所提出的诉求包括 RAND 承诺排除禁令救济的诉求方面，地方法院并没有滥用其自由裁量权。而且，第九巡回法院进一步强调，即便摩托罗拉没有违反其合同，针对侵权者的禁令救济无疑也是与许可承诺相悖的一种救济方式。① 2012 年 11 月，地方法院最终确定，任何形式的禁令救济都是不适当的，因为在作出 FRAND 许可承诺的情况下，摩托罗拉并没有证据能够证明其遭受到了不可弥补的损害，或者法律所提供的救济是不充足的。该决定禁止摩托罗拉就其相关标准必要专利寻求针对微软的禁令救济。②

可见，在微软诉摩托罗拉案中，美国法院一致认为摩托罗拉作为 SEP 权利人，在作出 FRAND 承诺之后就不应当再申请禁令救济，因为摩托罗拉并没有遭受不可弥补的损失，而且摩托罗拉也将获得 FRAND 许可费，这完全能够实现对摩托罗拉 SEP 的价值补偿。因此，摩托罗拉申请禁令的行为违背了其所作出的 FRAND 承诺。

2. 苹果诉摩托罗拉案中的禁令问题

苹果向美国伊利诺伊地方法院起诉摩托罗拉，在该案中，摩托罗拉向法院申请禁令，以禁止苹果使用摩托罗拉在 UMTS 通信标准中的必要专利。Posner 法官拒绝发布禁令，认为苹果不能被禁止使用摩托罗拉的标准必要专利，除非苹果拒绝依据 FRAND 条款支付许可费。地方法院指出，苹果并没有像摩托罗拉宣称的那样，拒绝向摩托罗拉支付 SEP 许可费；苹果只是拒绝支付超出摩托罗拉向任何其他潜在被许可人所收取的许可费的部分。法院认为，摩托罗拉承诺向所有愿意支付 FRAND 许可费的人许可其 SEP，这实际上就等于确认专利许可费将是一种适当的补救措施。然而，禁令将会使得摩托罗拉享受到专利劫持价值的好处，这种专利劫持也将使得消费者的利益受损。SEP 权利人不能阻止潜在的被许可人使用 SEP。③

① Microsoft v. Motorola, 696 F. 3D 872 (9th Cir. 2012).

② Microsoft Corp. v. Motorola, Inc., No. C10-1823JLR, 2012 WL 5993202 (Washington, at Seattle. Nov. 30, 2012). Also can see the relevant summary in Tony V. Pezzano, Jeffrey M. Telep, Latest Developments on Injunctive Relief for Infringement of FRAND-Encumbered SEPs – Part II, 26 No. 3 Intell. Prop. & Tech. L. J. 18, pp. 20–21 (2014).

③ Apple, Inc. v. Motorola, Inc., 869 F. Supp. 2d 901 (N. D. Ill. 2012).

苹果提起上诉。第二巡回法院的三位法官分别就禁令救济事项发表了各自的意见。巡回法院支持地方法院驳回摩托罗拉的禁令请求，但是不同意波斯纳法官认为 SEP 不能获得禁令。其中，雷娜法官提出，如果侵权者单方面拒绝支付 FRAND 许可费或者不适当地延迟谈判以达到相同效果的话，那么发布禁令就是正当的。但是，这并不意味着侵权人拒绝接受任何许可费都能够为发布禁令提供充分的理由。普罗斯特法官认为雷娜法官的意见使得能够发布禁令的条件过于宽松，反对将侵权人拒绝就许可费展开谈判作为发布禁令的正当理由，指出禁令威胁可能会对标准实施者形成一种威慑，使其甚至不敢对于 SEP 的有效性提出善意的挑战。普罗斯特法官认为如果标准实施者能够对 SEP 的有效性提出善意的挑战，这种行为不应当被惩罚。普罗斯特法官完全将"许可谈判中一方的诉前行为"排除在决定专利权人禁令救济请求之外。雷德法官不同意普罗斯特法官的意见，而是认同雷娜法官的主张，即如果标准实施者拒绝就许可费进行谈判，则可以发布禁令。[①]

在苹果诉摩托罗拉案中，波斯纳法官考察了苹果是否存在拒绝支付FRAND 许可费的情形，以此作为决定是否发布禁令的重要因素。巡回法院的雷娜法官和雷德法官对此予以认同，认为如果标准实施者不支付FRAND 许可费或者故意拖延谈判，则可以准予禁令。但普罗斯特也提出了不同的意见，认为不能仅仅因为侵权人拒绝展开谈判就准予禁令。总的来看，在该案中，大多数的意见是在决定是否准予禁令时，应当考虑标准实施者或侵权人的行为，如果侵权人消极对待许可费谈判，这表明侵权人并不是一个善意的标准实施者，这种恶意侵权的行为会给 SEP 权利人造成损害。尽管这种损害可能并不是不可弥补的，但鉴于标准实施者恶意侵权的行为，通过禁令对此予以必要的威慑也是适当的。

3. 德国橘皮书标准案中的禁令问题

德国关于标准必要专利有较大影响力的案件就是 2009 年德国联邦最高法院所审理的橘皮书标准案。在该案中，Philips 起诉 Master & More 侵犯了其在橘皮书标准（Orange Book Standard）中的一项必要专利。所谓橘皮书标准，实际上是指可记录光盘存储技术，只不过因为该技术记录

---

① Apple Inc. v. Motorola, Inc, 757 F. 3d 1286（April 25, 2014）.

在橘皮书中，因此将该标准也称作橘皮书标准。被告认为原告拒绝依据FRAND 条款进行许可，因此违反了欧盟关于滥用市场支配地位的法律规定。被告认为法院应当拒绝准予原告禁令救济的请求。

德国联邦最高法院第一次确定，标准实施者可以通过证明自己有权获得 FRAND 许可来避免禁令。但是，橘皮书标准案中的 FRAND 抗辩义务是很繁重的。第一，被诉侵权人必须证明 SEP 所有人拥有市场支配地位，这通常是由专利的本质属性所决定的。第二，被诉侵权人必须证明是自己而非专利权人作出了不附加任何条件的许可要约，依据该要约的条款，除非专利权人故意不公平地歧视侵权人，否则专利权人将难以拒绝该要约。为了满足该条件，被诉侵权人可以提出能够在该专利技术的许可合同中找到的惯例条款（包括惯例许可费），或者如果侵权人认为专利权人的许可费要求过高的话，可以允许专利权人在合理裁量权范围内自行许可费。第三，橘皮书标准要求被诉侵权人遵守其所提出的许可方案中的所有实质性内容，这就意味着，除了其他事项以外，侵权人必须愿意支付并且能够支付所提议的许可费。[①]

可见，在橘皮书标准案中，联邦最高法院严格限定了不准予禁令的条件，即要有充分的证据证明 SEP 专利权人并不具有愿意与侵权人进行FRAND 许可谈判的意愿，如果给予专利权人禁令救济，则显然是对 SEP权利人拒绝进行 FRAND 许可行为的支持。如何能够证明 SEP 权利人不具有进行 FRAND 许可谈判的意愿？橘皮书标准案将客观判断的标准转移到了侵权人一方，FRAND 许可谈判是不能依靠一方就能完成的，必须双方都具有足够的诚意，否则即便一方具有再大的诚意，也不可能就 FRAND许可事项达成一致。如果一方不具有进行 FRAND 许可谈判的诚意，则其应当为此而承担不利的后果。对于 SEP 权利人来说，进行 FRAND 许可谈判是其向 SSO 作出的 FRAND 承诺的具体体现（当然，在该案中橘皮书标准是一项事实标准，并没有相关的标准制定过程），也是其所具有的特殊地位所决定的，通过谈判可以避免侵权给自己造成损害。对于标准实施者而言，进行 FRAND 许可，可以消除其侵权所引发的法律风险。如果一

---

①　See Leon B. Greenfield, Hartmut Schneider, Joseph J. Mueller, SEP Enforcement Disputes Beyond the Water's Edge: A Survey of Recent Non-U. S. Decisions, 27 - SUM Antitrust 50, p. 52（2013）.

方消极应对 FRAND 许可谈判，则表明其自身并没有尽到积极避免损害发生或进一步扩大的义务，因此应当承担相应的不利后果。

既然 SEP 权利人和标准实施者都负有进行 FRAND 许可谈判的义务，那么究竟由谁来"启动"谈判呢，因为任何一方都可以以对方不积极展开谈判为理由而推脱自己的 FRAND 许可谈判义务。为了终止许可双方之间这种无休止的争吵，橘皮书标准案实际是"快刀斩乱麻"直截了当地将 FRAND 许可谈判启动的义务规定由标准实施者来承担。如果标准实施者展现出了足够的诚意并采取了切实的行动来表明其愿意进行 FRAND 许可谈判，则如果 SEP 权利人此时仍然不愿意参与 FRAND 许可谈判的话，那就应当由 SEP 权利人承担相关的不利后果，法院不准予 SEP 权利人的禁令申请就是这种不利后果的表现形式。

依据橘皮书标准案，判断标准实施者是否切实履行了 FRAND 许可谈判义务是有具体衡量标准的，那就是标准实施者向 SEP 权利人提出了无条件限制的许可要约。该要约中包含的许可费率要足够高，以至于根据 SEP 权利人的拒绝行为本身就认定为不合理的，并可以据此认定 SEP 权利人并没有足够的诚意展开许可谈判；或者标准实施者将许可费率的决定权完全交给 SEP 权利人来确定，但要受到法院的审查和调整，在这种情形之下，如果 SEP 权利人不提出 FRAND 许可费率，则也表明其不具有展开谈判的诚意。此外，如果标准实施者以其行为如支付许可费的保证，包括将许可费提前交由第三方账户托管等，以此来表明其愿意进行 FRAND 许可费谈判，在这种情况下，如果 SEP 权利人不参与 FRAND 许可费谈判，则也表明 SEP 权利人没有足够的诚意。在这些情形之下，法院将不会给予 SEP 权利人禁令救济。

4. 华为诉中兴案中的禁令问题

2011 年 4 月 28 日，华为向德国杜塞尔多夫法院提起诉讼，寻求获得禁令以禁止中兴的侵权行为。杜塞尔多夫法院在审理的过程中就如何理解《欧盟运行条约》第 102 条（即滥用市场支配地位的规定）存疑，因此中止审理程序，将所存在的问题提交给欧洲法院进行解释。

（1）杜塞尔多夫法院的意见

华为拥有 ETSI 制定的 LTE 移动通信标准中的必要专利，中兴则依据该标准从事相关基站的建设和产品的生产。华为和中兴未能就许可事项达成一致，华为希望通过禁令禁止中兴的持续侵权行为。中兴认为，鉴于其愿意获得华为专利的许可，华为提起诉讼寻求获得禁令的行为是滥用市场支配地位的表现。

杜塞尔多夫法院处理该案时，德国和欧盟已经有相关的先例。在2009年德国的橘皮书案中，德国联邦最高法院曾就SEP权利人在何种情形下能够获得禁令救济的条件作了严格的规定。但是，在橘皮书标准是一项事实标准，因此与华为诉中兴案中涉及的LET移动通信标准还存在差别，后者是由标准制定组织ETSI所制定的标准。在橘皮书标准案中，Philips并没有作出FRAND承诺，而华为则向ETSI作出过FRAND承诺。总之，华为诉中兴案与橘皮书标准案存在较大的差异。

2012年12月，欧盟委员会曾向三星发布了一份异议申明（Statement of Objections），涉及的主要内容是三星所提起的专利侵权诉讼。欧盟委员会倾向于认为通过提起诉讼以谋求获得禁令的行为是违法的，并认为在下列情形下，SEP权利人寻求禁令将被认为是滥用市场支配地位的表现：第一，专利权人已经向标准制定组织作出依据FRAND条款进行许可的承诺；第二，侵权人愿意就许可展开谈判。

杜塞尔多夫法院认为，如果适用橘皮书标准案的规则，则应当准予禁令，但是，如果适用欧盟委员会的意见，则应当拒绝向华为准予禁令，因为华为存在滥用行为。不过，杜塞尔多夫法院指出，仅根据侵权人愿意展开谈判以及SEP权利人愿意向第三方进行专利许可这两方面的事实不足以证明SEP存在滥用市场支配地位的行为。法院指出，在评估SEP权利人的行为是否为滥用行为时，需要在所有利益相关方之间进行合理且公平的平衡，以使得各方的谈判能力大致是均衡的。法院认为，SEP权利人和侵权人的地位不应当使得SEP权利人获得专利劫持的情形（a "hold-up" situation）下的过高许可费，也不应当使得侵权人仅支付专利反劫持情形（a "reverse hold-up" situation）下的过低许可费。此外，考虑到SEP权利人与侵权人之间应当受到平等的对待，SEP权利人应当能够提起诉讼以寻求禁止性禁令。法院认为，不能仅仅因为侵权者具有"进行谈判的意愿"就认定SEP权利人存在滥用行为，因为"进行谈判的意愿"可以有很多种解释，而且也为侵权人提供了过于宽泛的自由。如果要坚持"进行谈判的意愿"这一条件，那么还应当有其他一些定性方面的条件和时间方面的要求，从而以确保侵权人的许可申请是善意的。因此，侵权人所提出的许可请求，应当包括一般许可协议中通常所含的条款，而且应当在使用专利之前就向 SEP 权利人提交。对于那些已经使用专利的侵权人而言，应当支付相应的许可费。

因此，2013 年 4 月 5 日，德国杜塞尔多夫地区法院将华为诉中兴一案中涉及的适用《欧盟运行条约》第 102 条的相关问题提交到欧洲法院。杜塞尔多夫法院将以下五个问题提交给欧洲法院进行初步裁决（preliminary ruling）：

第一，在 SEP 权利人向 SSO 作出 FRAND 承诺的情况下，如果其针对专利侵权人——即便侵权人表明自己愿意就许可展开谈判——提起诉讼以寻求获得禁令，这是不是一种滥用市场支配地位的行为？或者是：如果侵权人已经向 SEP 权利人提出了一个可接受的、无条件限制的要约，并且除非 SEP 权利人对侵权人有不公平对待或者违反不得歧视的义务，否则 SEP 权利人都不会拒绝，是否仅在该种情形之下，才能够推定 SEP 权利人存在滥用市场支配地位的行为？

第二，如果因为侵权人具有谈判的意愿已经推定存在滥用市场支配地位的行为，《欧盟运行条约》第 102 条就"进行谈判的意愿"（willingness to negotiate）是否有定性的或时间方面的要求？尤其是，如果侵权人仅仅一般性地表明（例如口头表明）其愿意展开谈判，能否据此推定侵权人具有"进行谈判的意愿"，还是必须通过侵权人提交具体的条件等来认定其具有该种意愿？

第三，如果侵权人提交一个可接受的、无条件限制的要约是认定存在滥用市场支配地位行为的一个先决条件的话，那么，《欧盟运行条约》第 102 条是否对该要约有定性的或时间方面的要求？该要约必须包含许可协议中通常所具有的所有条款吗？尤其是，只有当 SEP 已经被使用，或者必须证明是有效的，才需要发出要约吗？

第四，如果侵权人为了获得许可而履行了相关义务是认定滥用市场支配地位的一个先决条件的话，那么，《欧盟运行条约》第 102 条是否对履行的行为有特殊的要求？是否要求侵权人就过去使用专利的行为提供账目，或者支付许可费？如果侵权人提供了安全保证金，支付许可费的义务能否被免除？

第五，推定 SEP 权利人滥用市场支配地位的条件，是否也适用于因专利侵权而产生的其他有关（提供账目、召回产品、损害）主张？

（2）欧洲法院的决定

2015 年 7 月 16 日，欧洲法院发布了其决定。①欧洲法院指出，法院在审理这种案件时要在维持自由竞争与保护知识产权方面寻求平衡。欧洲法院在对本案的相关事实以及杜塞尔多夫法院的问题展开分析以后，得出以下结论：

第一，《欧盟运行条约》第 102 条必须进行如下的理解，即作出 FRAND 承诺的 SEP 权利人，如果提起诉讼寻求禁令以禁止侵权行为或者寻求召回侵权产品，只有在满足以下两个方面的条件，才不会被认为是滥用市场支配地位的行为：

1）在提起诉讼以前：SEP 权利人已经提醒过被诉侵权人存在侵权行为，指出哪些专利被侵犯了，是以何种方式侵犯的；在被诉侵权人已经表达其愿意在 FRAND 条款的基础上达成专利许可协议的意愿的情况下，SEP 权利人应当向该侵权人提出一个符合这些条件的具体的、书面的要约，该要约尤其要对许可费及其计算的方法作出具体的说明。

2）被诉侵权人继续使用专利，并且没有依据该领域公认的商业惯例和善意对 SEP 权利人所提出的要约作出积极的回应，对该问题的判断必须建立在客观因素的基础之上，而且尤其要考虑是否采取了拖延战术。

第二，《欧盟运行条约》第 102 条必须进行如下解释，即如果某企业占据市场支配地位，该企业拥有标准必要专利并向标准制定组织作出了依据 FRAND 条款进行专利许可的承诺，第 102 条并不禁止该企业针对侵犯其专利的侵权人提起诉讼，并要求侵权人提供过去使用专利的行为的账目，或者就侵权人过去使用专利的行为寻求损害赔偿金。

5. 华为诉 IDC 公司案中的禁令问题

华为就 IDC 公司违反 FRAND 承诺向法院提起诉讼，请求法院确定标

---

① Huawei Technologies Co. Ltd v. ZTE Corp. , ZTE Deutschland GmbH, Case C－170/13, available at：http：//curia. europa. eu/juris/document/document. jsf；jsessionid＝9ea7d0f130d5addec53f90 a0432586eb843360792a37. e34KaxiLc3eQc40LaxqMbN4Pah0Re0？text＝&docid＝165911&pageIndex＝0&doclang＝en&mode＝lst&dir＝&occ＝first&part＝1&cid＝1344976，last visited on：2018. 10. 08.

准必要专利许可费率。IDC 公司曾于 2011 年 7 月在美国法院以及美国国际贸易委员会分别提出诉讼，以寻求获得禁令，中国法院对 IDC 向美国法院及美国国际贸易委员会申请禁令的做法发表了自己的意见。虽然 IDC 公司并没有向中国法院申请禁令，但是从中国法院的这种意见中，也可以窥见中国法院对待 SEP 权利人申请禁令的态度。

2011 年，深圳市中级人民法院作出判决①。在判决中，深圳市中级人民法院对禁令问题也作出了相关的审查。深圳市中级人民法院认为："就华为公司、IDC 公司之间专利许可费率、条件问题，如果不寻求司法救济，除被迫接受 IDC 公司单方面所提出的条件，华为公司没有任何谈判余地。IDC 公司一方面通过诉讼（包括禁令申请），迫使华为公司接受其单方许可报价；另一方面，IDC 公司以双方在谈判中对于专利实施许可合同的商业条款的分歧，不宜由司法机关介入并作出裁判，应留待双方通过商业谈判予以解决为由，阻止华为公司获取司法救济，明显属于双重标准。"广东省高级人民法院在终审判决中也指出："交互公司（IDC）不履行其公平、合理、无歧视的授权许可义务，无视华为公司在许可谈判过程中的诚意和善意，不仅不合理调整相关报价、反而在美国提起必要专利禁令之诉，表面上是在行使合法诉讼手段，实际上却意图通过诉讼手段威胁强迫华为公司接受过高的专利许可条件，逼迫华为公司就必要专利之外因素支付相应对价，故该行为不具有正当性。"②

可见，中国法院将 SEP 权利人在专利许可谈判过程中寻求禁令的做法视为 SEP 权利人强迫标准实施者接受不合理条件的一种手段，认为是不符合 FRAND 原则要求的。法院注意到，华为在专利许可谈判的过程中是具有诚意的、善意的。这实际也表明中国法院在确定 SEP 权利人申请禁令是否正当时，会考虑标准实施者的态度，标准实施者在许可谈判中是否出于诚意，是否具有善意，对于判断 SEP 权利人申请禁令的行为是否属于违反 FRAND 原则具有重要影响。相应地，我们从中国法院的相关表述中也就能够得知，如果标准实施者在谈判中未表现出足够的诚意和善意，则 SEP 权利人申请禁令的行为就很有可能被认为是一种正当的、

① （2011）深中法知民初字第 857 号。
② （2013）粤高法民三终字第 306 号。

维护自身合法权益的措施而不被反对了。中国法院强调 SEP 权利人应当履行其所承担的 FRAND 许可义务，在法院看来，这种义务本身就包含不得无故提起禁令的要求，在标准实施者是具有诚意和善意的情况之下，如果 SEP 权利人能够真正依据"公平、合理和无歧视"的原则进行许可的话，那么双方是完全有可能就专利许可达成一致的。寻求禁令的做法，正如广东省高院所说的那样，实际上是 IDC 公司"意图通过诉讼手段威胁强迫华为公司接受过高的专利许可条件，逼迫华为公司就必要专利之外因素支付相应对价"，这不仅无助于许可纠纷的解决，反而还会使得谈判陷入僵局。因此，根据中国法院的判决，一般情形下，SEP 权利人申请禁令的做法将被认为是违反 FRAND 义务而被反对的，除非 SEP 权利人能够证明标准实施者并不具有进行许可谈判的诚意和善意。

### 二 标准制定组织对禁令的态度分析

作为标准制定的主导者，标准制定组织对于禁令持有何种态度对 SEP 权利人具有重要影响。SSO 关于禁令的相关规定——如果有的话——将集中体现在其知识产权政策中。但是，就目前而言，绝大多数的 SSO 的知识产权政策并没有对禁令作出明确的规定。有学者对包括 ISO、JEDEC、IEEE、ETSI、VIT 等在内的 11 个主要标准制定组织的知识产权政策进行了研究，发现除了 ETSI 在 1993 年的知识产权政策中有所涉及外，没有 SSO 在知识产权政策中明确规定知识产权所有人能否寻求禁令救济。[①] ET-SI 的 1993 年知识产权政策包含这样的条款，即 SEP 权利人在与寻求获得其 SEP 的标准实施者进行谈判的过程中，提起针对该标准实施者的专利侵权诉讼。而且，ETSI 知识产权政策还要求 SEP 权利人不得针对使用标准必要专利的一方寻求禁令。除此以外，其他 SSO 的知识产权政策都没有任何关于反对禁令的程序或禁止禁令的内容。事实上，就在该文发表的当年，其中的一个 SSO，即 IEEE 就对其知识产权政策作出了修订，其中已经开始对禁令的问题有所涉及。

---

① See Joanna Tsai, Joshua D. Wright, Standard Setting, Intellectual Property Rights, and the Role of Antitrust in Regulating Incomplete Contracts, 80 Antitrust L. J. 157, pp. 178 – 179 (2015).

2015 年 IEEE 对自己的知识产权政策作出重大修订①，其中对于如何计算 FRAND 许可费作出了规定，这在标准制定组织中还是第一次。前文相关章节已有所述及。在此，我们重点关注的是修订后的 IEEE 知识产权政策关于禁令的相关规定。修订后的知识产权政策要求向 IEEE 提交专利的权利人（也即标准制定完成以后的 SEP 权利人）不得寻求获得禁止令（Prohibitive Order），也不得实施禁止令。所谓禁止令，根据 IEEE 知识产权政策，是指限制或禁止生产、使用、销售、允诺销售或进口符合标准的产品的临时性或永久性禁令（injunction）、排除令（exclusion order）、或类似的裁判指令。IEEE 知识产权政策规定，在某司法辖区，如果法院有权确定合理的许可费率以及其他合理条款和条件，裁决专利的有效性、实施性、必要性和侵权，裁定损害赔偿金，解决任何抗辩和反诉事项，则对于该法院所作出的判决，包括上诉法院所作出的审查，如果标准实施者不参与或不遵守的话，则 SEP 权利人可以寻求获得禁止令或实施禁止令，除此以外，SEP 权利人不得寻求获得或实施禁止令。可见，IEEE 修订后的知识产权政策对于 SEP 权利人申请禁令的权利作了初步的规定，一般情形下，禁止 SEP 权利人获得禁令。但是也并没有进行完全的限制，而是留有了一定的余地，允许 SEP 权利人在一定情形之下，也即在标准实施者不参与或遵守相关法院所作出的判决的情形下，SEP 权利人可以寻求获得禁令并实施该禁令。

虽然我们不能排除其他 SSO 未来在修订知识产权政策时也会效仿 IEEE 对禁令的相关问题作出规定的可能性，但至少就目前而言，除了 IEEE 以外，其他绝大多数 SSO 的知识产权政策都没有涉及禁令问题，这绝非一种巧合，其背后有着深刻的原因。

### 三　相关反垄断执法机构对禁令的态度

相关反垄断执法机构也通过各种形式表达了它们对于禁令的看法，在此我们重点考察美国反垄断执法机构即司法部与联邦贸易委员会，以及欧盟委员会关于禁令的态度。

---

①　IEEE：IEEE-SA Standards Board Bylaws, available at http://standards.ieee.org/develop/policies/bylaws/sb_bylaws.pdf, last visited on: 2018.10.05.

1. 美国司法部关于禁令的态度

2011 年，美国司法部（DOJ）对两个经营者集中的案件展开了调查，分别是谷歌收购摩托罗拉，以及由苹果、微软以及其他四家公司所共同所有的 Rockstar 联盟收购加拿大北方电信有限公司，这两个并购案都涉及专利组合的转让。2012 年 2 月，司法部发布了其关于这两个合并案件的意见。①司法部认为，问题的关键是专利权人是否有动机和能力，尤其是通过禁令威胁或排除令威胁的方式，来劫持（hold up）竞争对手。在分析并购的竞争影响的过程中，司法部对苹果、微软和谷歌各自所作出的公开承诺表示满意，尤其是苹果和微软都明确表示不会通过实施 SEP 来禁止或排除竞争对手的产品。2011 年 11 月 11 日，苹果向 ETSI 发出了一封信，在该信中，苹果指出："如果企业曾作出 FRAND 承诺许可标准必要专利，无论是该必要专利是该企业自己所拥有的，还是其从另外一个作出 FRAND 承诺的企业那里收购而来，该企业都不得就这些标准必要专利寻求禁令救济（injunctive relief）。寻求禁令将被认为是违反了该企业所作出的 FRAND 承诺的行为。"微软也在 2012 年 2 月 8 日表明了自己的态度："微软不会就这些标准必要专利寻求针对任何企业的禁令或排他令。"不过，司法部认为谷歌的承诺则没那么清楚。谷歌在 2012 年 2 月 8 日曾向 IEEE 等表明其自己的政策，即不针对侵犯其 SEP 的一方寻求获得禁令救济，但显然这只针对将来的许可收入纠纷，而且还只有在对方满足以下条件时才成立：对方放弃某些辩护，例如不挑战专利的有效性，支付全部有争议的金额，同意在禁令方面采取"互惠"待遇。司法部认为谷歌并没有就其最新通过并购所获得专利直接作出与苹果和微软同样的保证，谷歌在未来会如何使用这些专利仍然需要重点关注。

通过司法部对上述两个合并案件所发表的意见可以看出，美国司法部在对企业合并案件进行审查时，其中关注的焦点之一就是作出 FRAND

①　Statement of the Department of Justice's Antitrust Division on Its Decision to Close Its Investigations of Google Inc.'s Acquisition of Motoroal Mobility Holding Inc. and the Acquisitions of Certain Patents by Apple Inc., Microsoft Corp. and Research in Motion Ltd. （RIM）of certain Nortel Networks Corporation Patents, and the acquisition by Apple of certain Novell Inc. Patents, February 13, 2012, available at: https://www.justice.gov/opa/pr/statement-department-justice-s-antitrust-division-its-decision-close-its-investigations, last visited on: 2018.10.06.

承诺的企业是否会针对实施这些专利的企业寻求禁令救济。此外，美国司法部的相关负责人更是直接表明了其对于禁令的态度。

2012 年 10 月，美国司法部副总检察长（Deputy Assistant Attorney General）瑞娜塔·B. 海塞演讲中就 SSO 如何完善专利政策以避免专利劫持等问题提出了六点建议。①其中第四点建议就是，应当对作出过 FRAND 承诺的专利权人的权利施加一些限制，限制其通过禁令的方式排除那些有意愿且有能力获得许可的标准实施者。海塞认为，如果一个专利权人参加了标准的制定并且作出了 FRAND 承诺，这就意味着该专利权人表明其愿意向任何有意愿且有能力遵循 FRAND 条款的任何被许可人许可其专利。因此，应当限制专利权人寻求获得禁令的权利，但是，在标准实施者不愿意由第三方中立机构确定合适的 FRAND 许可费，或者标准实施者不愿意接受由该第三方机构所确定的 FRAND 许可费的话，则不应当限制专利权人寻求禁令的权利。

2. 美国联邦贸易委员会关于禁令的态度

由于 eBay 案以后，专利权人从法院获得禁令的难度增加了，因此，许多专利权人将目光转向了美国国际贸易委员会（International Trade Commission, ITC），希望通过向 ITC 提起控告，从而获得 ITC 所发布的排他令。ITC 是美国的一个联邦准司法机构，具体负责对不公平的贸易行为采取直接行动，并确定进口对美国产业所造成的影响。如果专利权人认为进口产品侵犯了其专利，可以依据 1930 年《关税法案》第 337 条向 ITC 提出控告。如果 ITC 经过调查发现专利侵权事实存在，则可以发布停止令（cease and desist order）和排他令（exclusion order）。停止令禁止被告销售所进口的侵权产品，排他令则要求美国海关禁止侵权产品进入美国。

2012 年，联邦贸易委员会的委员伊迪丝·拉米雷斯代表 FTC 在美国参议院发表证言，并强调了 FTC 关于 ITC 支持 SEP 权利人而发布排除令的忧虑。②FTC 反对 SEP 权利人向 ITC 提起诉讼，认为 ITC 在不考虑衡平

---

① Renata Hesse, Six "Small" Proposals for SSOs before Lunch (October 10, 2012), available at: http://www.justice.gov/atr/public/speeches/287855.pdf, last visited on: 2018.10.08.

② FTC: Oversight of the Impact on Competition of Exclusion Orders to Enforce Standard-Essential Patents (July 11, 2012), available at: https://www.ftc.gov/public-statements/2012/07/prepared-statement-federal-trade-commission-concerning-oversight-impact, last visited on: 2018.10.08.

因素的情形下发布排他令，或者拒绝给予金钱损害赔偿的做法将会引发系统性的危机。FTC 建议 ITC，如果 SEP 权利人未能信守其所作出的 FRAND 承诺，包括未能基于善意展开谈判的话，则 ITC 应当拒绝向 SEP 权利人发布排他令。或者，ITC 应当推迟 337 条款救济的生效日期，直到双方基于善意对过去的侵权行为所造成的损害和今后许可使用的许可费进行调解，这样双方各自将面临排除令所带来的风险：（1）如果标准实施者拒绝一个合理的要约，则排除令将会生效；（2）如果 ITC 发现专利权人拒绝了一个合理的要约，则排除令将被撤销。可见，在 FTC 看来，如果 SEP 权利人未能履行其所负有的 FRAND 义务的话，则 ITC 就不应当向该 SEP 权利人发布排他令。

　　FTC 关于禁令的态度在谷歌一案中也得到了很好的体现。2013 年，谷歌与 FTC 达成和解，谷歌承诺自己将不会通过寻求禁令来阻止竞争对手使用其在关键技术中所拥有的标准必要专利。[①] 2012 年，谷歌收购了摩托罗拉移动，其中包括摩托罗拉移动所拥有的超过 24000 项专利和专利应用。其中有数百项专利是行业标准必要专利，这些必要专利是生产智能手机、平板电脑、游戏机、操作系统以及无线网连接产品或高清视频所必须使用的。生产这些商品必须依据行业标准，因为只有这样才能保证产品之间的兼容性。FTC 指控谷歌违反了其所作出的 FRAND 承诺，针对那些必须使用摩托罗拉移动的必要专利来生产产品并且也愿意在 FRAND 条款基础之上寻求获得许可的公司，谷歌寻求获得禁令，或者威胁获得禁令。尤其是，谷歌在联邦地区法院和美国国际贸易委员会寻求获得禁令，以阻止竞争对手使用摩托罗拉移动的标准必要专利。

　　FTC 认为，这种形式的专利劫持正是标准制定组织通过建立 FRAND 许可要求所要禁止的。FTC 指出，如果这种专利劫持不受到控制，将会导致更高的价格，其他使用谷歌必要专利的企业也会因为禁令的威胁而不得不向谷歌支付更高的专利许可费，这又会转嫁给消费者。这可能会导致许多企业放弃参与标准制定，限制或放弃对新技术的投资。为了消

---

　　① FTC：In the Matter of Motorola Mobility LLC, and Google Inc. , File No. 1210120（2013）, available at: https://www. ftc. gov/enforcement/cases-proceedings/1210120/motorola-mobility-llc-google-inc-matter, last visited on: 2018. 10. 08.

除 FTC 的这种担忧，谷歌与 FTC 达成和解协议，其中对谷歌寻求禁令的权利进行了限制。

根据和解协议，谷歌不得在联邦法院或美国国际贸易委员会，针对一个积极的潜在被许可人寻求禁令或者排他令，以阻止该积极的潜在被许可人使用标准必要专利。

3. 欧盟委员会关于禁令的态度

欧盟委员会在对谷歌收购摩托罗拉一案进行审查过程中，也对禁令问题展开了分析。①根据谷歌与摩托罗拉 2011 年 8 月 15 日签订的协议，谷歌将要收购摩托罗拉移动。2012 年 2 月 8 日，谷歌向相关的 SSO 寄送了一封信，其中，该信的内容就包括谷歌所作的有关禁令方面的承诺。谷歌表明，自己将会基于善意与潜在的被许可人在合理的期限内展开谈判，在该期限内，谷歌和潜在的被许可人都不得：（1）发起针对对方 SEP 的法律程序；（2）基于己方的 SEP 寻求获得禁令救济。关于谷歌所收购获得的摩托罗拉移动的 SEP，谷歌也声明，即便是在善意的谈判失败了，潜在的被许可人也能阻止禁令请求，但潜在被许可人必须满足以下条件：（1）提出希望获得摩托罗拉移动 SEP 的要约；（2）就许可费支付提供相应的保证。

欧盟委员会在对谷歌收购摩托罗拉移动所可能产生的竞争影响展开分析时指出，针对一个善意的潜在被许可人，专利权人的禁令威胁，即寻求获得禁令或者实际已经实施禁令，可能会严重影响竞争，例如迫使潜在被许可人接受繁重的许可条款如高额的许可费，而这些条款在正常情形下是不可能为被许可人所接受的。欧盟委员会指出另外一个竞争关注是 SEP 权利人可能会迫使一个非 SEP 的所有人将其所拥有的非 SEP 交叉许可给 SEP 所有权人。如果禁令被实际执行的话，这可能会进一步对消费者产生消极影响，因为产品被排除出了市场。而且，即便通过禁令将竞争对手的产品排除市场可能是暂时的，在一个高速发展的市场中如智能移动设备市场，这也会产生严重的损害。

---

① Google/Motorola Mobility Merger Procedure, Case No. COMP/M. 6381, (European Commission 2012), available at http://ec. europa. eu/competition/mergers/cases/decisions/m6381 _ 20120213 _ 20310_2277480_EN. pdf, last visited on: 2018. 10. 09.

总之，欧盟委员会认为谷歌在合并完成以后可能会寻求禁令并实施禁令，这会严重影响竞争。但是，欧盟委员会也指出，如果善意的谈判失败了，在满足以下两个方面的条件下，SEP 权利人是可以寻求禁令的，即（1）SEP 权利人尝试与被许可人展开善意的谈判；（2）被许可人不愿基于 FRAND 条款与 SEP 权利人进行善意的谈判。

## 第四节　目前关于禁令处理方面所存在的问题

尽管法院、反垄断执法机构以及标准制定组织等都对禁令问题提出了各自的观点，并在实践中尝试去解决因禁令所可能引发的纠纷，应该说，这些尝试使得禁令所暴露出来的问题得以显现，但是如何解决这些问题，上述这些机构并未能提出切实可行的方案。总体而言，关于如何处理禁令问题，从法院、反垄断执法机构以及标准制定组织方面来看，主要有以下几个方面的问题。

### 一　大多数 SSO 故意回避了禁令问题

除了 2015 年 IEEE 在修订自己的知识产权政策时对如何处理禁令问题做了相关规定以外，就我们所掌握的情况来看，其他绝大多数的 SSO 都没有在自己的知识产权政策中就 SEP 权利人是否能够申请禁令、如果能够申请又应当进行何种限制这些问题作出规定。

绝大多数 SSO 之所以并没有对禁令问题作出规定，并不是因为它们没有意识到因禁令所可能引发的纠纷，而是——在我们看来——一种主动选择的结果，也即 SSO 故意选择不在自己的知识产权政策中涉及该问题。因为 SSO 也是一个有自身独立利益的主体，对于 SSO 而言，其利益主要包括两个方面的内容，即标准的制定与标准的推广和实施。SSO 所进行的选择也是从其自身利益最大化的角度出发的，也即如何能够吸引拥有先进的专利的权利人加入到自己的标准制定过程中，从而确保所制定的标准的先进性，以及如何确保所制定出来的先进标准能够被广大的企业所采纳和实施。在 SSO 看来，不对 SEP 权利人是否有权利申请禁令这一问题作出明确规定，也是最符合其自身利益的一种选择。

第一，在许多 SSO 看来，如果在知识产权政策中规定 SEP 权利人不得享有寻求禁令的权利的话，则这会使得在标准制定的过程中，专利权人会权衡 SSO 关于不得寻求禁令救济的规定会对自己的权益产生何种影响，并很有可能最终选择不加入到该 SSO 的标准制定过程中，这会严重影响 SSO 标准的制定。"在某些情况下，是否享有获得禁令救济的权利，这在专利权人决定是否加入 SSO 以及是否在 FRAND 条款之下贡献其专利技术方面，具有重要的影响。"①因此，为了避免对潜在的专利权人形成威慑，从另一方面来看也是为了吸引潜在的专利权人加入 SSO 的标准制定过程，SSO 自然不会在自己的知识产权政策中对 SEP 权利人不得寻求禁令救济作出明确规定。

第二，SSO 也不会在自己的知识产权政策中规定 SEP 权利人可以享有寻求禁令的权利。虽然我们在上文分析了 SSO 如果规定 SEP 权利人不得寻求禁令的话，很有可能使得潜在的专利权人不参与 SSO 及其标准的制定，这会严重影响 SSO 自身的利益，那么，SSO 是否会为了促使潜在的专利权人参与 SSO 而规定 SEP 权利人享有寻求禁令的权利呢？答案同样是否定的。因为如果 SSO 过于"偏袒"SEP 权利人而规定 SEP 权利人能够针对标准实施者提起禁令之诉的话，则标准实施者又会忌惮于实施该标准，因为其很有可能面临来自 SEP 权利人所提起的禁令之诉的威胁，这就会使得 SSO 所制定出来的标准——即便该标准很先进——无法得到广泛的实施。"想象一下，如果 SSO 采取了允许（或者甚至是鼓励）SEP 权利人针对任何侵权人寻求禁令救济的规则，这将会发生什么。该规则将使得大的 SEP 权利人在拥有很少或不拥有 SEP 的情况下专利劫持其他的标准实施者，要求超过 FRAND 标准的许可费。这毫无疑问会使得标准实施者减少他们在生产符合标准的产品上的投入，或者转向其他并未采取类似禁令规则的 SSO。这将减缓标准的采纳，减少所有参与者所能享受到的网络所带来的积极外部效应，也会减少 SEP 权利人所能够获得的许可费。"②因此，SSO 在知识产权政策中也不会明确规定 SEP 权利人能够针

---

① Joshua D. Wright, SSOs, FRAND, and Antitrust: Lessons from the Economics of Incomplete Contracts, 21 Geo. Mason L. Rev. 791, p. 806 (2014).

② John D. Harkrider, Seeing the Forest through the SEPs, 27 – SUM Antitrust 22, pp. 23 – 24 (2013).

对标准实施者寻求禁令救济。

总之，SSO 出于自身利益最大化的考量，其在自己的知识产权政策中既不会明确反对 SEP 权利人寻求获得禁令救济，否则将抑制专利权人参与 SSO 标准制定的意愿，也不会明确支持 SEP 权利人寻求获得禁令救济，否则将阻遏标准实施者实施其标准。因此，SSO 通常会选择一条中间道路，在标准制定与标准推广二者之间寻求一种平衡，从而在知识产权政策中不对禁令救济问题作出规定。虽然不对禁令问题作出明确的表态，这是最符合 SSO 自身利益的，但是这种"明哲保身"的做法也使得原本就很复杂的标准必要专利纠纷因为禁令而变得更为复杂。

### 二　在禁令问题上采取平衡策略将十分困难

实际上，在如何处理禁令问题上，即是否准予 SEP 权利人的禁令申请方面，无论是法院还是反垄断执法机构，都试图在 SEP 权利人与标准实施者之间实现一种平衡。一方面，不绝对支持 SEP 权利人的禁令请求，因为这可能会使标准实施者面临禁令的威胁而不得不接受 SEP 权利人所提出的不合理的、违背 FRAND 原则要求的条件，而标准实施者在没有禁令威胁的情况下是不会接受这些条件的，如此一来，禁令就会成为 SEP 权利人进行专利劫持的推手。另一方面，也不绝对反对 SEP 权利人的禁令请求，因为这样又可能会造成专利反劫持（reverse hold-up）的情况。所谓专利反劫持，是指如果法律不支持 SEP 权利人申请禁令的话，这种情况很有可能被标准实施者所利用，标准实施者将会肆无忌惮地在没有获得许可的情形下实施 SEP，而且也不积极与 SEP 权利人就专利许可展开谈判，其之所以采取这种策略，原因就在于 SEP 权利人不能申请禁令。既不绝对支持禁令申请也不绝对反对禁令申请，这看似是一条正确的道路。

事实上，在上述的许多案件中，我们都能够看到法院或反垄断执法机构试图在禁令问题上采取一种平衡的策略。在苹果诉摩托罗拉一案中，波斯纳法官就提出，如果苹果拒绝支付 FRAND 许可费的话，则可以准予摩托罗拉禁令。雷娜法官也提出，如果侵权人单方面拒绝支付 FRAND 许可费或不适当地延迟展开谈判的话，那么向摩托罗拉发布禁令也就是正当的。在德国橘皮书标准案中，法院确定，如果被诉侵权人向 SEP 权利人提出了不附加任何条件的要约，而且除非 SEP 权利人故意不公平地歧视侵权人，否则正常情况下 SEP 权利人都不会拒绝的话，SEP 权利人寻求禁令救济的行为就是一种滥用市场支配地位的表现。反之，SEP 权利人的禁令就能够被支持。这实际上也是标准实施者提出了相关的要求，只有在满足该要求的情况下法院才不会向 SEP 权利人发布禁令。在华为诉中兴案中，杜塞尔多夫法院就认为评估 SEP 权利人是否存在滥用行为，也即能否向 SEP 权利人发布禁令时，应当在所有利益相关方之间进行合理而公平的平衡，既避免专利劫持的出现，也避免专利反劫持的情形。对于杜塞尔多夫法院所提出的问题，欧洲法院也表达了自己的观点，认为 SEP 权利人如果能够在提起诉讼以前提醒标准实施者存在侵权行为，并指出被侵犯的专利以及侵犯的方式，而且能够向侵权人发出符合 FRAND 要求的许可要约，则 SEP 权利人提起诉讼寻求禁令的行为才不会被认为是滥用市场支配地位的行为，进而也才能够获得禁令。

相关反垄断执法机构也力图在禁令问题上实现平衡，例如美国司法部在谷歌收购摩托罗拉移动案，以及 Rockstar 联盟收购加拿大北方电信案中，重点关注并购行为完成以后相关 SEP 权利人是否会通过禁令威胁或排除令威胁的方式，来劫持竞争对手。司法部副总检察长也明确表示要限制 SEP 权利人寻求获得禁令的权利，但在标准实施者不愿意接受由第三方中立机构所确定的 FRAND 许可费的情况下，则不对专利权人寻求禁令的权利进行限制。FTC 针对 ITC 向 SEP 权利人发布排除令的行为表达了自己的担忧，认为 SEP 权利人未遵守所作出的 FRAND 承诺时，ITC 应当拒绝发布排除令，或者推迟排除令的生效日期，但也指出，如果 ITC 发现标准实施者拒绝一个合理的要约，则排除令将生效。欧盟委员会在对谷歌收购摩托罗拉移动一案进行审查时也指出，SEP 权利人的禁令威胁会严重影响竞争，但如果 SEP 权利人尝试与被许可人展开善意谈判，而被许可人不愿基于 FRAND 条款与 SEP 权利人进行善意谈判的话，SEP 权利人又是能够获得禁令的。

理论上，在 SEP 权利人与标准实施者之间进行利益的平衡是一种最优的选择，这样能够避免任何一方滥用制度谋取不当利益。但是，在实践中，要真正做到这种平衡是十分困难的。目前无论是法院还是反垄断执法机构对于是否准予 SEP 权利人所持的态度是：原则上禁止，但例外情形下允许。所谓例外情形，主要是指有证据能够证明 SEP 权利人是基于善意与标准实施者展开许可谈判，但标准实施者却未能表现出善意。因此，标准实施者应当为此承担不利的法律后果，即 SEP 权利人能够获得禁令救济。如何判断 SEP 权利人的善意和标准实施者的非善意，不同的法院和反垄断执法机构所持的判断标准也是各不相同的。例如，在判断 SEP 权利人是否善意方面，有如下一些标准：SEP 权利人是否拒绝了标准实施者基于 FRAND 条款而提出的要约，是否提前提醒过标准实施者有关专利侵权的事项，在谈判过程中是否具有诚意，等等。在判断标准实施者的非善意方面，有如下一些标准：标准实施者是否拒绝支付 FRAND 许可费，是否不适当地延迟谈判，是否具有进行谈判的意愿，是否对 SEP 权利人所提出的要约作出了积极的回应，是否遵守法院所作出的判决，是否愿意接受由第三方中立机构所确定的 FRAND 许可费，是否为争议许可费提供了担保，等等。

不难看出，目前法院和反垄断执法机构在决定是否准予禁令时，将考察的重点放在对 SEP 权利人和标准实施者是否具有善意的判断上。但是，对这种主观态度的判断会存在很大的困难，虽然从理论上可以罗列出上述的一些判断标准，但可能很难实际运用。例如，就判断 SEP 权利人是否善意的标准之一，即 SEP 权利人是否拒绝了标准实施者基于 FRAND 条款而提出的要约这一标准来看，该标准本身又包含了标准实施者所提出的要约是否符合 FRAND 条款的判断，而这正是标准必要专利纠纷的核心问题之一，如果该问题能够得以提前判断，则标准必要专利纠纷实际上也就得到了解决。再如，就判断标准实施者是否善意的条件——是否不适当地延迟谈判——来看，标准实施者完全可以表面上表现得积极推动谈判进程，而且，如何判断标准实施者的延迟是否不适当的，这本身也并非易事。总之，目前相关机构所提出的判断 SEP 权利人和标准实施者是否善意的一些标准，能够很容易被规避，而且这些标准很多又依赖于对 FRAND 的判断，因而并不能够被直接地适用。法院和反垄断执法机构采取的平衡策略在实践运行中困难重重。

### 三 忽略了禁令制度的本质及 SEP 的特殊性

在判断是否能够准予禁令时，我们不能完全脱离禁令制度本身去寻找答案。禁令是衡平法上的一种救济手段，当普通法所提供的诸如损害赔偿无法弥补侵权行为给权利人所造成的损害时，就需要通过发布禁令来直接中止（临时禁令）或终止（永久禁令）侵权行为。如果普通法能够提供救济，则不能轻易地适用禁令制度。虽然作为大陆法系国家，我国并没有衡平法之说，但是在三部知识产权单行法中也规定了禁令制度，但在适用时也要遵循严格的条件。美国 eBay 案之所以如此重要，就是因为美国联邦最高法院通过该案件重申了应当准予禁令的衡平法上的"四要素测试"，最高法院扭转了之前联邦巡回法院多年来所遵循的一个原则，即只要存在专利侵权行为就能自动获得禁令，除非有好的理由予以否定。最高法院通过 eBay 案将传统的衡平法上判断方法重新引入人们的视野之中。衡平法判断是否应当准予禁令的四要素中，最为核心的就是专利权人是否会遭受不可弥补的损失，以及普通法是否能够提供充分的救济。但是，相关法院和反垄断执法机构在判断是否准予禁令时，似乎将衡平法上的这种判断规则抛之不用，而更多的是从 SEP 权利人和标准实施者是否具有善意方面来进行考量的，这实际上就有舍本逐末之嫌。

当然，相关法院和反垄断执法机构更多的是从竞争的角度来考量是否应当准予 SEP 权利人禁令，这自然没有问题。但是，如果脱离禁令的本质要求而纯粹从竞争的角度来进行判断，不仅会违背禁令的内在精神，而且也无法实现维护竞争的目的。标准必要专利虽然是一种特殊的专利，但其本质上仍然是专利，既然如此，对标准必要专利是否予以禁令救济，还是应当在结合普通专利禁令条件来进行判断，即 SEP 权利人是否会因为侵权行为而遭受不可弥补的损害，现行的法律对 SEP 权利人是否能够提供充分的救济。在此基础之上再结合标准必要专利的特殊性予以分析，唯有如此才能够作出准确的判断。

相关法院和反垄断执法机构也忽略了 SEP 的特殊性，当然，这并不是说他们没有注意到 SEP 与普通专利的不同，而是说他们在分析是否准予 SEP 权利人禁令救济时，往往只注意到了 SEP 对于标准的至关重要性，但却忽略了 SEP 所具有的"渺小性"的一面。某 SEP 权利人所拥有的 SEP 只是标准所包含的成百上千个 SEP 中的一部分，而非全部，简言之，只是整体中的一部分。标准实施者所实施的是标准，而非单个的 SEP，这与普通专利许可不同。在普通专利许可中，被许可人所希望使用的，就是专利权人所拥有的专利整体，而不涉及其他的专利。但是标准必要专利许可的背景下，标准实施者只是因为要实施标准，所以才需要获得 SEP 权利人的许可，SEP 权利人拒绝许可或寻求禁令，从表面上看似乎是仅仅禁止了被许可人实施其 SEP，可实际上却禁止了被许可人实施整个标准，以及包含在标准中的其他 SEP。我们认为，专利从普通专利向标准必要专利的转变，也是其从纯粹的私权向公私兼具的权利转变的过程，这种融入了"公"的因素的特征，正是 SPE 的特殊性所在，这也决定了其禁令救济与普通专利的禁令救济存在本质的区别。

## 第五节　标准必要专利禁令问题<br>解决的对策建议

经过对目前相关法院和反垄断执法机构在禁令处理方面所存在的问题的分析，其实我们关于如何解决禁令问题的对策建议也跃然纸上。总体而言，我们认为可从以下几个方面来予以完善。

### 一　全面限制 SEP 权利人寻求禁令的权利

我们认为，应当全面限制 SEP 权利人寻求禁令的权利。这一建议看似过于激进，毕竟一般来说大多数人都会支持采取一种折中的道路，即既不绝对支持 SEP 权利人寻求禁令，也不绝对反对 SEP 权利人寻求禁令，在 SEP 权利人与标准实施者之间实现一种平衡与制约，这符合大多数人惯常的观念，但正如前文所分析的，这一中间道路在实践中是很难行得通的。具体而言，我们之所以主张全面限制 SEP 权利人寻求禁令的权利，主要有以下几个方面的原因。

第一，SEP 权利人并不会遭受不可弥补的损失。专利一旦被纳入标准而成为标准必要专利，就意味着该 SEP 会随着标准的推广而得以被使用，标准实施的范围有多大，该 SEP 被许可使用的范围就有多广。尤其是无线通信等领域内的标准，其更是在全球范围内被许多企业所采纳。因此，从理论上来看，对于被纳入这些标准的 SEP 而言，其也将在全球范围内被使用。专利权人同意将自己的专利纳入标准之中，就意味着其放弃了该专利绝对的私有权性质，标准能否得以有效实施，其实已经在很大程度影响到了公共利益，SEP 具有了一定的公共属性。既然任何人在理论上都可以实施标准，那么多增加一个标准实施者对于标准的实施不会产生实质性的影响，多增加一个 SEP 被许可人对于 SEP 权利人来说也不会造成实质性的损害。总之，SEP 权利人并不会因为标准的推广以及在此过程中不可避免地使用 SEP 而遭受不可弥补的损害，相反，SEP 权利人反而还会因为标准能够在更广的范围内被实施而获益。

　　第二，现有的法律制度能够为 SEP 权利人提供充分的救济。如果标准实施者未获得 SEP 权利人的许可而在实施标准的过程中使用了 SEP，SEP 权利人完全能够通过提起诉讼要求标准实施者支付相应的许可费。就目前的案件来看，例如在微软与摩托罗拉标准必要专利纠纷一案中，对于微软使用摩托罗拉的 SEP 的行为，法院在判决中最终所确定的赔偿金额完全能够弥补摩托罗拉所遭受的损失。事实上，在现实中，基于 SEP 权利人的强势地位，真正的问题并不是 SEP 权利人能否得到充分的救济，而是要如何避免 SEP 权利人得到过度的救济。SEP 权利人可能会利用 SEP 所具有的垄断地位，强迫标准实施者支付超出 SEP 价值的许可费，正是为了避免这种现象的发生，才引入了 FRAND 承诺的制度，要求 SEP 权利人承担依据 FRAND 条款和条件进行许可的义务。这说明，SEP 权利人非但不仅能够从现有的法律制度中获得充分的救济，反而还需要对这种救济限定在 FRAND 原则之下，不能提供超出 FRAND 原则要求的救济。

　　第三，禁令会严重损害标准实施者以及社会的利益。如果发布禁令，就意味着标准实施者必须中止或终止依据标准所进行的生产活动，这对其利益将造成严重的影响。标准实施者是基于对标准制定组织以及 SEP 权利人对标准制定组织所作的 FRAND 承诺的信赖而实施标准的，其中该信赖的关键内容就是标准实施者无论如何是能够实施该标准的，而且也是能够获得专利许可的，只不过要支付相应的专利许可费——但该许可费同样是受 FRAND 保障的。我们认为这种信赖是 FRAND 的核心之所在，标准制定组织正是因为预见到专利权人在其专利被纳入标准而成为 SEP 以后可能会滥用 SEP 所具有的垄断性，所以才要求专利权人作出 FRAND 承诺。如果 SEP 权利人申请禁令，禁止标准实施者依据标准而从事相关产品的生产，则是对 FRAND 承诺的违背。SEP 权利人通过禁令所禁止的不仅仅是标准实施者使用其 SEP，而且也禁止了标准实施者实施标准。

SEP 只是标准的一部分——而且在很多情况下还只是非常小的一部分——SEP 权利人是没有权利禁止标准的实施的，这已经完全超出了其权利范围，是一种滥用权利的表现。可以说，真正可能遭受不可弥补损失的，正是那些被要求停止生产、销售的标准实施者，而并非 SEP 权利人。禁令也会损害社会利益，因为禁令使得一部分标准实施者不能实施标准，也就在一定程度上阻碍了标准的推广。

第四，禁令例外在实践中很难实行，而且在该种例外情形下发布禁令也超出了必要的限度。出于对标准实施者可能存在非善意的可能性的考虑，相关法院和反垄断执法机构在实践中都规定，如果有证据证明标准实施者是非善意的，如不愿支付 FRAND 许可费、故意延迟谈判等，则可以准予 SEP 权利人禁令。但是，我们认为这种禁令例外的情形在实践中很难实行，因为如何判断标准实施者是否非善意的，并没有切实可行的标准，其中的具体原因在前文相关部分已进行详细论述，此不赘述。在这里我们重点探讨的是，即便能够证明标准实施者是非善意的，难道这就能够成为准予禁令的充分理由吗？我们认为如果仅仅因为标准实施者存在非善意就准予禁令，这可能对标准实施者过于严苛，对 SEP 权利人也是一种过度的保护。标准实施者与 SEP 权利人都能够基于善意与对方展开谈判，这自然是解决标准必要专利纠纷的最有效的方式，但是，如果双方无法就相关事项达成一致，谈判失败以后，双方中至少有一方很难称得上是善意的了，此时，既然无法通过谈判解决，自然就进入到了下一个争议解决的阶段，即诉讼程序。这也是争议解决很正常的现象。双方是否是善意，非善意的一方应当承担何种不利后果——如合同法上的缔约过失责任等——都可以在具体的诉讼中来予以判断，厘清责任。可以在诉讼阶段，通过对标准实施者非善意的情形予以考虑，并要求其承担不利后果，而并非需要通过禁令这样绝对的方式来对标准实施者的非善意进行惩罚。

## 二 标准制定组织应当对禁令作出明确规定

作为标准制定的主导者，标准制定组织必须对禁令问题作出明确规定，以表明自己对于禁令的态度。SSO 对于 SEP 权利人具有较强的约束力，因为专利权人的专利是否能够被纳入标准，SSO 具有很大的选择权。

在标准必要专利纠纷中最大的争议性问题即 SEP 专利许可费方面，SSO 可以通过要求 SEP 权利人作出 FRAND 承诺，从而对 SEP 权利人形成一定的约束。同样，对于标准必要专利纠纷中同样具有争议的禁令问题，SSO 也应当作出明确的规定。如果 SSO 采取模糊化处理的态度的话，实际上会助长 SEP 权利人提起禁令之诉，但这并不利于标准必要专利纠纷的解决，而且在大多数情况下只是一种权利的滥用，这在前文已作详述。但是，就目前而言，绝大多数的 SSO 出于标准的制定以及标准的实施推广的考量，并没有在禁令问题上表明自己的态度，因为在 SSO 看来这样是最符合其自身利益要求的。但是，从长远来看，SSO 的这种不作表态的做法会损害标准的制定和实施，因为在事关重大利益的问题上如果规则缺失，则得不到有效解决的纠纷将腐蚀标准化的过程。

SSO 应当在知识产权政策中明确对禁令问题作出规定，具体而言，我们认为 SSO 也应当在知识产权政策中全面限制 SEP 权利人寻求禁令的权利，明确规定一旦专利权人的专利被纳入标准，则专利权人将放弃寻求禁令救济的权利。事实上，IEEE 在 2015 年修订知识产权政策时已经作出相关规定，要求向 IEEE 提交专利的权利人不得寻求获得禁止令，也不得实施禁止令。不过，IEEE 也规定，如果标准实施者不遵守法院所作出的判决的话，则 SEP 权利人可以申请禁令。但我们认为 IEEE 所作的这种例外规定与我们所建议的全面限制 SEP 权利人寻求禁令的权利并不矛盾，因为 IEEE 所规定的 SEP 可以寻求禁令的情形，是在法院已经作出了相关判决而标准实施者不遵守的情况下 SEP 权利人申请的，这实际上是一种事后的禁令，而我们所探讨的则主要是在诉前以及诉中 SEP 权利人所申请的禁令，因此所指的并不是同一类型的禁令。如果法院已经作出判决，标准实施者仍然不予遵守，则表明标准实施者的侵权行为具有很大的恶意了。尽管 SEP 权利人并不会因为这种行为而遭受不可弥补的损失，但是鉴于这种标准实施者的恶意程度很强，也为了避免损害的进一步扩大，同时 SEP 权利人此时申请禁令也根本不具有滥用垄断势力的嫌疑，准予禁令是必要的，也是对标准实施者的这种恶意的一种惩罚。

# 参考文献

一　中文文献

《元照英美法词典》，薛波主编，潘汉典总审订，北京大学出版社 2014
　　年版。

Anne Layne-Farrar, Koren W. Wong-Ervin：《计算"公平、合理、无歧视"
　　专利许可费损失办法》，崔毅等译，《竞争政策研究》2015 年第 11 期。

陈武：《权利不确定性与知识产权停止侵害请求权之限制》，《中外法学》
　　2011 年第 2 期。

崔建远：《合同法》，北京大学出版社 2012 年版。

崔建远：《强制缔约及其中国化》，《社会科学战线》2006 年第 5 期。

丁道勤、杨晓娇：《标准化中的专利挟持问题研究》，《法律科学》2011
　　年第 4 期。

国家知识产权局：《专利文献与信息检索》，知识产权出版社 2013 年版。

韩伟：《标准必要专利许可费的反垄断规制——原则、方法与要素》，《中
　　国社会科学院研究生院学报》2015 年第 3 期。

何怀文、陈如文：《技术标准制定参与人违反 FRAND 许可承诺的法律后
　　果》，《知识产权》2014 年第 10 期。

何怀文：《光储存专利技术发展与反垄断审查的历史思考——探析与 3C
　　成员以及 3C 集团相关的反垄断案例》，《科技与法律》2005 年第 4 期。

何怀文：《事实标准的知识产权开放之路》，《网络法律评论》（第 9 卷），
　　北京大学出版社 2008 年版。

何隽：《技术标准中必要专利的独立评估机制》，《科技与法律》2011 年
　　第 3 期。

和育东：《美国专利侵权的禁令救济》，《环球法律评论》2009 年第 5 期。

和育东：《专利侵权赔偿中的技术分摊难题——从美国废除专利侵权"非法获利"赔偿说起》，《法律科学》2009 年第 3 期。

胡充寒：《我国知识产权诉前禁令制度的现实考察及正当性构建》，《法学》2011 年第 10 期。

黄武双：《技术标准反垄断的特征及其对我国反垄断立法的启示——从微软垄断案说起》，《科技与法律》2007 年第 3 期。

蒋洋：《技术标准的建立与专利套牢问题探析》，《电子知识产权》2012 年第 6 期。

李慧颖：《专利劫持和反向专利劫持的法律关注》，《竞争政策研究》2015 年第 2 期。

李剑：《标准必要专利许可费确认与事后之明偏见：反思华为诉 IDC 案》，《中外法学》2017 年第 1 期。

李文文：《标准制定组织在处理知识产权问题上的角色和作用》，《中国标准化》2007 年第 2 期。

李扬、刘影：《FRAND 标准必要专利许可使用费的计算——以中美相关案件比较为视角》，《科技与法律》2014 年第 5 期。

李玉剑、宣国良：《标准与专利之间的冲突与协调：以 GSM 为例》，《科学学与科学技术管理》2005 年第 2 期。

梁迎修：《权利冲突的司法化解》，《法学研究》2014 年第 2 期。

梁志文、李卫军：《钢丝绳上的平衡——论事实标准和知识产权》，《电子知识产权》2004 年第 1 期。

刘晓春：《标准化组织专利披露政策相关规则在美国的新发展——解读高通诉博通案》，《电子知识产权》2009 年第 2 期。

罗娇：《论标准必要专利诉讼的"公平、合理、无歧视"许可——内涵、费率与适用》，《法学家》2015 年第 3 期。

吕明瑜：《技术标准垄断的法律控制》，《法学家》2009 年第 1 期。

马海生：《标准化组织的 FRAND 许可政策实证分析》，《电子知识产权》2009 年第 2 期。

马海生：《标准化组织的专利披露政策实证分析》，《电子知识产权》2009 年第 6 期。

沈宪旦等：《特洛伊木马——硝烟弥漫的铁血战争》，少年儿童出版社

2007 年版。

史少华：《标准必要专利诉讼引发的思考：FRAND 原则与禁令》，《电子知识产权》2014 年第 1 期。

谭袁：《标准必要专利价值增值的审视及制度建构》，《竞争政策研究》2016 年第 2 期。

谭袁：《论标准制定组织披露规则的完善》，《北方法学》2017 年第 5 期。

汤宗舜：《专利法教程》，法律出版社 2003 年版。

王伟光：《利益论》，人民出版社 2001 年版。

王先林：《涉及专利的标准制定和实施中的反垄断问题》，《法学家》2015 年第 4 期。

王晓晔：《标准必要专利反垄断诉讼问题研究》，《中国法学》2015 年第 6 期。

王晓晔：《市场支配地位的认定——对华为诉 IDC 一案的看法》，《人民司法》2014 年第 4 期。

魏立舟：《标准必要专利情形下禁令救济的反垄断法规制——从"橘皮书标准"到"华为诉中兴"》，《环球法律评论》2015 年第 6 期。

吴广海：《标准设立组织对专利权人劫持行为的规制政策》，《江淮论坛》2009 年第 1 期。

吴汉东：《知识产权法》，法律出版社 2014 年版。

肖建国：《论诉前停止侵权行为的法律性质——以诉前停止侵犯知识产权行为为中心的研究》，《法商研究》2002 年第 4 期。

徐棣枫：《专利权的扩张与限制》，知识产权出版社 2007 年版。

许光耀、刘佳：《论标准必要专利许可中支配地位的滥用》，《价格理论与实践》2014 年第 10 期。

叶明、吴太轩：《技术标准化的反垄断法规制研究》，《法学评论》2013 年第 3 期。

叶若思、祝建军、陈文全：《标准必要专利使用费纠纷中 FRAND 规则的司法适用——评华为公司诉美国 IDC 公司标准必要专利使用费纠纷案》，《电子知识产权》2013 年第 4 期。

尹新天：《中国专利法详解》，知识产权出版社 2011 年版。

于连超、王益谊：《论我国标准必要专利问题的司法政策选择——基于标准化体制改革背景》,《知识产权》2017 年第 4 期。

袁波:《标准必要专利权人市场支配地位的认定——兼议"推定说"和 "认定说"之争》,《法学》2017 年第 3 期。

袁真富:《标准涉及的专利默示许可问题研究》,《知识产权》2016 年第 9 期。

詹映:《专利池管理与诉讼》,知识产权出版社 2013 年版。

张波:《论以反垄断法规制标准化进程中的专利联营》,《山东大学法律评 论》(第三辑),山东大学出版社 2006 年版。

张吉豫:《标准必要专利"合理无歧视"许可费计算的原则与方法——美 国"Microsoft Corp. v. Motorola Inc."案的启示》,《知识产权》2013 年 第 8 期。

张平、马骁:《技术标准战略与知识产权战略的结合》(上),《电子知识 产权》2003 年第 1 期。

张平:《ICT 标准之知识产权"开放授权"模式探讨》,《科技与法律》 2008 年第 3 期。

张平:《论涉及技术标准专利侵犯救济的限制》,《科技与法律》2013 年 第 5 期。

张平:《涉及技术标准 FRAND 专利许可使用费率的计算》,《人民司法》 2014 年第 4 期。

张平:《知识产权法》,北京大学出版社 2015 年版。

张平:《专利联营之反垄断规制分析》,《现代法学》2007 年第 3 期。

张雪红:《标准必要专利禁令救济政策之改革》,《电子知识产权》2013 年第 12 期。

张永忠、王绎凌:《标准必要专利诉讼的国际比较:诉讼类型与裁判经 验》,《知识产权》2015 年第 3 期。

赵启杉、黄良才:《技术标准中的事先披露原则——VITA 新专利政策介 评》,《电子知识产权》2007 年第 6 期。

赵启杉:《标准化组织专利政策反垄断审查要点剖析——IEEE 新专利政 策及美国司法部反垄断审查意见介评》,《电子知识产权》2007 年第 10 期。

赵启杉:《论对标准化中专利行使行为的反垄断法调整》,《科技与法律》

2013 年第 4 期。

赵启杉：《与技术标准有关的专利许可声明对专利受让人约束力问题研究》，《电子知识产权》2010 年第 5 期。

郑成思等：《知识产权法教程》，法律出版社 1993 年版。

仲春：《标准必要专利禁令滥用的规制安全港原则及其他》，《电子知识产权》2014 年第 9 期。

朱景文：《法理学》，中国人民大学出版社 2008 年版。

朱理：《标准必要专利的法律问题：专利法、合同法、竞争法的交错》，《竞争政策研究》2016 年第 2 期。

朱晓薇、朱雪忠：《专利与技术标准的冲突及对策》，《科研管理》2003 年第 1 期。

祝建军：《标准必要专利禁令救济的成立条件》，《人民司法》2016 年第 1 期。

祝建军：《标准必要专利使用费条款：保密抑或公开——华为诉 IDC 标准必要专利案引发的思考》，《知识产权》2015 年第 5 期。

## 二　中文译著

[法] 孟德斯鸠：《论法的精神》（上册），张雁深译，商务印书馆 1982 年版。

[美] P. D. 罗森堡：《专利法基础》，郑成思译，对外贸易出版社 1982 年版。

[德] 克雷斯蒂安·冯·巴尔：《欧洲比较侵权行为法》（下），张新宝译，法律出版社 2001 年版。

## 三　英文文献

Christopher R. Leslie, Monopolization through Patent Theft, 103 Geo. L. J. 47 (2014).

Damien Geeradin, the Meaning of "Fair and Reasonable" in the Context of Third-Party Determination of FRAND Terms, 21 Geo. Mason. L. Rev. 919 (2014).

Dana R. Wagner, The Keepers of the Gates: Intellectual Property, Antitrust, and the Regulatory Implications of Systems Technology, 51 Hastings L. J. 1073.

Daniel D. Droog, Baseball Arbitration of Commercial & Construction Disputes (Part Ⅰ), available at: http://www.shipleysnell.com/baseball-arbitration-ofvcommercial-construction-disputes-part-i/, last visited: Nov. 5, 2016.

Daniel G. Swanson, William J. Baumol, Reasonable and Nondiscriminatory (RAND) Royalties, Standards Selection, and Control of Market Power, 73 Antitrust L. J. 1 (2005).

Daralyn J. Durie, Mark A. Lemley, A Structured Approach to Calculating Reasonable Royalties, 14 Lewis & Clark L. Rev. 627 (2010).

Daryl Lim, Standard Essential Patents, Trolls, and the Smartphone Wars: Triangulating the End Game, 119 Penn St. L. Rev. 1 (2014).

David A. Heiner, Five Suggestions for Promoting Competition through Standards, 7 No. 1 Competition L. Int'l 20 (2011).

David Drews, Determining an Appropriate Royalty Rate for Reasonable Royalty Trademark Damages, 49 les Nouvelles 150, p. 155 (2014).

David J. Teece, Edward F. Sherry, Standards Setting and Antitrust, 87 Minn. L. Rev. 1913 (2003).

David R. Steinman, Danielle S. Fitzpatrick, Antitrust Counterclaims in Patent Infringement Cases: A Guide to Walker Process and Sham-Litigation Claims, 10 Tex. Intell. Prop. L. J. 95.

Douglas Laycock, the Death of the Irreparable Injury Rule, 103 Harv. L. Rev. 687 (1990).

Elaine Xu, Brave New Frontier: Antitrust Implications of Standard-Setting Patents in the Smartphone Market, 32 Wis. Int'l L. J. 384.

Erin V. Klewin, Reconciling Federal Circuit Choice of Law with eBay v. Mercexchange's Abrogation of the Presumption of Irreparable Harm in Copyright Preliminary Injunctions, 80 Fordham L. Rev. 2113 (2012).

Gianna Julian-Arnold, International Compulsory Licensing: the Rationales and the Reality, 33 IDEA 349 (1993).

J. Gregory Sidak, Apportionment, FRAND Royalties, and Comparable Licenses after Ericsson v. D-Link, 2016 U. Ill. L. Rev. 1809 (2016).

J. Gregory Sidak, Bargaining Power and Patent Damages, 19 Stan. Tech. L. Rev. 1 (2015).

J. Gregory Sidak, the Antitrust Division's Devaluation of Standard-Essential Patents, 104 Geo. L. J. Online 48 (2015).

Janusz Ordover, Allan Shampine, Implementing the FRAND Commitment, 14 – OCT Antitrust Source 1 (2014).

Jay P. Kesan, Carol M. Hayes, FRAND' Forever: Standards, Patent Transfers, and Licensing Commitments, 89 Ind. L. J. 231 (2014).

Joanna Tsai, Joshua D. Wright, Standard Setting, Intellectual Property Rights, and the Role of Antitrust in Regulating Incomplete Contracts, 80 Antitrust L. J. 157, pp. 178 – 179 (2015).

John D. Harkrider, Seeing the Forest through the SEPs, 27 – SUM Antitrust 22 (2013).

John Paul, Brian Kacedon, Recent U. S. Court Decisions and Developments Affecting Licensing, 48 les Nouvelles 207 (2013).

Jorge L. Contreras, A Brief Hitory of FRAND: Analyzing Current Debates in Standard Setting and Antitrust Through A Historical Lens, 80 Antitrust L. J. 39 (2015).

Jorge L. Contreras, Fixing FRAND: A Pseudo-Pool Approach to Standards-Based Patent Licensing, 79 Antitrust L. J. 47 (2013).

Jorge L. Contreras, Technical Standards and EX Ante Disclosure: Results and Analysis of an Empirical Study, 53 Jurimetrics J. 163 (2013).

Joseph Farrell, John Hayes, Carl Shapiro, Theresa Sullivan, Standard Setting, Patents, and Hold-Up, 74 Antitrust L. J. 603.

Joshua D. Wright, SSOs, FRAND, and Antitrust: Lessons from the Economics of Incomplete Contracts, 21 Geo. Mason L. Rev. 791 (2014).

Karen D. McDaniel, Gregory M. Ansems, Damages in the Post-Rite-Hite Era: Convoyed Sales Illustrate the Dichotomy in Current Damages Law, 78 J. Pat. & Trademark Off. Soc' y 461 (1996).

Kassandra Maldonado, Breaching RAND and Reaching for Reasonable: Microsoft v. Motorola and Standard-Essential Patent Litigation, 29 Berkeley Tech. L. J. 419 (2014).

Kevin Bendix, Copyright Damages: Incorporating Reasonable Royalty from Patent Law, 27 Berkeley Tech. L. J. 527 (2012).

Kraig A. Jakobsen, Revisiting Standard-Setting Organizations's Patent Policies, 3 Nw. J. Tech. & Intell. Prop. 43 (2004).

Lauren E. Barrows, Why the Enforcement Agencies' Recent Efforts Will Not Encourage ex ante Licensing Negotiations in Standard-Setting Organization, 89 Tex. L. Rev. 967 (2011).

Layne S. Keele, Holding Standards for Randsome: A Remedial Perspective on Rand Licensing Commitments, 64 U. Kan. L. Rev. 187 (2015).

Leon B. Greenfield, Hartmut Schneider, Joseph J. Mueller, SEP Enforcement Disputes Beyond the Water's Edge: A Survey of Recent Non-U. S. Decisions, 27 – SUM Antitrust 50 (2013).

Mark A. Lemley, Carl Shapiro, A Simple Approach to Setting Reasonable Royalties for Standard-Essential Patents, 28 Berkeley Tech. L. J. 1135, (2013).

Mark A. Lemley, Carl Shapiro, Patent Holdup and Royalty Stacking, 85 Tex. L. Rev. 1991 (2007).

Mark A. Lemley, Intellectual Property Rights and Standard-Setting Organizations, 90 Cal. L. Rev. 1889 (2002).

Mark A. Mc Carty, Federal Court Sets RAND Rate for Portfolio of Standards-Essential Patents, 25 No. 11 Intell. Prop. & Tech. L. J. 23 (2013).

Merritt J. Hasbrouck, Protecting the Gates of Reasonable Royalty: A Damages Framework for Patent Infringement Cases, 11 J. Marshall Rev. Intell. Prop. L. 192 (2011).

Nathaniel C. Love, Nominal Reasonable Royalties for PatentInfringement, 75 U. Chi. L. Rev. 1749 (2008).

Nicos L. Tsilas, Toward Greater Clarity and Consistency in Patent Disclosure Policies in a Post-Rambus World, 17 Harv. J. L. & Tech. 475.

Richard J. Gilbert, Deal or No Deal? Licensing Negotiations in Standard-Setting Organizations, 77 Antitrust L. J. 855 (2011).

Srividhya Ragavan, Brendan Murphy, Raj Davé, FRAND v. Compulsory Licensing: the Lesser of the Two Evils, 14 Duke L. & Tech. Rev. 83 (2015).

Stanley M. Besen, Robert J. Levinson, Standards, Intellectual Property Disclosure, and Patent Royalties after Rambus, 10 N. C. J. L. & Tech. 233 (2009).

Stanley M. Besen, Why Royalties for Standard Essential Patents Should Not Be Set by the Court, 15 Chi. -Kent J. Intell. Prop. 19 (2015).

Stephan Barthelmess, Maurits Dolmans, Ricardo Zimbron, Enforcing Standard-Essential Patents—the European Court of Justices's Judgement in Huawei v. ZTE, 27 No. 12 Intell. Prop. & Tech. L. J. 12 (2015).

Steven J. Shapiro, Pitfalls in Determining the Reasonable Royalty in Patent Cases, 17 – OCT J. Legal Econ. 75 (2010).

Suzanne Michel, Bargaining for Rand Royalties in the Shadow of Patent Remedies Law, 77 Antitrust L. J. 889 (2011).

Thomas F. Cotter, Comparative Law and Economics of Standard-Essential Patents and FRAND Royalties, 22 Tex. Intell. Prop. L. J. 311 (2014).

Tony V. Pezzano, Jeffrey M. Telep, Latest Developments on Injunctive Relief for Infringement of FRAND-Encumbered SEPs-Part II, 26 No. 3 Intell. Prop. & Tech. L. J. 18 (2014).

W. Lesser, the 8% Solution—or How Good are the Damage Calculation Economics by the Federal Circuit in Lucent v. Microsoft? 9 J. Marshall Rev. Intell. Prop. L. 797, p. 812 (2010).

William H. Page, Judging Monopolistic Pricing: F/RAND and Antitrust Injury, 22 Tex. Intell. Prop. L. J. 181 (2014).

## 四 案例

（2011）深中法知民初字第 857 号。

（2013）粤高法民三终字第 306 号。

Apple, Inc. v. Motorola Mobility, Inc. , 886 F. Supp. 2d 1061 (2012).

Apple, Inc. v. Motorola Mobility, Inc. , No. 11-cv-178-bbc, 2012 WL 5416941, (W. D. Wisc. Oct. 29, 2012).

Apple, Inc. v. Samsung Electronics Co. , Ltd. , No. 11-CV-01846-LHK, 2012

WL 2571719，（N. D. Cal. June 30，2012）.

Broadcom Corp. v. Qualcomm Inc.，2009 WL 650576.

Broadcom Corp. v. Qualcomm Inc.，501 F. 3d 297，No. 06 – 4292，（3rd Cir. 2007）.

Conwood Co.，L. P. v. U. S. Tobacco Co.，290 F. 3d 768（2002）.

Dell Computer Corp.，121 F. T. C. 616，1996 WL 33412055.

eBay Inc. v. MercExchange，L. L. C.，547 U. S. 388（2006）.

Georgia-Pacific Corp. v. United States Plywood Corp.，318 F. Supp. 1116（S. D. N. Y. 1970）.

Google/Motorola Mobility Merger Procedure，Case No COMP/M. 6381，（European Commission 2012），available athttp：//ec. europa. eu/competition/mergers/cases/decisions/m6381_20120213_20310_2277480_EN. pdf.

Huawei Technologies Co. Ltd v. ZTE Corp.，ZTE Deutschland GmbH，Case C-170/13，available at：http：//curia. europa. eu/juris/document/document. jsf；jsessionid = 9ea7d0f130d5addec53f90a0432586eb843360792a37. e34 KaxiLc3eQc40LaxqMbN4Pah0Re0? text = &docid = 165911& pageIndex = 0&doclang = en&mode = lst&dir = &occ = first&part = 1&cid = 1344976.

In re Innovatio IP Ventures，LLC Patent Litigation，Case No. 11 C9308，2013 WL 5593609，（N. D. Ill. Oct. 3，2013）.

Microsoft Corp. v. Motorola Inc.，696 F. 3d 872（9th Cir. 2012）.

Microsoft Corp. v. Motorola，Inc.，No. 10 – 1823，2013 WL 2111217，（W. D. Wash. Apr. 25，2013）.

NYNEX Corp. v. Discon，Inc.，119 S. Ct. 493（1998）.

Rambus II，318 F. 3d 1081，1102（Fed. Cir. 2003）.

Rambus Inc. v. F. T. C.，522 F. 3d 456（2008）.

United States v. Microsoft Corporation，253 F. 3d 34（2001）.

Winter v. Natural Resources Defense Council，Inc，555 U. S. 7，at 32 – 33（2008）.

## 五　网络资源

"Common Patent Policy for ITU-T/ITU-R/ISO/IEC"，available at：http：//

www. itu. int/en/ITU-T/ipr/Pages/policy. aspx.

"Guidelines for Implementation of the Common Patent Policy for ITU-T/ITU-R/ ISO/IEC", available at: http://www. itu. int/dms_pub/itu-t/oth/04/04/ T04040000010004PDFE. pdf.

《巴黎公约》条文中文版: 世界知识产权组织官方网站的中文版, http: //www. wipo. int/wipolex/zh/treaties/text. jsp? file_id = 287559.

ETSI Intellectual Property Rights Policy, available at: http://www. etsi. org/ images/files/IPR/etsi-ipr-policy. pdf.

ETSI: List of Ex Ante Disclosures of Licensing Terms, http://www. etsi. org/ about/how-we-work/intellectual-property-rights-iprs/ex-ante-disclosures/list-of-ex-ante-disclosures.

Federal Trade Commission, the Evolving IP Marketplace: Aligning Patent Notice and Remedies with Competition, p. 194 (2011), available athttps: // www. ftc. gov/sites/default/files/documents/reports/evolving-ip-marketplace-aligning-patent-notice-and-remedies-competition-report-federal-trade/110307 patentreport. pdf.

FTC: In the Matter of Motorola Mobility LLC, and Google Inc. , File No. 1210120 (2013), available at: https: //www. ftc. gov/enforcement/cases-proceedings/1210120/motorola-mobility-llc-google-inc-matter.

FTC: Oversight of the Impact on Competition of Exclusion Orders to Enforce Standard-Essential Patents (July 11, 2012), available at: https: //www. ftc. gov/public-statements/2012/07/prepared-statement-federal-trade-commission-concerning-oversight-impact.

IEEE Standards Association: "Understanding Patent Issues During IEEE Standards Development", available at: http://standards. ieee. org/faqs/patents. pdf.

IEEE: IEEE-SA Standards Board Bylaws, available at http://standards. ieee. org/develop/policies/bylaws/sb_bylaws. pdf.

JEDEC Manual of Organization and procedure, available at: http://www. jedec. org/sites/default/files/JM21R. pdf.

Microsoft v. Motorola: A Potential Roadmap for Determining RAND Royalty

Rates, http：//www. srr. com/article/microsoft-v-motorola-potential-roadmap-determining-rand-royalty-rates#sthash. 2BkWdqOo. dpuf.

Renata Hesse, Six "Small" Proposals for SSOs before Lunch (October 10, 2012), available at：http：//www. justice. gov/atr/public/speeches/287855. pdf.

Statement of the Department of Justice's Antitrust Division on Its Decision to Close Its Investigations of Google Inc. 's Acquisition of Motoroal Mobility Holding Inc. and the Acquisitions of Certain Patents by Apple Inc. , Microsoft Corp. and Research in Motion Ltd. (RIM) of certain Nortel Networks Corporation Patents, and the acquisition by Apple of certain Novell Inc. Patents, February 13, 2012, available at：https：//www. justice. gov/opa/pr/statement-department-justice-s-antitrust-division-its-decision-close-its-investigations.

TRIPS (Agreement on Trade-Related Aspects of Intellectual Property Rights) 条文，世界贸易组织官方网站，https：//www. wto. org/english/res _ e/booksp_e/analytic_index_e/trips_e. htm.

U. S. DOJ & FTC：Antitrust Enforcement and Intellectual Property Rights：Promoting Innovation and Competition, p. 42 (2007) . Available at：https：//www. ftc. gov/reports/antitrust-enforcement-intellectual-property-rights-promoting-innovation-competition-report.

W3C 2004 年专利政策，http：//www. w3. org/Consortium/Patent-Policy － 20040205/.

财新网：《广东高院解读华为与美国 IDC 专利之争》，http：//china. caixin. com/2014 － 04 － 17/100666904. html。